GUIDO KNOPP
Putins Helfer

Über den Autor

Prof. Dr. Guido Knopp war jahrzehntelang der Chefhistoriker des ZDF. Er gilt als der wohl populärste Historiker Deutschlands. Sein Name ist untrennbar verbunden mit erfolgreichen TV-Formaten wie DIE DEUTSCHEN, HISTORY und HITLERS HELFER, die allesamt auch internationale Buch-Bestseller wurden. Er ist zudem erfolgreicher Publizist und Fernsehmoderator. Vor allem durch seine Einschätzungen zu zeitgeschichtlichen Themen, wird er gerne als kompetenter Experte befragt.

GUIDO KNOPP

PUTINS HELFER

Die Hintermänner der russischen Diktatur

QUADRIGA

Vollständige Taschenbuchausgabe
der bei Bastei Lübbe erschienenen Hardcoverausgabe

Copyright © 2024 by
Bastei Lübbe AG, Schanzenstraße 6–20, 51063 Köln

Vervielfältigungen dieses Werkes für das Text- und
Data-Mining bleiben vorbehalten.

Textredaktion: Burkard Miltenberger, Berlin
Bilder Innenteil: © IMAGO; © dpa picture-alliance
Umschlaggestaltung: Massimo Peter-Bille unter Verwendung
von Motiven von © Alamy Stock Photo: Wirestock, Inc.
Satz: GGP Media GmbH, Pößneck
Gesetzt aus der Minion
Druck und Verarbeitung: GGP Media GmbH, Pößneck

Printed in Germany
ISBN 978-3-404-06018-4

2   4   5   3   1

Sie finden uns im Internet unter luebbe.de
Bitte beachten Sie auch: lesejury.de

Dieses Buch widme ich
Christopher Knopp.
Er weiß, warum.

Inhalt

Einleitung

Über den Diktator dieser Jahre ist schon viel geschrieben worden. Putin ist das Synonym für einen Mann, in dem sich allzu viele allzu lange getäuscht haben. Ein Tyrann, der seine wahre Botschaft erst am Ende offenbart hat: Krieg, Gewalt und Terror. Aber wer sind seine Paladine, Träger und Garanten seiner Herrschaft, Mächtige in einem Reich, das nach 1945 den Frieden in Europa mehr denn je bedroht?

Putins Helfer halten ihren Herrscher an der Macht – und profitieren allesamt von ihm.

Als schwerreiche Millionäre und zum Teil auch Milliardäre sind sie Träger einer Kleptokratie, die die russische Gesellschaft zerfrisst. Es sind nicht jene »Silowiki« aus Geheimdienst und Armee, die das Verständnis eint, dass Angst und Repression die einzig wirksamen Rezepte zur Kontrolle ihrer Herrschaft sind. Es sind vor allem Oligarchen wie Roman Abramowitsch, die trotz allem von der Nähe zum Diktator profitieren; routinierte Jasager wie Sergej Lawrow, die als willfähriges Sprachrohr ihres Herrn zu dienen haben; Kyrill I., der als Patriarch von Moskau seine Kirche zum Erfüllungsgehilfen einer Diktatur macht. Sie alle sind die Träger einer Tyrannei, die sich längst nicht nur nach innen richtet, sondern auch nach außen.

Er hat ganz sicher die erstaunlichste Karriere aller Hintermänner Putins aufzuweisen: JEWGENI PRIGOSCHIN – von den Strafanstalten Leningrads, in denen er neun Jahre absaß, bis zum milliardenschweren Kriegsherrn. In der Zwischenzeit war er am Anfang in der Petersburger Glücksspielszene tätig, eröffnete ein Edelrestaurant, in dem Wladimir Putin verkehrte. »Putins Koch«, so sein Spitzname, erhielt die Lizenzen zur Essensversorgung von Kasernen, Schulen, Kindergärten und Krankenhäusern – landesweit. Ein getreuer Diener seines Herrn – auch, als er eine schon bestehende Gruppierung neu organisierte und bezahlte: die Petersburger Troll-Armee.

Sie wurde aktenkundig, als sie sich im US-Präsidentschaftswahlkampf 2016 für Donald Trump einsetzte. Noch wichtiger war die Gründung der »Gruppe Wagner«, deren Söldner nicht nur in Afrika, sondern nun vor allem in der Ukraine eine mörderische Schneise der Verwüstung schlagen. Am Ende aber stand ein Putschversuch, der nahezu verzweifelt war, die scheinbare Versöhnung und dann doch die kalte Rache jenes Mannes, dem er sich seit Anbeginn verschworen hatte.

»Wer nicht mit Lawrow reden will, muss mit Schoigu reden.« Dieser populäre Spruch zeigte lange die Bedeutung der Armee, seit SERGEJ SCHOIGU die Befehlsgewalt übernommen hat. Dabei hat Putins Apparatschik selber keinen Wehrdienst absolviert. Zu Jelzins Zeiten hatte er sich hochgedient – zum Minister für Katastrophenschutz. Aus der rückständigen Truppe machte er als Verteidigungsminister, so schien es, eine hochgerüstete schlagkräftige Streitmacht. Doch beim Überfall auf die Ukraine versagte die russische Armee, die immer wieder Teile der eroberten Gebiete aufgeben musste. So halten sich in Moskau hartnäckig Gerüchte, nach denen bedeutende Mittel, die für die Ausrüstung der Truppe bestimmt waren, von Schoigus Vertrauten in diverse Immobilien gesteckt wurden – ein Vorgehen, das in der russischen Kleptokratie zum System gehört. Dennoch galt der wortkarge Mann aus Tuwa lange Zeit als Putins Buddy. Regelmäßig streiften die beiden durch die Taiga, russische Staatsmedien stets an ihrer Seite: Putin und Schoigu beim Kräutersammeln für den Tee, Putin und Schoigu in gleichen Lederfelljacken im Geländewagen, Putin und Schoigu am Lagerfeuer. Eine wahre Bromance. Mittlerweile hat sich das Verhältnis abgekühlt. Misserfolg verzeiht der Herrscher nicht. Dennoch braucht er seinen Schoigu.

Er ist der Inbegriff des Oligarchen. In den Neunzigerjahren des letzten Jahrhunderts mit trickreichen Beteiligungen an russischen Rohstoff-Unternehmen Milliardär geworden, war ROMAN ABRAMOWITSCH um die Jahrtausendwende Wegbereiter und Finanzier des Wechsels von Jelzin zu Putin. So ging es weiter: Wenn Putin Geld brauchte, wandte er sich zuerst an Abramowitsch. Nicht unbedingt zur Freude dieses Oligarchen machte Putin ihn 2000 zum Gouverneur des Autonomen Kreises der Tschuktschen im hintersten Sibirien, nur durch die Beringstraße von Alaska getrennt – ein Amt, aus dem er erst nach wiederholtem Drängen 2008 entlassen wurde. Roman Abramowitsch betätigte sich vor allem in London. Einer breiteren Öffentlichkeit wurde er als Käufer und Finanzier des Fußballvereins FC Chelsea bekannt. Weltweit besaß er über 70 Immobilien, zwei Jachten und mehrere Flugzeuge – was nach dem Einmarsch in die Ukraine meist beschlagnahmt wurde. Heute hat Abramowitsch neben der russischen auch die portugiesische und israelische Staatsbürgerschaft. Doch er hält sich mittlerweile wieder meist in Moskau auf – in Putins Dunstkreis.

Er ist der Gefolgsmann der ersten Stunde: Seit DMITRI MEDWEDEW in St. Petersburg noch in den Neunzigerjahren des letzten Jahrhunderts mit Putin zusammentraf, hat er seine Karriere und sein ganzes Leben an das verehrte Idol gebunden – als Leiter von dessen Verwaltung, als sein Wahlkampfmanager, später als Ministerpräsident und sogar, vier Jahre lang, als Putins Platzhalter, als Präsident der Russischen Föderation. Auf diesem Wege ist er reich geworden – steinreich. Alle Hoffnungen des Westens, dass er eine liberalere Variante russischer Herrschaft verkörpern könne, sind zerstoben. Mittlerweile zeigen seine irrationalen und unflätigen Äußerungen über »den Westen« und vor allem über die kämpfende Ukraine das wahre Gesicht des Dmitri Medwedew – als Putins williger Pudel.

Wenn es einen internationalen Preis für institutionelles Lügen gäbe – SERGEJ LAWROW wäre Favorit. Die Chuzpe, mit der Putins Außenminister die absurdesten Äußerungen vertritt, ist beispiellos. Etwa im Februar 2022: »Russland wird die Ukraine niemals angreifen!« Oder: »Hitler hatte auch jüdisches Blut.« Ohne eigene Ambitionen, im Dunstkreis seines Herrn noch mächtiger zu werden, gibt Lawrow amtsgetreu jahrein, jahraus das Sprachrohr Putins. Hauptbotschaft seit dem Überfallkrieg: Der Einmarsch in die Ukraine sei ja nur eine »militärische Spezialoperation«. Keiner verkörpert die großrussische Ambition des Kreml so lautstark wie er. Dabei ist der Sohn eines Armeniers und einer Russin international so erfahren wie keiner seiner Amtskollegen. Seit fünf Jahrzehnten im diplomatischen Dienst, hat er alle möglichen Stationen durchlaufen – inklusive der einflussreichen Tätigkeit als Botschafter bei den Vereinten Nationen. Er ist kaltblütig, zynisch, Putin bedingungslos ergeben – und findet mitunter Vergnügen darin, seine Gesprächspartner öffentlich zu demütigen. Insgeheim jedoch, so heißt es, wagt er, über seinen Herrn milde zu spotten: Putin habe nur drei enge Vertraute: Iwan den Schrecklichen, Peter den Großen und Katharina die Große.

KYRILL I. ist der Patriarch von Moskau und damit Oberhaupt der gesamten russisch-orthodoxen Kirche. Als er noch Wladimir Gundjajew hieß, war er aktiver Mitarbeiter des sowjetischen Geheimdienstes KGB: ein waschechter Agent. Das verbindet ihn mit Putin. Seit seiner Wahl zum Patriarchen vertritt Kyrill strikt konservative Werte, er geißelt den Feminismus als »gefährliches Phänomen« und sieht in der Legalisierung der Homo-Ehe ein Zeichen für den bevorstehenden Weltuntergang. Als enger Verbündeter Putins bezeichnete er dessen Präsidentschaft als »Wunder Gottes«. Dabei profitiert Kyrill von der Verbindung zu Putin ganz persönlich. Sein Privatvermögen wird auf bis zu acht Milliarden Euro geschätzt – inklusive einer Reihe von Palästen, Datschen und einer Maybach-Luxuslimousine. In Putins Überfall auf die Ukraine sieht er einen Kampf des Guten gegen das Böse. Und so befand die Neue Zürcher Zeitung: Auf Kyrill kann Putin sich verlassen.

WLADIMIR SOLOWJOW ist sicherlich der schlimmste Scharfmacher in der Riege der Kremlpropagandisten. Obwohl er in den 1990er-Jahren in den USA als Dozent gelehrt hatte, hetzt er in seinen TV-Sendungen auf zum Teil unflätige Weise gegen den Westen. Der Vater von acht Kindern, den seine Propagandadienste reich gemacht haben, nannte Hitler einen »sehr mutigen Menschen« und verherrlichte den italienischen Faschismus Mussolinis. Der Einpeitscher des Kreml suggeriert, Russland sei ein »auserwähltes Volk«, das bei einem Atomkrieg »in den Himmel« käme, während der Rest der Welt einfach krepieren würde. Er beschimpft Bundeskanzler Olaf Scholz als »Schweinehund« und »Drecksau« und droht Deutschland mit Raketen, die »bis nach Berlin« reichten. Gleichwohl er der Besitzer von Villen am Comer See ist, die freilich längst konfisziert sind, agitiert Solowjow gegen die »verkommene EU«. Für Putin, der ihn mehrfach ausgezeichnet hat, ist er der unverzichtbare Aufhetzer einer russischen Bevölkerung, die keine echten Nachrichten erhält – oder nicht erhalten will.

Prigoschin, Schoigu, Abramowitsch, Medwedew, Lawrow, Kyrill, Solowjow – sieben typische Karrieren der Elite eines Reiches, das sich selbst als Gegner, ja als Feind des Westens sieht. Sie sind die Hintermänner von Putins Diktatur – ob einer dieser sieben oder ein ganz anderer dem Herrscher eines Tages nachfolgt, wird uns die Geschichte lehren.

Der Schattenkrieger

Da steht er, haarlos, angetan mit einem erdbraunen Kampfanzug, auf dem Appellhofplatz inmitten eines russischen Straflagers in der Oblast Mari El. Um sich Gefangene: Mörder, Diebe, Vergewaltiger. Es ist Jewgeni Prigoschin, Chef der ominösen »Gruppe Wagner«. Er braucht Rekruten, Nachschub für die Front in der Ukraine, denn da bröckelt es. Er verspricht den Männern, die ihm lauschen, fast Unglaubliches: die Freiheit – wenn sie sich verpflichten, ihm und seiner Gruppe nur ein halbes Jahr zu dienen. Jeden Monat gibt es einen Sold im Wert von 1 000 Dollar, mindestens, beim Einsatz noch ein bisschen mehr. Und natürlich gebe es, so tönt Prigoschin, Regeln: Alkohol und Drogen seien verboten, Vergewaltigungen auch – wobei er gleich selber einschränkt: »Doch Fehler passieren!« Am wichtigsten aber sei: »Wer desertiert, wird erschossen!« Er beschließt den Appell mit den Worten: »Der dritte Weltkrieg ist ausgebrochen. Ihr habt jetzt die Chance, euch aufseiten Russlands daran zu beteiligen!«

Es war ein weiter Weg von jenem Mann, der nach neun Jahren Haft wegen Raubüberfällen und der Beihilfe zu Kinderprostitution 1990 das Gefängnis in Leningrad verließ (noch hieß die Stadt so), hin zu jenem Milliardär, der mit Rückendeckung seines Präsidenten höchstpersönlich Kämpfer rekrutierte.

Jewgeni Prigoschin stammt aus einer armen Familie und wollte eigentlich Profi-Skifahrer im Langlauf werden. Doch in seinen Zwanzigern geriet er auf die schiefe Bahn und wurde 1981 zu 13 Jahren Haft verurteilt, von denen er neun absaß. Mit einigen Kumpanen hatte er mit gerade 18 Jahren eine Frau überfallen, um ihre Stiefel und goldenen Ohrringe zu stehlen.

Die Jahre in der Unterwelt von Leningrad und mehr noch im Gefängnis haben ihn geprägt. Auch wenn er selbst kein ausgesprochener Mafioso war, so wusste er doch, wie man, ohne bei der Staatsmacht anzuecken, in der wilden Jelzin-Zeit Geschäfte machen kann.

Und das tat er. Es waren die Jahre eines ungehemmten Kapitalismus. Prigoschin verkaufte Hotdogs und eröffnete mehrere Imbissbuden. »Den Senf haben wir bei mir in der Küche gemischt, dort hat Mama auch die Einnahmen gezählt, im Monat habe ich 1 000 Dollar verdient, das war ein ganzer Berg an Rubeln«, erinnert sich Prigoschin in dem einzigen Interview, das es dazu von ihm gibt, an diese Zeit. In dem Milieu aus Sicherheitsmilizen, Mafiabossen, Geheimdienstlern, Spionen und Ex-Sträflingen fühlte sich Prigoschin wohl. Später war er dann mit alten Kumpels aus dem Knast in der St. Petersburger Glücksspielszene tätig. In der Stadtverwaltung für die entsprechenden Lizenzen zuständig: Wladimir Putin. Denn der war in seiner Eigenschaft als stellvertretender Bürgermeister der Millionenstadt bestrebt, den Zufluss von sogenanntem Schattengeld für die Bedürfnisse des Bürgermeisteramts zu sichern. Das Wirtschaftsleben von St. Petersburg wurde in jener Zeit zu mindestens zwei Dritteln von der organisierten Kriminalität kontrolliert. Und die staatlichen Behörden passten sich der Lage an. Dabei kam es zu Dienstleistungen, die damals üblich waren, zum Beispiel der Verkauf von Antiquitäten zu vielfach überhöhten Preisen. Das lief folgendermaßen ab: Ein Unternehmer wollte einen lukrativen Auftrag von der Stadt. Der Beamte gibt ihm beiläufig die Visitenkarte eines ganz bestimmten Antiquitätengeschäfts, das zufälligerweise einem guten Freund von Putin gehörte: Ilja

Traber, genannt »Der Antiquar«. Der Unternehmer kauft dort für eine Million Dollar einen einzigartigen Tisch aus der Zeit der Zarin Katharina. Tatsächlich war es ein sowjetisches Modell für vielleicht 60 Dollar. Doch das war egal. Denn nun erhielt der Unternehmer vom Bürgermeisteramt der Stadt St. Petersburg eine Lizenz, deren Wert den des Tisches aus der Zeit der Zarin Katharina um ein Mehrfaches überstieg.

Wir dürfen also annehmen, dass die segensreiche Verbindung zweier ehrgeiziger Männer schon in den 1990er-Jahren begann. Gesichert ist, dass Prigoschin mithilfe diverser Investoren bald ein richtiges Lokal aufmachte, das binnen kurzer Zeit zu einem Hotspot in St. Petersburg geriet: Staraja Namoschnja, die Alte Zollstation, direkt gegenüber der Kunstkammer. Das erste Edelrestaurant der Newa-Metropole. Ein Restaurant der Extraklasse für Kunden, die es nach Prigoschins Worten leid waren, immer nur Schnitzel mit Wodka zu bestellen. Im Herbst 2002 habe ich es selbst einmal besucht. Es war nicht Michelin-verdächtig, aber doch sehr gut. Noch exklusiver geriet Prigoschins zweites Restaurant, das er auf einem Schiff vor den Ufern der Newa eröffnete: New Island.

Und es war ein Glücksfall für den vormaligen Sträfling, dass im Jahre 2000 der frischgebackene Präsident Wladimir Putin zusammen mit dem japanischen Premierminister Mori dieses Restaurant besuchte und Gefallen an dem dienstfertigen Inhaber fand. Denn, so der später inhaftierte Oppositionelle Alexej Nawalny, »der Chef bewirtete Putin persönlich und zog so Aufmerksamkeit an. Er freundete sich zunächst mit Putins Fahrer an, dann mit dessen Leibwächter, und dann wurde er so eine Art Hofnarr«. Prigoschin selbst beschreibt es etwas anders: »Er hat gesehen, dass ich mich nicht scheue, den hohen Gästen persönlich die Teller zu reichen, waren sie doch bei mir zu Gast.«

Von da an lief es bestens für Prigoschin: Putin schleppte weitere Staatsgäste wie Jacques Chirac und Georges W. Bush mit in die Alte Zollstation und erteilte dem eifrigen Helfer den lukrativen Auftrag, Feste für ihn selbst auszurichten. So entstand der Spitzname, mit dem sich unser Held sprichwörtlich machte: Putins Koch.

Denn nun erhielt der Koch, an dem der Präsident Gefallen gefunden hatte, so viele Aufträge, dass er ein eigenes Unternehmen gründete: die Concorde AG. Erst wurde er damit wohlhabend, nach ein paar Jahren steinreich. Denn er sammelte die öffentlichen Aufträge wie schlichtere Gemüter Briefmarken. Er bewirtete in St. Petersburg nicht nur weitere Staatsgäste Putins, sondern durfte sogar das Geburtstagsfest des Präsidenten kulinarisch ausrichten. Und die Concorde AG bekam immer mehr lohnende Aufträge von staatlichen Behörden – nicht nur etwa für das neu geschaffene St. Petersburger Wirtschaftsforum, sondern auch für Schulen, Kindergärten und Kasernen. So wurde Prigoschin gleichsam zum Proviantmeister der russischen Streitkräfte. Zu Beginn der 2010er-Jahre lieferten seine mittlerweile 22 Firmen 90 Prozent der Verpflegung an die Kasernen. Das waren Aufträge im Wert von über einer Milliarde Dollar jährlich. Und unser Held verpflegte darüber hinaus nicht nur den nationalen Katastrophenschutz (der unterstand bekanntlich Schoigu), sondern auch die kommunale Wohnungsverwaltung in Hunderten von russischen Garnisonsstädten, später auch die Krankenhäuser. Und schließlich landeten selbst die Aufträge zum Bau neuer Garnisonsstädte ausschließlich bei Prigoschin. Der damals noch nicht inhaftierte Oppositionelle Alexej Nawalny befand: »Er ist der wichtigste Mann für die russische Armee nach dem Verteidigungsminister.« Da war Prigoschin längst schon Milliardär.

Die Qualität der Verpflegung für öffentliche Einrichtungen war freilich häufig unterirdisch. Prigoschins Firmen lieferten nicht nur die Nahrungsmittel, sondern bereiteten diese auch zu und stellten sie als Mahlzeiten bereit. Lebensmittelkontrolleure fanden immer wieder Verstöße wie zu geringe Mengen, abgelaufene Produkte oder vielfach billige Ersatzstoffe. Und das waren noch die ungefährlicheren Missetaten. So fanden sich in den Portionen von Prigoschin gefährliche Bakterien wie Escherichia coli, Staphylococcus aureus und Salmonellen, aber auch Würmer, Käfer, Schaben sowie Plastikteile und menschliche Haare. Bei Kontrollen von Prigoschin-Betrieben seien zudem völlig verdreckte Küchen, Köche ohne Gesundheitszeugnis und falsch gelagerte Lebensmittel entdeckt worden, schrieb ein noch unabhängiges russisches Internetportal. Tausende von Kindern, Soldaten und Krankenhauspatienten erkrankten so im Lauf der Jahre. Einen ausgewachsenen Skandal erregten Prigoschins Firmen im Dezember 2018, als in sieben Moskauer Kindergärten die Ruhr ausbrach. 127 Kinder fingen sich die schwere Durchfallkrankheit ein, nachdem sie Hüttenkäse gegessen hatten. Im Januar 2019 erklärte Kremlsprecher Dmitri Peskow die Epidemie für beendet. Sanktionen für Prigoschin gab es nicht. Der Mann war offenkundig sakrosankt.

Wir dürfen wohl mit Recht vermuten, dass Putins Koch bei der Vermehrung seines Wohlstands zweigleisig fuhr. Öffentliche Massenverpflegung so billig herzustellen, dass in der Summe möglichst viel Profit heraussprang – auf Kosten der Qualität und letztlich der Gesundheit.

Auf der anderen Seite hatte er den Ehrgeiz, bei besonderen Events das Beste vom Besten aufzutischen. Denn da ging es um das Essen der Elite. Und so gelang es ihm zum Beispiel, das einzig lizenzierte Restaurant im russischen Parlament zu begründen.

Inzwischen war der Koch so reich geworden, dass er nun die Vollendung seines Privatlebens vorantrieb. Mittlerweile hatte er eine junge Apothekerin geheiratet, Lyubov Prigoschina, die ihm zwei Kinder gebar: Polina und Pawel. Auch die Ehefrau erwies sich als geschäftstüchtig. Sie erwarb, wohl mit den Mitteln ihres Mannes, eine Kette von Boutiquen in St. Petersburg, errichtete dort ein »Schokoladenmuseum«, kaufte ein Wellnesscenter und besitzt ein populäres Boutique-Hotel: das »Crystal Spa and Residence«, das 2013 den begehrten »Perfect Spa Project Award« gewann. Und das alles ist nur ein Ausschnitt aus ihren zahlreichen geschäftlichen Aktivitäten.

Eine ähnliche Laufbahn schwebte offenbar der Tochter Polina vor. Im zarten Alter von zehn (!) Jahren machten ihre Eltern sie zur Geschäftsführerin der »Sporthorses Management GmbH«. Und zwar im deutschen Winsen an der Luhe. Zweck der Gesellschaft war die »Durchführung von Turnieren, Ausbildung im Reitbereich sowie der Betrieb eines Verkaufsstalles«. Dies alles war offenkundig auch zur Zukunftssicherung des reitbegeisterten Mädchens gedacht – doch der Betrieb wurde 2014 im Umfeld des russischen Angriffs auf die Krim eingestellt. Später machte die nun 15-jährige Polina mit wiederholten Verkehrsverstößen von sich reden. Wegen wiederholter Geschwindigkeitsübertretungen erhielt Jewgenis Tochter Geldstrafen aufgebrummt. Nebenbei gefragt: Wieso darf eine 15-Jährige in Russland Auto fahren?

Angesichts der zahlreichen Vergünstigungen, die Prigoschin von Putin erhielt, lag es nahe, dass er seinem Patron auf andere Weise Gefallen erwies. Einen wertvollen Dienst leistete er dadurch, eine schon bestehende Gruppierung neu zu organisieren und besser zu bezahlen: die Petersburger Troll-Armee. Trolle, die im Internet die Sicht der russischen Regierung verbreiteten, hatte es seit Anfang des 21. Jahrhunderts und des Machtantritts von Putin schon gegeben. Doch erst im Vorfeld des russischen Einmarschs auf die Krim wuchsen die Bedeutung und der Aktionsradius der Trolle spürbar.

Der offizielle Name der von Prigoschin beherrschten Troll-Fabrik lautete unverfänglich »Agentur für Internet-Forschung«.

Unter diesem Namen wurde die Firma am 26. Juli 2013 bei den russischen Behörden registriert. Sie logierte im Petersburger Bezirk Olgino in der Uliza Sawuschkina 55. Im angelsächsischen Raum firmierten ihre Angestellten rasch als die »Trolls from Olgino«.

Wer waren diese Trolle? Recherchen diverser Journalisten ergaben, dass es sich dabei in der Anfangszeit um einige Hundert meist junge Leute, oft Studenten, handelte, die mit durchschnittlich 41 000 Rubel monatlich entlohnt wurden – anfangs immer in bar. Das waren 750 Dollar und erheblich mehr als das klassische russische Durchschnittseinkommen. Wer solide Fremdsprachenkenntnisse besaß und etwa die Internetseiten von CNN und BBC mit Kommentaren überfluten konnte, erhielt nahezu das Doppelte.

Eine ehemalige Mitarbeiterin der Troll-Armee berichtete später, wie sie zu dem Job gekommen war. Sie meldete sich auf eine Anzeige in einem Petersburger Lokalblatt, in der es hieß, dass »kreative Schreiber für Online-Projekte« gesucht würden. Beim Vorstellungsgespräch im Dezember 2014 erfuhr sie, dass dabei vor allem politische Texte erwünscht waren, Kurznachrichten mit Schlüsselwörtern, die vorgegeben wurden: Positiv zu kommentieren waren Begriffe wie »Putin«, »Donbass« oder »Krim«, negativ zum Beispiel »Kiewer Junta«, »NATO« und »Obama«. Die Bewerberin nahm den Job an und war für ein paar Monate – im Sold Prigoschins – folgsame Soldatin der Troll-Armee, bis sie entnervt das Weite suchte. Denn die Anforderungen waren hart: 150 regierungsfreundliche Kommentare pro Schicht entsprachen dem Soll, dazu zählten auch Beleidigungen der ukrainischen Regierung und rassistische Kommentare zum damaligen US-Präsidenten Obama. Viele ihrer früheren Kollegen, so die Insiderin, waren eigentlich wenig an Politik interessiert. Sie übten diesen Job des Geldes wegen aus. Auch ein paar »verzweifelte Rentner« seien dabei gewesen. Während der russischen Präsidentschaftswahlen 2018 erhielten Prigoschins Schreiber detaillierte Anweisungen, wie sie über Wladimir Putin zu berichten hätten. Sie sollten die Botschaft verbreiten, dass nur er als Präsident infrage komme. Weitere interne Dokumente belegen, dass Prigoschins Trolle etwa im Jahre 2019 Dossiers über möglichst sämtliche oppositionelle Aktivisten in St. Petersburg anlegten. Aus einer Budgetübersicht ging hervor, dass allein im November 2019 umgerechnet 4300 Euro für eine »Spezialrecherche« mit dem Namen »Sobol« aufgewendet wurden. Es ging dabei um Ljubow Sobol, eine enge Mitkämpferin des standhaften Oppositionellen Alexej Nawalny, der damals noch auf freiem Fuß war. Der Kreml wollte sie auf keinen Fall zur Wahl zum Moskauer Stadtparlament zulassen. Prigoschins Trolle diskreditierten sie nach Kräften, leider mit Erfolg. Das russische Magazin Forbes hatte sie noch 2011 als »Heldin des Jahres, die kaum einer kennt« gewählt. Nachdem Sobol 2021 zu einem Jahr Haft auf Bewährung verurteilt wurde, ging sie vernünftigerweise ins Ausland.

Nach Aussagen eines anderen Ex-Trolls zählten Herabwürdigungen von Oppositionellen wie Alexej Nawalny, der kremlkritischen Band Pussy Riot oder des damaligen ukrainischen Präsidenten Petro Poroschenko zum Tagesgeschäft. Um ihre IP-Adressen zu verbergen, verwendeten die Angestellten Proxy-Server. Wer sich etwa auf amerikanischen Webseiten trollte, sollte natürlich nicht etwa den Amerikanern Russland näherbringen. »Wir hatten das Ziel, die Amerikaner gegen ihre eigene Regierung einzustimmen, Unruhe zu verursachen, Unzufriedenheit zu verursachen, die Beliebtheit von Obama zu senken.«

Während des Krieges in der Ukraine seit 2014 waren im deutschsprachigen Internet prorussische Kommentare in der Überzahl, obwohl die veröffentlichten Meinungen befragter Bürger sowie die Überzeugungen von Politikern und Journalisten dem entgegenstanden. Die in deutschen Internetforen verbreitete Lesart des Krieges spiegelte nicht die Meinung der Bevölkerung. Tatsächlich hielt nach demoskopischen Erhebungen die Mehrzahl der Befragten Russland für den Hauptschuldigen des Krieges in der Ukraine. Nur 20 Prozent der befragten Deutschen teilten damals die Sicht des Kreml. Die Süddeutsche Zeitung veröffentlichte Strategiepapiere der Petersburger Troll-Armee, die belegten, dass Trolle angehalten wurden, die Kommentarseiten großer Nachrichtenportale mit prorussischen Meinungen zu füllen oder Debatten in sozialen Netzwerken zu stören. Internationale Medien wie der Guardian und das Forbes-Magazin berichteten von ähnlichen Problemen. So wurde in den aus St. Petersburg gelenkten Kommentaren die Schuld an dem Konflikt »ukrainischen Faschisten«, der CIA oder der NATO zugewiesen. Eine russische Beteiligung wurde entweder bestritten oder durch Vorwürfe an das »Regime in Kiew« gerechtfertigt. Immerhin bekannten zahlreiche westliche Journalisten, dass ihre Berichterstattung dadurch beeinflusst wurde, weil sie sich vor hasserfüllten Reaktionen auf ihre Artikel fürchteten. So gesehen, war dies ein makabrer Erfolg der Petersburger Troll-Armee.

Hochtourig aktiv war die St. Petersburger Troll-Fabrik im Vorfeld der Präsidentschaftswahlen in den USA 2016. Putin war daran gelegen, dass Donald Trump die Wahl gewann. Nach ernst zu nehmenden Berichten hat der russische Geheimdienst Trump schon Jahre vorher bei einem Moskau-Besuch in seiner verwanzten Hotelsuite gefilmt – im Tête-à-Tête mit bezahlten russischen Damen. Dies machte ihn, sofern dieses Gerücht stimmt, erpressbar und in Putins Lesart entsprechend gefügig.

Folglich unterstützten Prigoschins Trolle Trump bereits im Vorwahlkampf, in dem der Kandidat Putin gepriesen und die NATO für obsolet erklärt hatte. Die Trolle nutzten Fake Accounts in den sozialen Medien, um Trump zu pushen und seine Gegenkandidatin Hillary Clinton zu diskreditieren. Auf dem Höhepunkt der Kampagne kamen, nach einer späteren Untersuchung des US-Senats, monatlich über 6 000 Einträge in sozialen Netzwerken wie Twitter, Facebook, YouTube und Instagram aus St. Petersburg. So veröffentlichte in der Hochphase des Wahlkampfs im Oktober 2016 Wikileaks, gefüttert von Prigoschins Trollen, den Mailverkehr zwischen Hillary und ihrem Wahlkampfleiter John Podesta. Darin fanden sich zum Beispiel Vorschläge, mit welchen Journalisten die Clinton-Kampagne möglichst positive Geschichten über die Kandidatin lancieren könne. Die Veröffentlichung schadete Hillary Clinton immens.

Doch am intensivsten bearbeiteten Prigoschins Trolle die Bevölkerungsgruppe der schwarzen Wähler. Der Geheimdienstausschuss des US-Senats befand im Jahre 2020: »Keine einzelne Gruppe von Amerikanern wurde von den Mitarbeitern der IRA (Internet Research Agency, englischsprachige Bezeichnung für die St. Petersburger Trolle) mehr ins Visier genommen als die Afroamerikaner.« So verbreitete ein Video auf YouTube die skurrile Nachricht, Hillary Clinton habe vom Ku-Klux-Klan eine Wahlkampfspende über 20 000 Dollar erhalten. Die IRA habe versucht, mit gezielten Falschinformationen die schwarzen Wähler vom Gang zur Wahlurne abzuhalten, da viele von ihnen prinzipiell mit den Demokraten und damit Hillary Clinton sympathisierten. Das gelang zwar nur bedingt, doch der knappe Wahlsieg Trumps war Beleg für das später geäußerte Resümee der New York Times, die Petersburger Trolle hätten die Wahl entscheidend beeinflusst. Das Fazit zog im Jahre 2022 Jewgeni Prigoschin selbst: »Wir haben uns eingemischt, wir tun es, und wir werden es weiter tun.« Damit gab er endlich zu, dass der gegen ihn erlassene Strafbefehl in den USA berechtigt war.

Und wenn wir schon bei Bekenntnissen sind: Ebenfalls recht spät, im Februar 2023, hat Prigoschin offen zugegeben, dass er höchstselbst das Mastermind der Petersburger Troll-Fabrik ist: »Ich hatte die Idee, ich habe sie geschaffen, und ich habe sie lange betrieben.« Und nicht nur das: In dieser Stellungnahme hat Prigoschin erstmals zugegeben, dass er auch einer zweiten Troll-Fabrik unter die Arme greift. Die »Cyberfront Z« tauchte kurz nach dem russischen Überfall auf die Ukraine im Internet-Universum auf, sie hat mittlerweile über 100 000 Follower und verherrlicht russische Kriegserfolge. Prigoschin selbst bezeichnet sie als »Gruppe patriotischer Blogger«. Sie agieren aus einem seiner Büros heraus und treffen sich gerne in einem seiner Restaurants.

Wie aber kam Prigoschin, der heute vor allem als unbestrittener Chef der Söldnergruppe Wagner Bekanntheit erlangt hat, zu dieser Einheit? Einer Einheit, die heute eine hochprofessionelle Struktur aufweist, mit einem eigenen Stab, zwei Bereichen für Logistik und Kommunikation und sogar einem eigenen Flugabwehrregiment. Einer Einheit, in deren Führungsgremien Männer sitzen, die vormals beim Geheimdienst FSB, dem Militärgeheimdienst GRU oder der Polizeieinheit OMON dienten. Einer Einheit, die von der Ukraine über zahlreiche afrikanische Staaten wie Libyen und Sudan bis hin nach Venezuela russische Interessen durchsetzt.

Urknall war ein Vortrag des südafrikanischen Söldnerführers und früheren südafrikanischen Offiziers Eeben Barlow auf dem St. Petersburger Wirtschaftsforum 2010, das Jewgeni Prigoschin, wie wir ja wissen, verköstigte. Barlow faszinierte wenigstens die anwesenden Russen mit der verwegenen Idee, bei Auslandseinsätzen »Illegale« einzusetzen, um im Falle des Scheiterns »mögliche Probleme zu minimieren«. Als 2012 Waleri Gerassimow zum russischen Generalstabschef ernannt worden war, griff er die Idee sofort auf und trug sie Putin vor. Der frühere Geheimdienstmann erwärmte sich dafür und überlegte mit dem Generalstabschef, wer denn ein solches Unternehmen gründen solle. Die Wahl fiel bald auf Jewgeni Prigoschin, der, unterstützt vom Präsidenten, in St. Petersburg ja schon die Troll-Fabrik zum Erfolg geführt hatte. Putin wollte keinen Offiziellen aus der allerersten Reihe mit dem Vorhaben betrauen. Prigoschin sträubte sich zunächst, das Ganze schien ihm zu riskant, beugte sich dann aber bald dem Plan, zumal die Finanzierung, zunächst aus dem Etat der Streitkräfte, gesichert war. Doch er bedingte sich zumindest aus, dass er nach außen hin nicht in Erscheinung treten musste. Diese Rolle übernahm Dmitri Utkin, damals noch Geheimdienstoffizier der russischen Armee. Utkin hatte, und das war für einen Russen ungewöhnlich, eine morbide Vorliebe für gewisse Formen und Symbole aus der Nazizeit. Tätowiert mit Siegrunen der Waffen-SS und einem Reichsadler mit Hakenkreuz auf der Brust, verdingte er sich 2013 bei den Paramilitärs des »Slawischen Korps«, das in Syrien das Regime von Baschar al-Assad verteidigte. Registriert war dieses Korps seltsamerweise in Hongkong – wohl auch, weil private Militärunternehmen in Russland eigentlich per Gesetz verboten waren. Aber darum kümmerte sich tatsächlich keiner. 2014 war Utkin Kommandant einer eigenen Einheit, die sich nach schweren Verlusten schließlich auflöste. Aus den Resten entstand, so die Legende, die »Gruppe Wagner«.

Wir wissen heute, dass das »Slawische Korps« schon eine Vorform der »Gruppe Wagner« war, zu der sich Utkin nun auch offiziell bekannte. Er war es, der den Namen auswählte, hatte doch sein Idol Adolf Hitler einen Lieblingskomponisten namens Richard Wagner, der dafür wahrlich nichts konnte.

Es versteht sich, dass die Gruppe Wagner nicht nur in der Anfangszeit enge Verbindungen zum russischen Militärgeheimdienst GRU unterhielt, denn Utkin selbst war dort lange tätig gewesen. Unter den ersten Kämpfern, die er rekrutierte, waren vor allem ehemalige Soldaten der russischen Armee, aber auch ausländische Kräfte, zum Beispiel Serben, von Beginn an mit dabei.

Die Zählung von bekannt gewordenen Todesfällen ergab, dass frühere Gefreite und junge Offiziere bis hin zum Oberstleutnant für die Gruppe Wagner kämpften. Was sie lockte, war vor allem das Geld. Die Besoldung eines Angehörigen der Gruppe Wagner lag, zumindest in der Anfangszeit, bei rund 1400 US-Dollar pro Monat für den Dienst in einer russischen Basis und 4300 Dollar für den Kampf in Syrien, dem ersten Einsatzort.

Das Training, so ein ehemaliger Kämpfer, dauerte bis zu zwei Monaten und entsprach professionellen Standards. In den Anfangsjahren war die Gruppe Wagner rechtlich in Argentinien registriert, denn – wir erinnern uns an das Slawische Korps – bis 2017 waren private Militärunternehmen in Russland offiziell verboten. Die Teilnahme an bewaffneten Konflikten auf dem Gebiet eines anderen Staates wurde nach Paragraph 359 des russischen Strafgesetzbuches mit bis zu sieben Jahren Haft geahndet. Und auf das Bewerben, Trainieren und Finanzieren einer solchen Gruppe standen sogar bis zu 15 Jahre Gefängnis. So verstießen Putin und Prigoschin gegen eigene Gesetze. Ganz offiziell und staatlich legitimiert setzen auch westliche Mächte wie die USA schon seit Jahren Söldner ein – zum Beispiel Angehörige der Firma »Blackwater« im Irakkrieg.

Utkins Söldner hatten schon bei der Annexion der Krim im Jahre 2014 ihre Finger mit im Spiel, und auch in den selbst erklärten Republiken Donezk und Luhansk war er tätig. Berichten zufolge sorgte er in den Reihen der Separatisten für »Ordnung« im russischen Sinne und beseitigte unbotmäßige Führer der »wilden Milizen«.

Erste Kämpfer der Gruppe Wagner tauchten ab Mitte August 2015 in den russischen Versorgungsbasen Tartus und Hmeimim in Syrien auf, um das Regime des Putin-Freundes Assad zu stützen. Es waren in der Hochzeit ihres Einsatzes wohl an die 2500 Kämpfer, die Utkin kommandierte und Prigoschin finanzierte. Sie nahmen an mehreren Einsätzen vor allem gegen den Islamischen Staat (IS) in Syrien teil und trainierten Assads Truppen. Innerhalb der Gruppe Wagner war auch eine serbische Einheit aktiv, die unter dem Befehl des bosnischen Serben Davor

Savicic (Kampfname »Elvis«) stand, der schon im jugoslawischen Bürgerkrieg aufseiten der brutalen »Arkan Tigers« gekämpft und eine mörderische Spur hinterlassen hatte. Jetzt war er Utkins enger Freund.

Auch wenn sich die russische Beteiligung am Krieg in Syrien vor allem auf den Luftkampf konzentrierte, so fielen nicht zuletzt die Wagner-Söldner immer wieder auch in Bodenkämpfen auf. Sprichwörtlich war ihr Einsatz bei der endgültigen Rückeroberung der legendären Stadt Palmyra, die von der Dschihadistenmiliz IS schon einmal eingenommen, wieder aufgegeben und nun endgültig verlassen wurde. Sie gehört zum Weltkulturerbe der UNESCO und beherbergt unschätzbare Kunstwerke, die von den Islamisten des IS zum Teil zerstört wurden. Die Wagner-Söldner, ausgerüstet mit russischen Panzerhaubitzen und T90-Panzern, kämpften bei der Rückeroberung in vorderster Linie. Assads Truppen rückten erst dahinter nach. Das wirkte in der Heimat: Obwohl die Existenz einer privaten Söldnergruppe nach wie vor geleugnet wurde, erhielten Utkin und sein Stellvertreter Andrej Troschew am »Tag der Helden des Vaterlandes« im Kreml goldene Medaillen.

Und nicht nur das: Präsident Putin ließ sich mit beiden Männern ablichten. Dies war gleichsam die inoffizielle Anerkennung der Gruppe Wagner, die es offiziell nicht geben durfte. Die Einnahme der historischen Oasenstadt Palmyra wurde im russischen Staatsfernsehen enthusiastisch gefeiert. Das Orchester des St. Petersburger Mariinski-Theaters spielte unter Leitung des kremlnahen Waleri Gergijew – bis zum Beginn des russischen Angriffskrieges Chefdirigent der Münchner Philharmoniker – im Amphitheater der Ruinenstätte klassische Weisen, Wladimir Putin wurde aus dem Kreml zugeschaltet. Sein Jugendfreund Sergej Roldugin spielte ein Cello-Solo. »Eine wunderbare humanitäre Aktion«, freute sich der Kremlchef. Die Botschaft lautete: Ohne Russland geht in Syrien nichts.

Es waren freilich nicht nur historische Stätten, die die Wagner-Kämpfer zurückeroberten, sie hatten auch handfeste wirtschaftliche Ziele wie Öl- und Gasquellen im Blick. Zu deren Ausbeutung hatte etwa das russische Unternehmen Evro Polis Verträge mit der syrischen Regierung abgeschlossen und ließ die Quellen nun von Utkins Söldnern bewachen. Chef von Evro Polis, wie praktisch: Jewgeni Prigoschin. Wir dürfen davon ausgehen, dass Prigoschin diese und andere Einnahmen aus Syrien auch zur weiteren Finanzierung der Söldnergruppe Wagner nutzte.

Rund um den Militäreinsatz der Wagner-Söldner auf dem Kampfplatz Syrien häuften sich im Lauf der Jahre Meldungen von Kriegsverbrechen. Als Beispiel unter vielen steht ein Video aus dem Jahre 2017, das CNN erreichte: Russisch sprechende uniformierte Männer schlagen mit einem Vorschlaghammer auf ihr Opfer, das am Boden liegt, ein. Sie schießen auf den jungen Mann, der sich blutend windet, quälen ihn mit Messerstichen, grölen Schimpfworte, hören dabei Rockmusik. Einer trennt schließlich mit einem Spaten den Kopf vom Rumpf des Opfers, übergießt den Körper mit Benzin und ruft, das sei ein Barbecue. Der Körper brennt, die Täter posieren vor der Handykamera mit dem abgeschnittenen Kopf.

Es ist ein grauenhaftes Bild. Journalisten konnten einen der Täter identifizieren: ein Mitglied der Söldnergruppe Wagner. Auch das Opfer ist inzwischen identifiziert: Hinterbliebene erkannten ihn als Mohamad A., einen jungen Syrer, der zwangsweise zur syrischen Armee eingezogen worden war und desertieren wollte. Sie forderten Gerechtigkeit: Die russische Justiz sollte die vom russischen Staat entsandten Söldner zur Verantwortung ziehen. Die Strafanzeige gegen mindestens einen der beteiligten Täter wegen Folter und Mord wurde von mehreren Organisationen unterstützt: dem Syrian Center for Media and Freedom of Expression, der französischen Fédération internationale des ligues des droits de l'Homme und der Moskauer

Memorial-Stiftung. Doch alle Anfragen und Eingaben blieben unbeantwortet. Im Gegenteil: Der Vorschlaghammer wurde in der Kommunikation der Wagner-Truppe zum Symbol für die Gewaltbereitschaft der Söldner.

Ein Söldner hat sich in der Zwischenzeit öffentlich geäußert. Marat Gabidullin war von 2015 bis 2019 Mitglied der Gruppe Wagner. In seinem Buch über das Söldnerdasein verliert er kaum ein Wort über Kriegsverbrechen, sondern beklagt vornehmlich die Korruption, die in der Gruppe herrsche: »Ich hatte lange Zeit die Sorge, dass das Unternehmen von zwielichtigen Leuten betrogen wird. Erst später habe ich verstanden, dass die Gruppe Wagner ohne Korruption gar nicht existieren kann. Es ist ein Teil ihres Wesens.« Und er verteidigte natürlich seine früheren Kameraden: »Aus den sadistischen Ausrutschern einzelner Menschen lässt sich nicht auf alle Söldner schließen.« Die Angehörigen der Opfer werden das wohl anders sehen.

Gewiss ist es nicht die Hauptaufgabe der Wagner-Söldner, wahllos zu morden. Doch ihr Kerngeschäft ist, die Drecksarbeit für den Kreml zu erledigen, mit allen Mitteln. Und nicht wenige ihrer Kämpfer gehen in Krisensituationen rücksichtslos auch gegen Zivilisten vor. Das war vor allem in etlichen afrikanischen Staaten so, wo Prigoschin mit dem Einverständnis der dortigen Regierungen seine Männer einsetzte. Auf dem Höhepunkt der Einflussnahme 2020 waren es wohl insgesamt 23 Staaten zwischen Mittelmeer und Kap der Guten Hoffnung, wo die Wagner-Kämpfer wacklige Regierungen gegen irgendwelche rebellierenden Verbände unterstützten – und die Bodenschätze ausbeuteten. Ein Beispiel war die Zentralafrikanische Republik, eines der ärmsten Länder der Welt. Wie es dort aussieht, zeigt ein Blick auf die offizielle Seite des Auswärtigen Amtes der Bundesrepublik Deutschland, die ich hier kommentarlos zitiere:

»Es gibt im gesamten Land andauernd sehr hohe Sicherheitsrisiken und Kampfhandlungen. Das Konfliktgeschehen ist stark dynamisch, und weite Teile des Landes stehen nicht unter staatlicher Kontrolle. Militärische Auseinandersetzungen sind jederzeit möglich, auch in der Hauptstadt. Es gibt Berichte über schwere Menschenrechtsverletzungen und Übergriffe, auch gegen Zivilisten und durch Sicherheitskräfte. Es kann landesweit zu Protesten und Demonstrationen und in deren Folge zu gewaltsamen Ausschreitungen (…) kommen. Staatliche Autoritäten reagieren harsch und teils unberechenbar sowohl auf jegliche vermeintliche Unterstützung bewaffneter Gruppen als auch auf fehlerhafte Anmeldungen und Dokumente und vermeintlich fehlende Genehmigungen. Vermeiden Sie auf jeden Fall Handlungen, die entsprechend ausgelegt werden können.«

Möchte jemand in einem solchen Lande leben? Das war die Zentralafrikanische Republik nach sechs Jahren Herrschaft unter reger Mithilfe der Gruppe Wagner. Denn die hatte zumindest den von der Regierung kontrollierten Teil des Landes fest im Griff. Wenn der Präsident Faustin-Archange Touadéra durch die Hauptstadt Bangui fuhr, wurde er von Wagner-Kämpfern bewacht. Ohne die russische Unterstützung wäre das Regime längst von den meist muslimischen Rebellen besiegt worden. Die Wagnerianer nutzten all die Freiheiten, die sie erhielten, zur Ausbeutung der reichen Bodenschätze, über die das Land verfügt: vor allem Gold, Diamanten, Tropenhölzer und Uran. Das russische Unternehmen, das all das leistete, hieß Lobaye Invest. Eine weitere Firma, First Industrial Company, kümmerte sich um Produktion und Import von Bier und Schnaps. Und hinter beiden stand, o Wunder, Jewgeni Prigoschin. Um die Bevölkerung in den regierungstreuen Gebieten für sich zu gewinnen, nutzten die Russen alle medialen Möglichkeiten. So präsentierten sie im Stadion von Bangui den jubelnden Zehntausenden einen hochprofessionell gemachten Spielfilm, der den heldenhaften Kampf der Gruppe Wagner gegen die muslimischen Rebellen zeigte, verteilten Hunderte von russischen Fahnen, die anschließend geschwenkt wurden, und verschenkten Tausende von T-Shirts, auf denen das Wappen von Wagner mit dem Leitspruch kombiniert war: »Je suis Wagner!«

Auf der Kehrseite all dessen standen Hunderte von Menschenrechtsverletzungen, die Prigoschins Leute vor allem an Zivilisten begingen. So berichtete die Witwe eines Diamantenhändlers europäischen Journalisten von der Ermordung ihres Mannes durch Wagner-Söldner. Dieser wurde auf dem Rückweg von der Mine nach Hause von Russen angehalten, die sein Gepäck durchsuchten und seine Diamanten konfiszierten. Dann wurde er geschlagen und erschossen. Und das war nur ein Fall von vielen. Die UN-Expertengruppe über illegale Söldnereinsätze berichtete von »Massenhinrichtungen, willkürlichen Festnahmen, Folter bei Verhören, Verschwindenlassen, Zwangsvertreibung der lokalen Bevölkerung, Angriffen auf zivile Einrichtungen, Verletzungen des Rechts auf Leben und zunehmende Angriffe auf humanitäre Akteure«. Und lokale Medien schilderten, dass die fremden Kämpfer die Schweine der Bauern erschießen und vertilgen, Mädchen vergewaltigen, Häuser verwüsten, auch Motorräder stehlen und nur gegen Geld wieder hergeben würden. Drei prominente russische Journalisten, die auf den Spuren der Gruppe Wagner in die Zentralafrikanische Republik gereist waren, wurden auf ihrer Drehreise von Söldnern ermordet. Ein weiterer russischer Journalist, der dazu eigene Recherchen angestellt hatte, wurde in Moskau mit Medikamenten vergiftet.

Auf dem Russland-Afrika-Gipfel am Schwarzen Meer im Jahre 2019 machte Putin klar, unter welchem, freilich unausgesprochenen, Motto die Beziehungen zu stehen hatten: Waffen gegen Rohstoffe. Und einige labile Regimes bezogen nicht nur Waffen, sondern jene Männer, die sie dann bedienen sollten, gleich auch mit.

Beispiel Sudan: Hier sollten Prigoschins Söldner den damaligen sudanesischen Präsidenten Umar al-Baschir in seinem

Kampf gegen den Südsudan unterstützen. Im Gegenzug bekam die Gruppe Wagner die Erlaubnis, die Minen für Gold, Uran und Diamanten so zu »schützen«, dass sie von russischen Unternehmen, die teilweise Prigoschin unterstanden, geschürft werden konnten. Es ging vor allem um das Gold, das von Prigoschins Leuten über Port Sudan nach den Vereinigten Arabischen Emiraten verschifft wurde, denn dort gab es keine Zollprobleme.

Am Ende landete es in den Tresoren der Russischen Staatsbank. Und Prigoschin erhielt natürlich seinen beträchtlichen Anteil. Auch die Militärregierung, die nach dem Sturz von al-Baschir die Macht ausübte, bediente sich der Söldner. Dass es auch in diesem Kampf zu Menschenrechtsverletzungen an Zivilisten kam, überraschte niemanden. Überdies geht aus den in der »Welt« veröffentlichten »Wagnerleaks« hervor, dass Prigoschins Männer im Sudan im April 2021 ein Budget von rund 300 000 Dollar für politische Einflussnahme nutzten, unter anderem zur Finanzierung – und das hieß Bestechung – der Medienunternehmen »Khartoum Star«, »Radio Africa« und »Sudan Daily«. Der starke Mann im Lande, General Mohammed Hamdan Daglo, sagte am Vorabend des russischen Überfalls auf die Ukraine: »Russland hat das Recht, sein Volk und seine Bürger in Übereinstimmung mit dem Gesetz und der Verfassung zu verteidigen.«

Beispiel Libyen: Hier gab es nach dem Sturz des Diktators Muammar al-Gaddafi zwei Gruppen, die um die Macht im Staate rangen. Im Westen in der Hauptstadt Tripolis die von der UNO und etlichen westlichen Mächten unterstützte Regierung, im Osten die von Ägypten, den Vereinigten Arabischen Emiraten und vor allem von Russland unterstützte Gruppe um den Militärkommandeur Chalifa Haftar. Es versteht sich, dass die russische Hilfe vor allem in der augenscheinlichen Präsenz der Gruppe Wagner bestand und die Ausbeutung der Ölquellen in den Landesteilen, die Haftar unterstanden, vor allem von Prigoschins Männern vorgenommen wurde.

Im Februar 2020 gelangten investigative Reporter der BBC in den Besitz eines Computers, der zuvor von Angehörigen der Gruppe Wagner bedient worden war. Darauf fanden sich Hinweise auf zahlreiche Menschenrechtsverbrechen, wie die Ermordung von Gefangenen und unbewaffneten Zivilisten sowie die Platzierung von Landminen in Wohngebieten. Berichterstatter der UNO erklärten zudem, dass Migranten aus dem Süden, die durch Haftars Landesteile Richtung Küste zogen, regelmäßig Opfer von Vergewaltigung und Folter würden. Prigoschins Männer operierten in ganz Afrika in völliger Rechtsfreiheit.

So auch in Mali. Hier herrschte seit dem Jahre 2020 eine Militärjunta. Im Kampf gegen islamistische Gruppen der al-Qaida und vor allem des IS waren unter anderem Soldaten aus Frankreich und Deutschland im Lande stationiert. Doch deren Beziehungen zur Junta verschlechterten sich in dem Maße, wie nun auch in Mali Kämpfer der Gruppe Wagner einsickerten. Als die Sticheleien und Verbote der Regierung drastisch zunahmen, zogen die Franzosen entnervt die Reißleine und verließen das Land. In ihr aufgegebenes Camp zog prompt die Gruppe Wagner ein. Auch der endgültige Abzug der Bundeswehr war nur eine Frage der Zeit. Die malische Junta setzte nun ganz auf die Gruppe Wagner.

Und auch hier erleben wir das schon bekannte Muster. Auf der einen Seite erhielt der Oligarch Prigoschin lukrative Rechte zur Ausbeutung von Rohstoffquellen, auf der anderen Seite setzten seine Söldner die Interessen der Regierung mit aller Härte durch. »Sie töten Zivilisten und geben den malischen Sicherheitskräften durch ihre bloße Anwesenheit grünes Licht, ihren schlimmsten Neigungen nachzugehen«, erklärte Michael Shurkin, Direktor im Atlantic Council. In den Kampfgebieten berichteten und berichten Frauen von zahlreichen Fällen von Folter und Vergewaltigungen. Bei der Verfolgung islamistischer Kämpfer machten die Söldner, Augenzeugenberichten zufolge, oftmals keinen Unterschied zwischen bewaffneten Gegnern und unschuldigen Zivilisten. In der knapp 10 000 Einwohner zählenden Stadt Moura trieben malische Soldaten und Prigoschins Söldner im März 2022 mehr als 300 Männer in der Stadt zusammen und töteten sie. Ein Massaker besonderer Art: Denn nur wenige der Opfer waren Islamisten, die weitaus meisten unschuldige Zivilisten.

Victoria Nuland vom US-Außenministerium erklärte: »Diese Kräfte sind nicht an der Sicherheit der Menschen in Mali interessiert, sondern nur daran, sich selbst zu bereichern und das Land auszuplündern.« Der Kampfeinsatz der Wagner-Söldner dauert an. In Mali wie in anderen prekären Staaten Afrikas geht es nicht nur um die Sicherung des Einflusses von Russland, sondern auch um Einnahmen, die Jewgeni Prigoschin braucht, um einen anderen Krieg zu finanzieren: den Kampf der Wagner-Söldner in der Ukraine.

Diese waren schon seit dem Jahre 2014 in der ukrainischen Region des Donbass stationiert, wo sie zur Disziplinierung der dortigen Volksmilizen eingesetzt wurden – gleichsam als eine Art Militärpolizei. Der ukrainische Geheimdienst hat ermittelt, dass in den Jahren von 2014 bis 2021 bis zu 2 000 Wagner-Kämpfer im Donbass eingesetzt waren. In zwei ihrer einschlägigen »Sturmtrupps« waren 35 ehemalige Angehörige des Militärgeheimdienstes GRU aktiv, ein Kommandeur namens Boris N. trug den bezeichnenden Spitznamen »Zombie«, so die »Wagnerleaks«. Daraus geht auch hervor, dass Wagner-Söldner am 13. Juli 2014 ein Transportflugzeug der ukrainischen Armee vom Typ Iljuschin Il 76 abschossen. Dabei starben 49 Menschen. Aus diesen »Wagnerleaks« geht außerdem hervor, dass im Terminkalender von Jewgeni Prigoschin zwischen 2012 und 2021 37 Termine mit dem Stichwort »Kreml« markiert waren, sechs hatte Prigoschin direkt mit Wladimir Putin, 62 mindestens geplante mit dessen Sprecher Dmitri Peskow, 27 Termine mit dem russischen Verteidigungsminister Sergej Schoigu und neun mit Waleri Gerassimow, dem Chef des Generalstabs. Der Schattenkrieger Jewgeni Prigoschin war also ein stets willkommener Gast in der Moskauer Machtzentrale.

Zentral wurde der Einsatz seiner Schattenarmee aber erst mit dem russischen Angriff auf die Ukraine ab dem 24. Februar 2022. Wir wissen heute, dass schon in den Tagen vor dem Kriegsbeginn fast 400 russische Söldner mit Konvois aus Belarus nach Kiew eingeschleust wurden – mit dem Auftrag, den ukrainischen Präsidenten Selenskyi zu ermorden. Zur Erfüllung dieses Auftrags waren eigens Killerkommandos aus den afrikanischen Einsatzorten der Wagner-Gruppe eingeflogen worden. Westliche Dienste informierten den ukrainischen Geheimdienst über diese Pläne. Daraufhin erklärte die Regierung in Kiew eine 36-stündige strikte Ausgangssperre, um die Stadt nach russischen Saboteuren zu durchsuchen. Bürgermeister Klitschko warnte die Bevölkerung, dass jeder, der sich nachts auf den Straßen aufhalte, als potenzieller Agent des Kreml angesehen werde und seine Liquidation riskiere. In den ersten Tagen nach dem Überfall gab es in und um Kiew insgesamt drei Versuche, Selenskyi zu ermorden. Alle wurden vom ukrainischen Geheimdienst verhindert. In einem Falle handelte es sich um einen tschetschenischen Attentäter. Die Wagner-Kämpfer waren nach eigenem Bekunden überrascht, wie gut die Ukrainer über ihre Schritte informiert waren. Die Erklärung dafür lieferte ein Fernsehinterview von Oleksij Danilow, dem Sekretär des Nationalen Sicherheits- und Verteidigungsrates der Ukraine: »Ich kann sagen, dass wir Informationen vom FSB erhalten haben, die sich nicht an diesem blutigen Krieg beteiligen wollen.« Wie blanker Hohn erscheint eine im Januar 2023 lancierte Konversation des früheren israelischen Regierungschefs Naftali Bennett mit Putin. Bennett berichtete, Anfang März 2022 Putin gefragt zu haben: »Planen Sie, Selenskyi umzubringen? Und er sagte: Ich werde Selenskyi nicht umbringen.« Darauf Bennett: »Ich muss sicher sein, dass Sie mir Ihr Wort geben, Selenskyi nicht umzubringen, worauf er sagte: Ich werde Selenskyi nicht umbringen.« Nach dem Gespräch habe er, Bennett, noch auf der Fahrt vom Kreml zum Flughafen Selenskyi angerufen: »Hör zu, ich komme aus dem Gespräch. Er wird dich nicht töten.« Der ukrainische Präsident habe gefragt, ob er sicher sei, und Bennett habe geantwortet: »100 Prozent.«

Das lässt zwei Möglichkeiten der Interpretation zu: Einmal die, dass der ehemalige Geheimdienstmann Putin tatsächlich über den FSB Informationen zu den Plänen der Wagner-Gruppe und auch der Tschetschenen an die Ukraine lanciert haben könnte – was überraschend wäre, aber nicht völlig haltlos. Oder dass er am Tag des Gesprächs, dem 9. März, schon wusste, dass alle Versuche, Selenskyi umzubringen, gescheitert waren – mit oder ohne FSB-Beteiligung.

Dass Prigoschins Wagner-Kämpfer von Beginn an in den Überfall auf die Ukraine involviert waren, zeigen Funksprüche aus dem nördlichen Großraum Kiew, die vom deutschen Bundesnachrichtendienst abgehört wurden. Denen zufolge waren all die in diesen Tagen begangenen Morde, Vergewaltigungen und Folterungen von der russischen Militärführung bewusst angeordnet worden, um die Bevölkerung in Angst zu versetzen und den Durchhaltewillen zu brechen. Der deutsche Regierungssprecher Steffen Hebestreit fasste das Geschehen nüchtern zusammen: »Glaubhafte Hinweise belegen, dass an dem 7. März bis einschließlich 30. März russische Streit- und Sicherheitskräfte in diesem Gebiet eingesetzt waren. Sie waren auch mit der Befragung von Gefangenen befasst, die anschließend exekutiert worden sind. Das sind die Erkenntnisse, die wir haben.« Doch viele dieser Gefangenen waren Zivilisten. Vor allem in dem Ort, der seitdem Symbol für russische Gräuel und Kriegsverbrechen ist: Butscha.

Wir wissen heute, dass dort nicht nur Soldaten der regulären russischen Armee ihre blutigen Spuren hinterlassen haben, sondern auch Prigoschins Wagner-Söldner. Aus den vom BND abgehörten Funksprüchen ging eindeutig hervor, dass Wagner-Söldner an den Gräueltaten maßgeblich beteiligt waren – nicht zuletzt auch solche, die aus ihren Einsatzorten in Afrika eingeflogen wurden. Die mutmaßlich auch dort begangenen Gräueltaten wurden oft gar nicht dokumentiert. Das war in Butscha anders. Hier trat die Brutalität, mit der Prigoschins Leute in Libyen, in Mali oder in der Zentralafrikanischen Republik ungestraft davongekommen waren, offen hervor.

Der Chef des Recherchenetzwerks Bellingcat, Christo Grosew, berichtete im April 2022 vor dem britischen Unterhaus, dass zu diesem Zeitpunkt schon rund 8 000 Wagner-Söldner in der Ukraine kämpften. Ein ehemaliges Mitglied habe ihm erzählt, dass sich einige für den Kampf entschieden hätten, da sie Spaß am Töten empfänden. Der Anteil dieser Kämpfer liege bei zehn bis 15 Prozent, so Gosew: »Sie sind nicht nur Adrenalinjunkies. Sie sind mordgierig.« Gosew berichtete auch, dass zu den Wagner-Söldnern in der Ukraine rund 700 Kämpfer der Special Mission Forces des syrischen Generals Suheil al-Hassan gestoßen seien, die in Syrien als »Tiger-Kräfte« bekannt und berüchtigt seien. Rami Abdurrahman, Chef der Syrischen Beobachtungsstelle für Menschenrechte, ergänzte, dass auch Angehörige der Palästinensischen Quds-Brigade in die Ukraine eingeflogen worden seien, um aufseiten der Wagner-Söldner zu kämpfen: »Die Russen sind auf der Suche nach erfahrenen Kämpfern. Sie wollen niemanden, der nicht von Russen ausgebildet wurde.«

Der Blutzoll der Wagner-Kämpfer in den ersten Wochen des Ukrainekrieges war enorm. Medienberichten zufolge wurden bis Ende April 2022 über 3 000 Söldner getötet. Wie alle Welt auf russischer Seite hatten Prigoschins Leute den Widerstandswillen der Ukrainer sträflich unterschätzt. Dafür tobten sich die

Söldner in den Gefangenenlagern aus, die das russische Regime während und nach der Belagerung der Hafenstadt Mariupol errichtet hatte.

Staatschef Putin hatte zwar versprochen, dass den Gefangenen aus Mariupol das Leben garantiert werde. Doch für die ukrainischen Soldaten, die sich im Stahlwerk von Mariupol verschanzt hatten, kam eine Kapitulation lange nicht infrage. Das galt vor allem für die Männer des legendären Asow-Regiments. In seinen Anfangsjahren waren auch rechtsextreme Kämpfer in der Truppe aktiv – für Russlands Propaganda, die Ukraine vom Neonazismus befreien zu wollen, natürlich eine hochwillkommene Steilvorlage. Die Asow-Soldaten berichteten von ihren Erfahrungen, dass seit Beginn des Donbass-Krieges 2014 kein einziger aus ihren Reihen lebend aus russischer Kriegsgefangenschaft zurückgekommen sei.

Doch als die Lebensmittel in dem bombardierten Stahlwerk ausgingen, die Verwundeten nicht mehr versorgt werden konnten, die Regierung in Kiew eine Kapitulation erlaubt hatte und das Internationale Rote Kreuz die Bedingungen hierfür aushandelte, gingen die letzten noch überlebenden Asow-Kämpfer trotz alledem in russische Gefangenschaft. Und dort ging ihr weiterer Leidensweg nahtlos weiter. Denn viele von ihnen landeten in einem Lager, das in der Nähe von Donezk lag: Oleniwka. Dieser Ort sei für die gefangen genommenen Ukrainer, nach den Worten eines Überlebenden, die »Hölle auf Erden« gewesen. Denn hier herrschte die Söldnergruppe Wagner.

Die Ukrainerin Anna Waloschewa war drei Monate lang in Oleniwka inhaftiert und kam danach im Rahmen eines Gefangenenaustauschs frei. Die Wachen seien überaus brutal gewesen. »Sie ließen die Häftlinge in der Hocke aus ihren Zellen kriechen. Sie mussten im Gänsemarsch, die Hände hinter dem Kopf, 100 bis 120 Meter weit zu einem Raum watscheln. Dort wurden sie brutal geschlagen. Ich habe die Schläge gehört, das Geräusch der

Gegenstände auf ihren Körpern, ihre Schreie. Sie flehten darum, dass es aufhört.« Eingepfercht in kalte Zellen der Isolationshaft, ohne frische Luft, ohne Medikamente, hätten sie mit anhören müssen, wie gefoltert wurde, berichtet ein anderer Überlebender: »Fast jeden Tag wurde jemand zusammengeschlagen, Asow-Kämpfer oder Scharfschützen. Wir haben es ständig gehört. Sie schlugen die Menschen brutal, einige auch bis zum Tod.«

Als die Ukraine ab dem späten Sommer 2022 größere Gebiete zurückeroberte, ging Prigoschin in die Offensive. Mit Rückendeckung Putins startete er in russischen Gefängnissen und Lagern eine eigene »Teilmobilisierung«. Sie richtete sich an die marginalisierte Gruppe der russischen Gesellschaft: die 350 000 Häftlinge in den harten Strafkolonien. Prigoschin, selbst ein ehemaliger Häftling, wusste, wie er diese Männer locken konnte: Alle Insassen – auch wenn sie etwa wegen Mordes zu lebenslanger Haft verurteilt worden waren – konnten sich als Söldner bei den Wagner-Truppen verpflichten. Nach sechsmonatigem Dienst winkte ihnen die Freiheit. Das galt für alle zwischen 22 und 50 Jahren. »Sie sind in erster Linie an Mördern und Räubern interessiert, bei Drogenabhängigen sind sie misstrauisch, dasselbe gilt für Vergewaltiger«, beschreibt einer der Häftlinge die Situation bei der Rekrutierung.

Das russische Gefängnissystem ist ein Relikt aus Sowjetzeiten. Damals herrschte in den Lagern ein Kastensystem, in dem ganz unten eine Schicht dahinvegetierte, die alle anderen »die Beschämten« nannten. In all den Straf- und Arbeitskolonien führten sie ein grauenhaftes Leben, geprägt von Vergewaltigungen und Misshandlungen. Jetzt aber hatten sie die Chance, diesem Albtraum zu entkommen.

Prigoschin wusste sich zu inszenieren. Bildmächtig landete er mit einem Hubschrauber auf dem Appellhofplatz in einem Lager, stellte sich vor all die Häftlinge und rief: »Der dritte Weltkrieg ist ausgebrochen. Für euch ist es möglich, sich an der Seite

Russlands daran zu beteiligen.« Drei Sündenfälle gebe es für den Kampfeinsatz: 1. Plünderungen, Alkohol und Drogen; 2. Desertieren; 3. sexuelle Kontakte zu Frauen. Den dritten Punkt schwächte Prigoschin gleich selbst ab mit der lapidaren Formel: »Doch Fehler passieren.« Jeder Kämpfer müsse zwei Handgranaten bei sich tragen – eine notfalls für sich selbst, um nicht in Gefangenschaft zu geraten, und eine für den Gegner. Putins Koch erklärte: »Wenn ich ein Häftling wäre, würde ich natürlich davon träumen, dieser freundlichen Gruppe beizutreten, um meine Schuld gegenüber dem Vaterland nicht nur zu tilgen, sondern sie mit Zins zurückzuzahlen.«

Doch die Drohung folgte auf dem Fuße: »Wenn Sie in der Ukraine ankommen und dann entscheiden, dass das nichts für Sie ist, werden wir das als Fahnenflucht betrachten und Sie erschießen.« Prigoschin schloss mit den Worten: »Ich hole euch alle hier heraus. Aber ich bringe nicht alle lebendig zurück.« Immerhin gelang es ihm mit solchen brachialen Methoden, die Zahl seiner Kämpfer von 10 000 auf bis zu 50 000 zu erhöhen. Doch die neuen Rekruten der Gruppe Wagner, die als Infanteristen an die Front geworfen wurden, dienten bloß als Kanonenfutter.

Nach einem Bericht des gut informierten britischen Verteidigungsministeriums erhielten manche frisch Rekrutierten für den Angriff unter anderem ein Smartphone, auf dem die vorgegebene Richtung eingezeichnet war. Die Kommandeure blieben zurück und gaben Befehle per Funk. Wer von der vorgegebenen Route abwich, um ukrainischem Beschuss zu entgehen, wurde nicht selten hingerichtet. Die Gruppe Wagner setzt in der Regel keine Panzerwagen ein, um vorzudringen, sondern »menschliche Wellen«, Häftlinge, die zu Fuß nach vorne stürmen müssen. Die Zahl der Toten ist entsprechend.

Wer es wagt, aus der vorgegebenen Kampfordnung auszubrechen, dem droht ein brutaler Tod. Der vormalige russische

Häftling Jewgeni Nuschin war nach seiner Rekrutierung durch die Wagner-Gruppe zur Ukraine übergelaufen und musste nach einem Gefangenenaustausch wieder nach Russland zurückkehren. Nuschin gab im ukrainischen Fernsehen Interviews, schilderte Einzelheiten über das grausame Gebaren der Wagner-Söldner und erklärte, fortan gegen Russland in den Krieg ziehen zu wollen. Dass er sich freiwillig in einen Austausch von Gefangenen begab, ist kaum vorstellbar. Wahrscheinlich ist, dass Prigoschin die Ukrainer mit der Drohung erpresste, falls Nuschin nicht Teil des Austausches sei, würde er ukrainische Gefangene, die in seiner Gewalt waren, töten.

Kurz nach der Auslieferung an die Wagner-Söldner drehten diese ein barbarisches Video. Nuschin war zu sehen, sein Kopf an einen improvisierten Amboss fixiert. Dann hebt ein Wagner-Mann einen großen Vorschlaghammer und schlägt mit voller Wucht auf Nuschins Kopf. Das Opfer fällt vom Amboss, und der »Henker« schlägt ihm erneut mitten ins Gesicht. Dann endet das Video. Prigoschin äußerte sich danach öffentlich: »Ich glaube, dieser Film heißt ›Dem Hund der Tod eines Hundes‹. Hervorragende Regiearbeit, die man in einem Atemzug sehen kann. Ich hoffe, dass bei den Dreharbeiten keine Tiere verletzt wurden.« Der Vorschlaghammer war bereits in Syrien zum Symbol der Wagner-Truppe geworden. Nun ist er es erneut.

Diese quasi öffentliche Hinrichtung war ein Fanal. Zum einen zeigte sie den Söldnern, was ihnen im Falle eines Seitenwechsels blühte. Zum anderen war dieser Mord vor einer Kamera Indiz dafür, dass sich die ordentliche russische Justiz zurückgezogen hatte. Die Wagner-Truppe deklarierte ihren Mord als Hinrichtung, als Bestrafung für einen vermeintlichen Verrat. Prigoschin beanspruchte somit das Recht, die Todesstrafe verhängen zu dürfen. Der Staat trat damit sein Gewaltmonopol an eine Söldnertruppe ab. Und im Kreml tat man so, als ob das kein Problem sei.

Ende Januar 2023 waren von den bis zu 50 000 rekrutierten Häftlingen nur noch 10 000 am Leben, die übrigen 40 000 waren entweder gefallen, verletzt, verschollen oder desertiert. Der britische Militärhistoriker Chris Owen zitierte aus einem russischen Telegram-Kanal ein typisches Beispiel: »270 Strafgefangene wurden in einer Kolonie in Bashkir von Wagner rekrutiert. Von ihnen leben nur noch 30. Diese Zahl gibt recht akkurat die Höhe der Verluste wieder. Nur rund zehn Prozent überleben.«

Generell waren bis Ende Februar 2023 rund 200 000 russische Soldaten getötet oder verwundet worden. Gerade in den ersten beiden Wochen des Februars wuchs der Aderlass noch einmal an. Dies war unter anderem die Folge der wütenden russischen Angriffe auf die Stadt Bachmut, die von den Ukrainern trotz enormer eigener Verluste immer noch gehalten wurde. Die Stadt war ob der Kämpfe vollständig zerstört. Von den ehemals 75 000 Einwohnern lebten Mitte Februar nur noch knapp 5 000 dort und wurden von der ukrainischen Armee notdürftig versorgt. Wie Verdun im Ersten Weltkrieg, so geriet die Stadt zu einem Fleischwolf, dem auf beiden Seiten Tausende von Menschen zum Opfer fielen.

Mittlerweile hat Putin längst verstanden, dass seine Förderung Prigoschins von diesem offenkundig missverstanden wurde. War es im Herbst noch nützlich, nach den Misserfolgen der Armee und damit Schoigus ein zweites Ass im Ärmel zu haben, so tönte nun der Söldnerführer allzu ungehemmt, wie toll er doch sei, wie erfolgreich seine Kämpfer Sieg auf Sieg errungen hätten. Dabei war es ihm, zumindest vorerst, nicht einmal gelungen, die ostukrainische Stadt Bachmut einzunehmen. Die Felder vor der Stadt waren übersät mit den Leichen seiner aus den Lagern und Gefängnissen geholten Söldner, die ohne große Ausbildung von ihren Offizieren direkt ins feindliche Feuer geschickt wurden. Nur die Einnahme der kleineren Stadt Soledar war Prigoschin halbwegs geglückt, wenngleich unter erheblichen Opfern – was den Verantwortlichen angesichts der Herkunft der Toten und Verletzten egal war. Diesen eher überschaubaren Erfolg schlachtete der Söldnerführer nun nach Kräften aus und inszenierte sich als Kriegsheld. Das ging so weit, dass er von einigen Beobachtern im Westen als potenzieller Nachfolger von Putin angesehen wurde.

Das empfand der Präsident natürlich als Bedrohung. Denn er wusste: Für seinen zweiten Versuch, die Ukraine im Verlauf des Jahres 2023 zu besiegen, waren Prigoschins angelockte Söldner allein von ihrer Anzahl zu gering und zu schlecht bewaffnet. Er brauchte die Armee – und das hieß: Er brauchte Schoigu, seinen Cheforganisator. Denn wenn einer die Armeestärke gleichsam aus dem Nichts von 1,15 auf 1,5 Millionen Männer heben konnte – und dies betraf nur die Zahl der aktiven Soldaten –, dann war es der Mann aus Tuwa. Und nur er sei in der Lage, so die Ansicht Putins, die russische Produktion binnen weniger Monate so umzustellen, dass die zuvor so vielen Klagen über mangelhaftes Material ein für alle Mal beendet werden sollten.

Und so degradierte Putin den vormaligen Chef der Ukrainefront, General Surowikin, der sich als allzu enger Verbündeter Prigoschins erwiesen hatte, zum Stellvertreter des neu ernannten Chefs des Ukrainekrieges, des Generalstabschefs Waleri Gerassimow. Der ist zwar alles andere als ein genialer Stratege, aber immerhin loyal und lenkbar. Nur mit Schoigu und Gerassimow zusammen, und folglich mit der offiziellen Machtmaschinerie der Streitkräfte, schien es möglich, die ersehnte Frühjahrsoffensive vorzubereiten. Natürlich war das eine Demontage Surowikins, dem es ja eigentlich gelungen war, in einem schwierigen Moment die wankende Front zu halten, indem er die Soldaten zwang, sich einzugraben. Außerdem war er, der harte Hund, verantwortlich für die erbarmungslose Bombardierung der ukrainischen Infrastruktur. Aber seine Nähe zu Prigoschin machte ihn verdächtig.

Natürlich schwang bei alldem auch das unter Diktatoren stets beliebte Spiel mit, Rivalen gegeneinander auszuspielen und sich selbst als moderate Variante zu präsentieren. In diesem Spiel aus Korruption, Geheimnistuerei und Willkür galt es für den Oberspieler aber immer, die Zügel in der Hand zu behalten. Die subtile Demontage Prigoschins ging so weit, dass es in einem vom Telegram-Kanal »Grey Zone« verbreiteten Ukas hieß, die russischen Sender sollten positiv über Schoigu und Gerassimow, den Leiter der »Spezialoperation«, berichten. Und weiter: »Bei der Berichterstattung über die Feindseligkeiten in Richtung Donezk muss auf die Erwähnung der Wagner-Gruppe und deren Chef Jewgeni Prigoschin vollständig verzichtet werden.«

Der russischstämmige Chef einer US-Denkfabrik fasste die neue Lage zusammen: »Prigoschins Stern verblasst. Er hat es mit seiner Kritik am Militär und an den anderen Eliten zu weit getrieben. Jetzt werden ihm die Flügel gestutzt.« Prigoschins Kritik an der militärischen Elite bewegte sich am Rande dessen, was er sich erlauben konnte. Laut einem Bericht des US-Senders CNN erklärte er seinen Kämpfern in der Ukraine: »Sobald wir unsere interne Bürokratie und Korruption besiegt haben, werden wir die Ukrainer und die NATO besiegen.« Momentan sei es jedoch so, »dass diejenigen, die sich mit Korruption beschäftigen, jetzt nicht auf uns hören, weil sie an Silvester alle Champagner trinken«. Damit, so CNN, sei vor allem Sergej Schoigu gemeint gewesen. Zwischen Schoigu und Prigoschin gebe es nicht zuletzt auch deshalb Streit, weil Schoigu lukrative Militärverträge nicht an Prigoschin gab. So schwingt die allgemeine Korruption auch im Umfeld eines mörderischen Krieges mit.

Dass sich in einer solchen Lage gerne die sogenannten Kremlastrologen melden, die von Zerwürfnissen in den oberen Etagen wissen wollen, ist logisch, muss aber nicht der Wahrheit entsprechen. So machte im Februar 2023 die Kunde von einer angeblichen Verschwörung die Runde, an der neben Prigoschin auch Surowikin und der tschetschenische Präsident Ramsan Kadyrow beteiligt sei. Ziel des Trios sei es gewesen, die russische Militärführung, allen voran Verteidigungsminister Schoigu, auszutauschen. Prigoschin sollte Schoigu als Verteidigungsminister ablösen und Kadyrow einen Posten als Chef der Nationalgarde erhalten. Surowikin sollte seinen Rang als Chef der Operationen in der Ukraine behalten. Doch der russische Inlandsgeheimdienst FSB habe bereits im Oktober 2022 von den Plänen erfahren und diesen entgegengewirkt. Letzten Endes aber sei das Grundvertrauen zwischen Prigoschin, Kadyrow und Surowikin nicht groß genug gewesen, um ihre Pläne durchzuführen. Alle hätten gewusst, dass die wahre Macht letztlich bei Putin lag, und wagten es nicht, den Präsidenten zu provozieren.

Wir wollen nicht ausschließen, dass es solche Überlegungen gab. Doch eine regelrechte Verschwörung gab es nicht.

Prigoschin spürte, dass er in seiner brachialen Kritik an der offiziellen Linie zu weit gegangen war. Die Entscheidung, nun die Rekrutierung Strafgefangener zu stoppen, mochte Folge dieser Selbsterkenntnis sein. Ein mehr als zarter Hinweis aus dem Kreml, damit aufzuhören, hatte sicherlich dazu beigetragen. Westliche Berichte wollten wissen, dass es exakt am 14. Januar 2023 in St. Petersburg ein Treffen zwischen Putin und Prigoschin gab, in dem der Präsident dem Söldnerführer die Leviten las. Es schien, als habe Putin, auch um die offizielle Militärführung zu schützen, seine Unterstützung für Prigoschin etwas zurückgefahren. Hatte er schon früher in einem Interview mit dem US-Sender NBC auf die Frage, wie er zu Prigoschin stehe, kühl geantwortet: »Ich kenne ihn. Aber er zählt nicht zu meinen Freunden.« Das war seinerzeit gewiss eine bewusste Untertreibung. Nun aber schien der Kremlchef zu seinem früheren Koch eher auf Distanz zu gehen.

Um dem entgegenzuwirken, hatte der Wagner-Chef schon seit Anfang Januar 2023 damit begonnen, Wagner-Häftlinge, die das sechsmonatige Schlachten überlebt hatten, mit einem wirkungsvollen Auftritt in die Freiheit zu entlassen. Auf Bildern der russischen Nachrichtenagentur Tass war zu sehen, wie er den erleichterten Männern die Hände schüttelt und ihnen zuruft: »Ihr habt viel gelernt, in erster Linie den Feind zu töten.« Er wolle aber nicht, dass sie diese Fähigkeiten nun im zivilen Leben einsetzten: »Wenn ihr wieder Feinde töten wollt, kommt zurück!« In der russischen Bevölkerung fand dies oft keinen Beifall. »Sollen wir uns freuen? Im Gegenteil! Ich weiß, für welche Verbrechen sie inhaftiert waren«, schreibt eine Nutzerin in der Kommentarspalte der staatlichen russischen Agentur.

Im Umfeld dieser neuen Selbstbescheidung tauchte nun ein Video auf, in dem ein früherer Häftling angab, zur gleichen Zeit mit Prigoschin im St. Petersburger Gefängnis gewesen zu sein. Der Mann hieß Sascha Kurara und behauptete in einem anderthalbminütigen Clip, dass Prigoschin in der Gefängnishierarchie »ganz unten« gewesen sei. So habe Prigoschin ihn mehrmals oral befriedigt: »Er hatte seinen Platz und kannte seinen Platz. Und er hat seinen Platz akzeptiert.« Abgesehen vom zweifelhaften Wahrheitsgehalt einer solchen Schilderung zeigte freilich schon allein deren Lancierung, dass es in den russischen Sicherheitsbehörden wohl Kräfte gibt, die Prigoschins Ansehen erschüttern wollen.

Der Kampf um Bachmut, das im Russischen »Artjomowsk« genannt wurde, dauerte unterdes unvermindert an. Prigoschin war trotz alledem noch immer so erfolgshungrig, dass er selbst einen minimalen Vorstoß seiner Wagner-Söldner – etwa die Eroberung der Siedlung Krasna Hora, eines Vororts der belagerten Stadt – nach Kräften rühmte. Und auch hier waren immense Verluste der Preis.

Wie dies alles auf dem Schlachtfeld aussah, schilderten zwei ehemalige Wagner-Söldner dem US-Sender CNN. Mit 90 Mann seien sie in den Kampf geschickt worden, sagte einer der beiden: »60 starben bei diesem ersten Angriff, getötet durch Mörserfeuer. Eine Handvoll blieb verwundet zurück.« Wer sich weigere, in solche Gefechte zu gehen, werde zum Teil von den eigenen Kommandanten erschossen. Diese nehmen die hohen Verluste in Kauf und schicken die Söldner immer in mehreren Wellen nach vorne. Die Kämpfer der ersten Welle müssen einfach loslaufen und sich im feindlichen Feuer eingraben. Die zweite Welle folgt sofort hinterher. Scheitert diese auch, kommt sogleich die dritte Welle. Die Kämpfe dauern stundenlang, die Geländegewinne sind, so die Söldner, minimal. Das deckt sich mit den Aussagen von ukrainischen Soldaten, die solche Wagner-Attacken öfter beobachtet und die Angreifer mit Zombie-Heerscharen verglichen hatten. Die Wagner-Söldner, so die Ukrainer, kämen immer wieder aus ihren Schützengräben, kletterten über die Leichen ihrer Kameraden und gingen ohne Rücksicht auf Verluste weiter vor: »Die rannten oft nicht einmal, sondern gingen einfach ins Feuer, fielen, dann kamen die nächsten.« Die Ukrainer nahmen Blutproben der Toten und schickten deren Trinkflaschen zur Untersuchung. Mehrfach wurden dabei Amphetamine gefunden – Aufputschmittel, die euphorisierend wirken sollten. Es waren Szenen wie in Filmen über den Ersten Weltkrieg.

Manche Wagner-Kämpfer, so die beiden Söldner, ließen dann im Wald trotzdem die Waffen fallen. »Aber wenn man das tut, gerät man unter Scharfschützenfeuer und stirbt.« Also mache man immer weiter. »Wenn man verwundet ist, rollt man sich erst einmal weg, so gut es geht, an einen neutralen Ort, wo es kein Feuer gibt, und wenn niemand in der Nähe ist, leistet man sich selbst erste Hilfe.« Dass andere Wagner-Kämpfer einen retten – darauf dürfe man nicht hoffen. So gesehen, ist es fast ein Wunder, dass einige der Söldner dieses Inferno überlebten.

Einer von ihnen war Andrej Medwedjew, der eines Morgens die russische Grenze nach Norwegen überquerte und dort von norwegischen Grenzsoldaten festgenommen wurde. In einem Interview mit der britischen Zeitung »The Guardian« schilderte Medwedjew detailliert die Zustände bei der Wagner-Gruppe in der Ostukraine. Er selbst stand an der Front unter dem Decknamen »Dzogha«. »Ich habe in Bachmut gekämpft und den ersten Trupp des 4. Zuges der 7. Sturmabteilung befehligt«, so Medwedjew.

Dort habe er mit eigenen Augen gesehen, wie Wagner-Söldner vom Sicherheitsdienst der Gruppe erschossen wurden, wenn sie sich weigerten, Befehle zu befolgen. Zuständig dafür sei eine eigene Abteilung aus früheren und noch aktiven FSB-Leuten gewesen, die den Kampfnamen »Mjod« führte, zu Deutsch »Honig«. Von mindestens zehn Fällen könne er berichten. »Die Kommandeure brachten sie zu einem Schießplatz und erschossen sie vor aller Augen.« Diese Mjod-Leute hätten aber nicht nur Häftlinge hingerichtet, sondern auch ukrainische Gefangene, so etwa vier ukrainische Soldaten, die bei Bachmut in Gefangenschaft geraten waren: »Die Jungs hatten sich ergeben, sie stellten tatsächlich keine Bedrohung dar (…) Wir übergaben sie an den Zugführer. Sie wurden befragt, aber hatten keine Informationen. Dann traf die Mjod-Gruppe ein. Die Gefangenen wurden in der Nähe des Dorfes Klinowoe erschossen.«

Seine eigene Einheit habe größtenteils aus früheren Häftlingen bestanden, die als »Kanonenfutter« ins feindliche Feuer vorausgeschickt wurden. »In diesem Zug überlebten nur drei von 30 Männern.« Häftling war auch Medwedjew selbst gewesen. Wegen Raubes saß er mehrere Jahre im Gefängnis. Doch nachdem er miterlebt hatte, wie ukrainische Gefangene erschossen und russische Ex-Häftlinge, die sich an der Front verweigerten, misshandelt und getötet wurden, floh Medwedjew aus der Wagner-Gruppe und landete nach einigen Monaten im Untergrund schließlich im norwegischen Exil. Über den zugefrorenen Grenzfluss Pasvikelka war es ihm mithilfe eines weißen Bademantels gelungen, die Grenztruppen zu narren und den Stacheldraht zu überwinden. In Norwegen hatte er aus begreiflichen Gründen Angst um sein Leben. »Ich werde von meinem ehemaligen Arbeitgeber gejagt«, sagte er in seinem ersten Interview. »Mir drohte eine Erschießung oder dasselbe Schicksal wie Nuschin, der mit einem Hammer erschlagen worden ist.« Nuschin hatte in derselben Einheit gedient, über die Medwedjew das Kommando führte. »Ich habe Angst, qualvoll zu sterben«, sagte der flüchtige Ex-Söldner. Tatsächlich erklärte Prigoschin, dass Medwedjew unter ihm gedient habe. Er müsse »vor Gericht gestellt werden. Seid vorsichtig, er ist gefährlich!« Medwedjew ist im norwegischen Exil ein Fremder geblieben. Er fühlt sich dort nicht wohl, betrinkt sich, möchte am liebsten wieder nach Russland zurück. Das sollte er vorerst besser nicht tun.

Während seine Kämpfer auf den Feldern um Bachmut verbluteten, zog sich der Ring der Militärbürokratie um Prigoschin immer enger. Mittlerweile wurden die Männer der Gruppe Wagner von ihren innerrussischen Gegnern verächtlich nur noch »die Musikanten« genannt.

Mitte Februar 2023 beklagte die Söldnerarmee in einer Mitteilung, dass das russische Verteidigungsministerium der Gruppe Wagner die Lieferung von Munition gestrichen habe. In einem eigenen Video beschwerten sich die Söldner öffentlich bei Verteidigungsminister Schoigu: »Im Moment sind wir völlig von der Munitionsversorgung abgeschnitten. Wir appellieren an unsere Kollegen und Freunde im Verteidigungsministerium. Wir sind sicher, dass ihr irgendwo in euren Lagern Munition habt. Aber wir brauchen sie dringend. Wir wären Ihnen sehr dankbar, wenn Sie uns helfen und diese Munition liefern könnten. Wir werden die Arbeit für Sie tun, wir werden die Arbeit tun. Helfen Sie uns mit der Munition.« Härtere Worte fanden einige Söldner für den Generalstabschef Gerassimow. Sie nannten ihn ganz offen »ein Stück Scheiße«. Prigoschin widersprach dem nicht.

Ob es klug war von dem Söldnerchef, seine Kämpfer mit brachialen Worten zu unterstützen? Im Nachrichtendienst Telegram beschimpfte er Sergej Schoigu und die, wie er sie nannte, »korrupten Bürokraten« in Moskau. Diese würden versuchen, »der Gruppe Wagner den Garaus zu machen«. Und er beendete seine Anklage mit einem Durchhalteappell: »Ob mit oder ohne Munition, der Feind kann uns nicht vernichten!« Das russische Verteidigungsministerium könne das hingegen schon. Natürlich widersprach Schoigus Ministerium prompt dem Vorwurf.

Ob klug oder nicht, etliche russische Militärblogger (diese Spezies hat mittlerweile eine gewisse Prominenz erreicht) schlossen sich Prigoschins Anklage an. Unter ihnen gab es viele Fans des Wagner-Führers. Einer von ihnen schrieb: »Ich fordere das Verteidigungsministerium der Russischen Föderation und die zuständigen Beamten auf, dringend auf das Problem aufmerksam zu machen und Wege zu seiner Lösung zu finden. Schließlich entscheiden jetzt die Kampfkraft und die Besetzung der Wagner-Kommandos über den Fortgang der Kämpfe.«

Laut demselben Blogger habe immerhin schon einer auf den Hilferuf reagiert: Tschetschenen-Führer Ramsan Kadyrow. Dessen Feldkommandeur habe nach einem Treffen mit Prigoschin immerhin eine Ladung Granaten übergeben. Das war zwar nur ein Tropfen auf den heißen Stein, doch der Blogger prophezeite: »Ich bin mir sicher, dass es noch weitere Einheiten geben wird, die bereit sind zu teilen.« Das war freilich nicht so. Denn die Kommandeure rund um Bachmut wussten, dass der Wind des Wandels mittlerweile gegen Putins alten Helfer wehte. Und so verbluteten die Häftlinge aus Russlands Lagern auf den Feldern vor der Stadt.

Dass sich die Wagner-Söldner in der Zwischenzeit beschwerten, allein wegen des Munitionsmangels sei ihre geplante Eroberung von Bachmut zum Erliegen gekommen, war natürlich ein willkommener Vorwand. Tatsächlich war es doch der hartnäckige Widerstand der ukrainischen Armee, die den russischen Angriffswellen standhielt. Es war dennoch nur eine Frage von Tagen, bis Bachmut vorerst an die Russen fiel und die Stadt in Artjomowsk umbenannt wurde.

Trotz allem war der Sexappeal von Söldnergruppen im russischen Dunstkreis immer noch so hoch, dass sich nun auch Ramsan Kadyrow, ob seiner aktenkundigen Brutalität »Putins Bluthund« genannt, bemüßigt fühlte, eine eigene Kadyrow-Gruppe in Aussicht zu stellen. Auf seinem Telegram-Kanal lobte er die Wagner-Söldner für ihre »beeindruckenden Erfolge« und erklärte, dass er eine eigene Truppe aufbauen wolle, wenn er einmal kein staatliches Amt mehr habe. Er plane, »ernsthaft mit unserem lieben Bruder Jewgeni Prigoschin zu konkurrieren und ein privates Militärunternehmen zu gründen«. Der liebe Bruder war darüber, wie zu hören war, not amused, machte aber gegenüber seinem Unterstützer gute Miene. Dennoch spürte einer wie Kadyrow, dass der neue Wind aus Moskau gegen Prigoschin wehte. Und er versicherte: »Denkt daran, Freunde, wir befolgen Befehle. Wir hinterfragen sie nicht.« Und er fügte hinzu: »Wir sind Fußsoldaten. Wir führen den Auftrag um jeden Preis aus.« Mehr Kremltreue war nicht möglich.

Ungefähr zur gleichen Zeit wurde der Plan des Energieunternehmens Gazprom öffentlich, eine eigene Söldnerarmee zu gründen – nach dem Beispiel Prigoschins, aber doch mit einem Unterschied: Die Gnade Putins ruhte auf dem Unterfangen. Gazprom-Söldner sollten sogar höhere Honorare erhalten: mit 5 000 Dollar pro Monat ungefähr das Doppelte eines Wagner-Söldners. Nun gab es in Russland gleich mehrere private Söldnergruppen – die von Gazprom, von Prigoschin und, nicht zu vergessen, die »Patriot« und »Schild« genannten Truppen Schoigus sowie die private FSB-Einheit »Wimpel«. Überdies noch die geplante Gruppe von Kadyrow. Ein Zustand wie im Dreißigjährigen Krieg.

Zum Jahrestag des russischen Angriffs auf die Ukraine wurde offenbar, dass Prigoschins Stern zwar noch nicht ganz verblasst war, aber nicht mehr so hell leuchtete, wie es noch im Spätherbst 2022 schien. Letzten Endes war es doch sein eigenes Scheitern, das er mit der Anklage gegen die »korrupte Militärbürokratie« zu überdecken suchte. Monatelang hatten seine Söldner vor Bachmut versucht, die feindlichen Stellungen zu überrennen, monatelang waren seine rekrutierten Häftlinge zu Tausenden im Feuer der ukrainischen Armee verblutet. Als klar war, dass die Wagner-Truppe trotz der letztlich blutigen Einnahme von Bachmut ihr Pulver im wahrsten Sinn des Wortes verschossen hatte, musste Prigoschin kleinlaut eingestehen: »Es wurde die Entscheidung getroffen, dass die Häftlinge demnächst in militärische Einheiten eingegliedert werden. In welche, kann ich nicht sagen. Das liegt außerhalb meiner Kompetenzen.«

Es war offenkundig, dass letztlich nur einer diese Entscheidung treffen konnte: der Präsident. »Putin hat Prigoschin den Zugriff auf die menschliche Ressource gewährt, die sich in Russland in den letzten 20 Jahren angesammelt hat. Nun wurde diese Entscheidung revidiert«, sagte der Politologe Michail Komin in einem Gespräch mit dem in Russland verbotenen Sender »Doschd«, der via Internet aus Amsterdam sendet. Und die Kremlkennerin Tatjana Stanowaja schrieb in einem Beitrag für die »Carnegie Endowment for International Peace«: »Prigoschin ist nicht aufgestiegen, weil Putin auf ihn gesetzt hat, um Generäle zu untergraben, die angeblich zu viel an Gewicht gewonnen haben.« Denn niemand habe an Gewicht gewonnen, kommentiert die Journalistin Ellen Ivits im »Stern« die Stanowaja-Kolumne: »Es war schlicht notwendig, die katastrophale Situation an der Front zu korrigieren. In der Weltanschauung Putins sollten solche Kräfte wie Söldnertruppen dazu beitragen, den Staat zu stärken. Und ihn nicht zu untergraben.«

Nun aber war Prigoschin zu frech geworden und hatte mit seinen Attacken nicht nur die klassische Militärführung bedroht, sondern auch das ganze austarierte Machtgefüge des putinschen Systems erschüttert. Das konnte der Präsident nicht dulden. Und so wies er seinen Söldnerführer in die Schranken.

Der war am Ende so verzweifelt, daß er sich und seinen Söldnern mit einem tollkühnen »Marsch auf Moskau« Luft zu schaffen suchte. All seine Schmähungen von Schoigu und Gerassimow hatten zuvor nicht verhindert, daß die Gruppe Wagner zum 1. Juli 2023 gleichsam aufgelöst werden sollte. Immerhin hatte der dreiste Marsch die Schwächen der putinschen Herrschaft offenbart. Als Prigoschin aber wahrnahm, daß die von ihm erhoffte Unterstützung durch gewisse Militärs am Ende doch nicht stattfand, nahm er, um sich selbst zu schützen, dankend die Vermittlung Lukaschenkos an, mit den besten seiner Leute in Weißrussland Exil zu finden. Doch Putins Rache folgte auf dem Fuße. Wesentliche Teile des Prigoschinschen Imperiums wurden konfisziert. Was mit den Unternehmungen der Wagnertruppe insbesondere in Afrika geschehen würde, wird sich zeigen. Ob Putins staatlicher Geheimdienst neuer Schirmherr dieser doch so lukrativen Beutezüge wird? Bislang war ja die Präsenz der Wagner-Truppe in den instabilen, aber rohstoffreichen Staaten Afrikas für die Sicherung der Machtinteressen Russlands unverzichtbar. Nach seinem inszenierten Flugzeugabsturz ist Prigoschin selbst, so wie sein Stellvertreter Utkin, aus dem Spiel.

Einer, der als Krimineller angefangen hatte, dann der »Koch« des Staatschefs wurde und sein Lieferant, dessen Troll-Armeen auf den Web-Seiten des Westens Fake-News verbreiteten, dessen Söldner eine Blutspur des Verbrechens hinterließen, der trotz alledem nicht von der Macht, dem Charme der alten Männer lassen wollte, bis zu seinem Tod. Am Ende wurde er zum Opfer jenes Mannes, dem er sich bedingungslos verschworen hatte.

DER APPARATSCHIK

Da sitzen sie in kuscheligem Partnerlook auf einer fellbesetzten Bank und schlürfen heißen Tee, vor ihnen Platten mit Sakuski, kalten Köstlichkeiten, Fleisch, Tomaten, Zwiebeln. Es ist noch Winter in der Taiga, meterhoher Schnee in diesem März 2021. Zwei russische Männer in den besten Jahren – Sergej Schoigu, seines Zeichens Verteidigungsminister, und sein Präsident, Staatschef Wladimir Putin, dessen Entourage dafür gesorgt hat, dass die Bilder von dem Ausflug überall im Riesenreich zu sehen sind.

Es ist einer von sehr vielen Ausflügen, die Sergej Schoigu mit seinem Chef in all den Jahren seiner Amtszeit unternimmt. Zu jeder Jahreszeit und immer in Sibirien, oft in Schoigus Heimat, der autonomen Oblast Tuwa an der Grenze zur Mongolei. Diese Bilder haben zweierlei Zweck – einmal, um den russischen Präsidenten in seiner ganzen männlichen Schönheit vor allem dem weiblichen Wahlvolk zu zeigen: Putin als Fischer, die Beute am Haken. Putin auf der Spitze eines Berges, nach dem mühevollen Aufstieg. Putin als Taucher, der vom Grund eines sibirischen Sees zwei »antike« Tonvasen birgt. Putin sammelt Pilze. Putin trabt mit nacktem, unbehaartem Oberkörper hoch zu Ross wie ein Mongolenfürst durch eine menschenleere Taiga, Putin pflückt Beeren und so weiter. Die Botschaft ist klar: Seht her, ihr Russen, das ist euer Präsident, ein ganzer Kerl!

Die zweite Botschaft lautet: Ich, Schoigu, bin der Mann, der seinem Präsidenten all die Schönheiten Sibiriens zeigt. Ich bin der Mann, der dazu einlädt. Ich zeige mich mit ihm, halb nackt aalen wir uns in der heißen Sonne. Ich bin Putins Busenfreund und Buddy.

Offenkundig wirkten diese Bilder für die Fans des Präsidenten doch so attraktiv, dass die Leiterin der Föderalen Tourismusagentur Rostourism im Sommer 2022 auf der Internationalen Wirtschaftsmesse in St. Petersburg eine neue Reiseroute vorstellte: Sie hieß »sibirische Ferien« und führte neugierige Touristen zu den Urlaubsorten von Wladimir Putin: »Rostourism startet eine Touristenroute zu den Orten, wo der Präsident gerne Urlaub macht. Dies ist eine sehr besondere Route. Es gibt nichts Vergleichbares. Sie führt durch die Gebiete der Region Krasnojarsk, Chakassien und Tuwa. Sie verbindet unglaublich schöne Natur, die bunte Ethnizität der sibirischen Völker und einzigartige Artefakte – das Gold der Skythen, die Gräber der prähistorischen Königreiche des mittleren Jennisei, die Kultstätten des Buddhismus in Tuwa«, so schwärmt Sarina Dogusowa, Chefin der Behörde. Was sie nicht sagt: Auf dieser Route konnten Hardcore-Fans des Präsidenten dem geliebten Staatschef zumindest in Gedanken nahe sein. Und so machte sich schon im Juli 2022, während in der Ukraine ein mörderischer Krieg auf Putins Befehl hin tobte, die erste Reisegruppe auf: 1200 Kilometer in acht Tagen auf den Spuren Putins.

Wie sah die russische Armee aus, die Sergej Schoigu 2012 übernahm? Es war eine Armee im Wandel. Von ehemals vier Millionen Soldaten war nur noch eine Million übrig geblieben. Die zweijährige Dienstzeit war halbiert worden. Es war eine Armee, die im wahrsten Sinn des Wortes kaputtgespart worden war, personell und materiell. Insofern entbehrt es nicht der Ironie, dass haargenau ein Jahr vor Schoigus Übernahme ausgerechnet der deutsche Verteidigungsminister Thomas de Maizière nach Moskau reiste, um den Russen bei der angestrebten Reform ihrer Streitkräfte Amtshilfe zu leisten. Allein für bessere

Ausrüstung, so hieß es, sollten bis zum Jahr 2020 rund 500 Milliarden Euro ausgegeben werden. Ausgerechnet die marode Bundeswehr sollte da als Beispiel dienen. De Maizières Amtskollege Serdjukow sprach von einem »riesigen Potenzial für die Kooperation zwischen Russland und Deutschland«. Und sein deutscher Amtskollege ergänzte, Russland könne von den Erfahrungen der Bundeswehr beim Umbau der Armee profitieren: »Wir haben ein sicherheitspolitisches Interesse an einer modernen russischen Armee, die gut geführt ist.« Ein Schelm, wer Gutes dabei denkt.

Gut ein Jahr später war Serdjukow wegen »Korruption« geschasst und der Traum von einer russischen Armeereform mit deutscher Hilfe ausgeträumt. Wobei es freilich weniger um Serdjukows eigene Korruptionsanfälligkeit ging, sondern eher um seinen vergeblichen Kampf gegen die Korruption bei der Beschaffung von Armeeausrüstung. Denn mit seinem Kampf für die Armeereform hatte er den Unwillen des mächtigen militärisch-industriellen Komplexes auf sich gezogen, der von gewohnten Pfründen nicht ablassen wollte. Der Vorwurf von Veruntreuung war rasch gestrickt. Schwerer wog dazu noch die pikante Tatsache, dass die Sicherheitsbehörden bei einer Razzia in der luxuriösen Wohnung einer möglichen Komplizin in den frühen Morgenstunden auf einen älteren Herrn in Pantoffeln stießen: Anatoli Serdjukow. Wertvoller Schmuck und kostbare Gemälde wurden beschlagnahmt. Die Geliebte des Ministers kam vor Gericht, Serdjukow wurde von Putin entlassen. Zwar war der frühere Möbelverkäufer immerhin mit der Tochter eines engen Putin-Freundes verheiratet. Aber so weit ging die Toleranzbereitschaft des Präsidenten nicht – auch wenn er selbst kein Kind von Prüderie war.

Sosehr der russische Soldat jedes Jahr am 9. Mai als Verteidiger des Vaterlandes gerühmt wird, sosehr werden die brachialen Zustände in der russischen Armee gefürchtet. Nach zehn Jahren

Putin-Herrschaft vermeldet das Verteidigungsministerium regelmäßig offiziell über 1 000 Todesfälle Jahr für Jahr. Der Grund dafür ist weniger das leichtfertige Hantieren mit Waffen als vielmehr die sadistische Quälerei durch ältere »Kameraden«. Selbstmord junger Rekruten ist keine Seltenheit.

Sie nennen es »Dedowtschina«, die »Herrschaft der Großväter«. Eine unselige Tradition, die bis in die Zarenzeit zurückreicht. Sie verleiht den älteren Soldaten uneingeschränkte Macht über die jüngeren, die ihnen ohne Widerspruch zu dienen haben. Und das heißt nicht nur Unterhosen waschen, Stiefel putzen oder die Latrinen reinigen. Nur allzu oft schlägt solcher Schabernack in pure Schinderei um.

Nur selten werden solche Quälereien öffentlich. 2006 erregte der Fall des Andrej Sytschow internationale Aufmerksamkeit, den seine Vorgesetzten so sehr verprügelten, dass ihm beide Beine, Genitalien und Teile der rechten Hand amputiert werden mussten. Weniger beachtet wurde anfangs der Fall des Aleksandr Mazhuga, der scheinbar erhängt in einer Zugtoilette aufgefunden worden war. Erst später kam heraus, dass sein Schädel gebrochen war. Er war von anderen Soldaten zu Tode geprügelt worden. Und ganz besonders ungeheuerlich sind die Fälle der Rekruten Roman Suslow und Marat Bucharbajew, die beide ebenfalls erhängt in Zugtoiletten aufgefunden worden waren. Beide kamen in verschweißten Zinksärgen zu ihren Müttern zurück, auf denen stand: Bitte nicht öffnen. Die Mütter öffneten die Särge trotzdem. Was sie vorfanden, war abscheulich. Beiden jungen Männern waren die Organe entnommen worden.

Das sind keine Einzelfälle. Im russisch-chinesischen Grenzland kostete allein eine Niere rund 50 000 Dollar. Es gibt Krankenhäuser, in denen Ärzte sich auf Organentnahmen spezialisiert haben. Eine der betroffenen Mütter sagte unverblümt: »Die Organe meines Sohnes sind nach China verkauft worden.«

So unmenschlich und böse, wie die russische Armee mit ihren einberufenen Rekruten umgeht, so schwierig ist es, sich diesem historisch gewachsenen System zu entziehen. Sadismus bis zum Tod ist nur die eine Hälfte des Prinzips – die andere ist Habgier. Offiziere lassen sich von Rekruten Datschen bauen, ohne Sold, versteht sich, sie vermieten sie als billige Arbeitskräfte an ein Syndikat von Firmen und streichen deren Lohn ein. Und es gab und gibt ernst zu nehmende Berichte, dass höhere Militärs ihre Soldaten als Prostituierte verkaufen.

Wie dem entgehen? Der einzige Weg, sich dem Wehrdienst zu entziehen, war die Flucht ins Ausland oder Geld. Wenn ein Arzt aus einer leichten Erkältung eine chronische Bronchitis machen soll, dann muss er dafür anständig entlohnt werden. 5000 bis 7000 Dollar waren zur Zeit des Amtsantritts von Schoigu der übliche Preis, der junge Männer vor der Hölle der Armee bewahrte.

Das also waren die russischen Streitkräfte, als Sergej Schoigu im November 2012 den Oberbefehl übernahm. Wie der frühere Möbelverkäufer Serdjukow war er nicht vom Fach und hatte selber nie in der Armee gedient. Doch der gelernte Bauingenieur war ein loyaler Apparatschik und insofern kein potenziell gefährlicher Rivale für den Präsidenten, der kaum mehr fürchtete als einen Zusammenschluss unzufriedener Generäle, die ihm die Herrschaft streitig machen könnten.

Sergej Kuschugetowitsch Schoigu war Sohn eines tuwinischen Vaters und einer russischen Mutter. Noch zu Zeiten der Sowjetunion studierte er Bauingenieurswesen und arbeitete eine Zeit lang in diesem Beruf. In der Endphase der Ära Gorbatschow war er Funktionär der nicht mehr ganz allmächtigen Partei in Abakan und Krasnojarsk. Im Jahr der deutschen Einheit 1990 wurde er nach Moskau berufen. In der Hauptstadt machte er Karriere: als Vizechef des Komitees für Architektur und Baufragen der Russischen Föderation, Leiter des Zivilschutzkorps und, schon unter Boris Jelzin, Mitglied des Nationalen Sicherheitsrates und schließlich ab 1994 als Minister für Zivilverteidigung und Notstandssituationen.

Notstände in Russland gab es häufig. Um sie zu beheben, begab sich Schoigu oft an die vorderste Front und erwarb mit publikumswirksamen Auftritten, gewürzt mit sibirischem Brachialcharme, eine gewisse Popularität. Das ließ Jelzin keine andere Wahl, als den ungedienten Mann aus Tuwa zum Armeegeneral zu befördern und ihm 1999 die höchste Auszeichnung »Held der Russischen Föderation« zu verleihen. Doch unser Held war da bereits im Dunstkreis eines neuen Herrschers angelangt. Er zählte zu den Gründern der Partei Jedinstwo, die Putins Wahl zum Präsidenten unterstützte. Schoigu blieb Minister, machte sich verdient und wurde 2012 gar zum Gouverneur der Oblast Moskau ernannt. Ein klassischer Endposten mit etlichen zusätzlichen Verdienstmöglichkeiten – doch nach nicht mal einem halben Jahr kam die Affäre um Serdjukow dazwischen. Und Putin machte Schoigu zum Minister für Verteidigung. Schoigu war, wie es hieß, Putins Allzweckwaffe.

Noch als Minister für Zivilverteidigung hatte er bewiesen, dass er wusste, wie er seinem Präsidenten ein Lächeln auf die schmalen Lippen zaubern konnte. Zu Beginn des 21. Jahrhunderts schenkte er ihm einen Labradorwelpen namens Conni, der Jahre später auf die weltpolitische Bühne trat. Denn Putin, der von Angela Merkels Antipathie gegen Hunde wusste (wofür war man schließlich mal Geheimagent), brachte das mittlerweile ausgewachsene Riesenvieh zum ersten Treffen mit der deutschen Kanzlerin mit und ließ es böswillig um deren Beine streifen. Seitdem war das ohnehin kaum vorhandene Vertrauen Merkels in Bezug auf Putin unheilbar lädiert. Das war letztlich Schoigus Werk.

Als einer seiner eigenen Vorgänger war Schoigu zu Beginn von Putins Amtszeit vom Staatschef höchstpersönlich auserkoren worden, aus den noch vorhandenen militärischen Beständen der Sowjetunion alles zu verscherbeln, was zu Geld zu machen sei – mit der durchaus ernst gemeinten Botschaft, für sich selbst nicht mehr als zwei Prozent der Erlöse zu behalten. Zur Ehrenrettung Schoigus sei gesagt, dass er diese eigentlich recht hohe Marge nie erreichte. Dennoch musste man sich um ihn nie Sorgen machen. Er erwarb ein prachtvolles Millionenschloss im Nobelvorort Rubljowka, in den grünen Wäldern westlich Moskaus, ganz in der Nähe seines Dienstherrn. Sein Gehalt allein hätte den Erwerb ganz sicher nicht getragen. Und auch seine sonstige Bereitschaft, da und dort etwas dazuzuverdienen, war subtiler als bei manchen anderen Amtsträgern. So sorgte er dafür, dass seine jüngere Tochter Ksenia 2020 zur Präsidentin des russischen Triathlon-Verbandes gewählt wurde – man weiß ja nie, wofür das einmal gut sein kann. Besagte Ksenia, ein cleveres Geschöpf, machte ein paar Monate nach ihrer Wahl ihr frisch gegründetes Start-up-Unternehmen SistemaSmart Tech zu Geld. Sie verkaufte es – natürlich – nicht für Rubel, sondern Dollar.

Die hat sie offenbar gut angelegt. Ihre neue Firma Kapital Perform bekommt lukrative Staatsaufträge, etwa mit medizinischen Tests für Fahrer von staatlichen Unternehmen oder mit Subaufträgen von Firmen der Oligarchen Gennadi Timtschenko und Jewgenij Jewtuschenko, die wiederum Aufträge aus dem Verteidigungsministerium erhalten. Eine Hand wäscht die andere.

Die russische Bevölkerung weiß längst, dass ihre Elite bis ins Mark korrupt ist. So gesehen, können investigative Enthüllungen keinen mehr desillusionieren. Es ist aber gerade diese Verbindung einer korrupten Elite und einer offenkundig teilnahmslosen Bevölkerung, die Korruption als gottgegeben hinnimmt, die Russland prägt und immer stärker in die Stagnation treibt.

Dass die russische Führungsschicht, meist Männer im reiferen Alter, eine Vorliebe für deutlich jüngere attraktive Frauen hat, ist kein Geheimnis. Im Falle des verheirateten Schoigu war dies Jelena Schebunowa, eine Stewardess der russischen Fluglinie Aeroflot, mit der er jahrelang zusammenlebte – schon zu der Zeit, als er seinem Vaterland noch als Minister für Katastrophenschutz diente. Zwei Kinder entsprangen diesem Verhältnis, Tochter Darja und Sohn Danila, bei dem der Vatersname Sergejewisch keinen Zweifel an der Vaterschaft des russischen Verteidigungsministers lässt. Schoigu sorgte für die Seinen. Im Lauf der Jahre wurde Jelena Schebunowa schwerreich – bis hin zur Besitzerin eines Nobelschlosses ganz in der Nähe ihres Gönners. 2017 zog sie mit ihren Kindern nach Litauen, um dort, wohl auf Schoigus Geheiß, einen Litauer zu ehelichen: Adolfas Kaminskas, einen eher unscheinbaren Kleinunternehmer, der Autoteile in einer Plattenbausiedlung in Vilnius verkaufte. Doch er sorgte dafür, dass die Schebunowa samt ihren Kindern die litauische Staatsbürgerschaft erhielt. Auch die Aufträge aus dem russischen Verteidigungsministerium flossen, ohne Ausschreibung versteht sich, weiter wie bisher, sodass auch der unscheinbare Herr Kaminskas davon profitierte. Mit seinen Firmen sorgte das Ehepaar dafür, wie die Schebunowa ganz allein schon zuvor, dass der Katastrophenschutz und die Armee in Russland mit Bekleidung, Lebensmitteln etc. versorgt wurden. Ein Schelm, wer es bei alldem für unmöglich hält, dass der Minister selbst mit profitierte.

Der Konfliktfall trat erst ein, als Putins Armee in die Ukraine einfiel. Im August 2022 entschloss sich die litauische Regierung, Frau Schebunowa-Kaminskas zur Persona non grata zu erklären. Sie sei nach Russland abzuschieben, weil sie eine Gefahr für die öffentliche Sicherheit darstelle. Dagegen wehrte sich die frühere Stewardess und machte geltend, dass etwa sie und ihre Kinder längst die litauische Staatsbürgerschaft hätten. Der Prozess dauert an. Doch auch hier hielt Schoigu seine schützende Hand über die Familie Kaminskas. Alle Mitglieder erhielten inzwischen auch die russische Staatsbürgerschaft und bemühen sich, ihre litauischen Liegenschaften zu verkaufen.

Auch wenn Schoigu wegen seiner mangelnden militärischen Erfahrung von den Generälen der Armee nicht wirklich respektiert wurde – als Organisator erwarb er sich bei Putin Anerkennung. So gründete er im Juli 2016 die Kinder- und Jugendarmee »Junarmija« (deutsch: Junge Armee), der im März 2022 über eine Million Kinder und Jugendliche im Alter zwischen acht und 18 Jahren angehörten. Erklärtes Ziel der »Junarmija«, so Schoigu, sei es, Kinder und Jugendliche für die Streitkräfte Russlands zu begeistern und junge Menschen dazu zu bringen, Russland mit der Waffe in der Hand zu verteidigen. Die jungen Leute lernten dabei nicht nur Disziplin und Gehorsam, sondern hätten dort sogar die Chance, »Flugzeuge zu fliegen und mit dem Fallschirm zu springen, unter Wasser zu tauchen, auf unseren Kriegsschiffen und U-Booten zu fahren und mit allem zu schießen – außer mit Raketen«.

Somit ist die Ausbildung in der »Junarmija« nichts anderes als militärische Früherziehung. De jure ist der Beitritt freiwillig, de facto aber können sich die Jugendlichen einer Rekrutierung durch die Junarmija nur schwer entziehen, da in den Schulen ganze Klassenverbände der Junarmija beitraten und somit ein Gruppenzwang erzeugt wurde. Von Kindern Beamter und Soldaten wird geradezu erwartet, dass sie beitreten. Laut der finnischen Militärexpertin Joanna Alava sei das Ziel das »Heranzüchten regimetreuer Bürgersoldaten«, die sich als Gegner jeglicher freiheitlicher Werte verstehen. Ausbilder sind in der Regel ehemalige Angehörige der Streitkräfte.

Eine solche Armee braucht natürlich Vorbilder und Helden. Ein Auserkorener war der in Rostow am Don gebürtige Arsen Pawlow, der in einer Autowaschanlage gearbeitet hatte und sich vor einer drohenden Haftstrafe wegen Autodiebstahls und Trunkenheitsfahrt für den Eintritt in die russische Armee entschieden hatte. Sein Kampfname »Motorola« erinnerte an seine Zeit als Funker eines Frontverbandes. Zeitweise führte er das Bataillon »Sparta« der prorussischen »Volksrepublik Donezk« an. In dieser Eigenschaft war er an mehreren Kriegsverbrechen beteiligt. Pawlow selbst gab in einem Interview zu, 15 gefangene ukrainische Soldaten erschossen zu haben. Dennoch wurde er von den russischen Staatsmedien als »Held« gefeiert. Als er bei der Explosion eines Sprengsatzes im Aufzug seines Wohnhauses ums Leben kam, verkündete die Führung der Volksrepublik Donezk eine dreitägige Staatstrauer – und Putin zeichnete ihn posthum mit dem Tapferkeitsorden aus. Für die Kinder der Junarmija gilt er als Vorbild – warum auch immer.

In den zehn Jahren zwischen seinem Amtsantritt und dem Einfall in die Ukraine war unser ministerieller »Held der Russischen Föderation« ja offiziell gehalten, die Streitkräfte auf Vordermann zu bringen. Ein Versuchsfeld dafür war der Bürgerkrieg in Syrien. Da Putin sich entschlossen hatte, den syrischen Tyrannen Assad gegen die verschiedenen Rebellengruppen in dessen Land zu unterstützen, ging Schoigu zunächst daran, eine eigene russische Luftwaffenbasis in Syrien zu errichten. Das war eine Aufgabe, die dem früheren Katastrophenschutzminister lag. Und so ging ab September 2015 neben dem Ausbau des schon bestehenden Marinestützpunkts Tartus vor allem der Aufbau der Luftwaffenbasis Hmeimim auf sein Konto. Er sollte den Verlauf des Bürgerkrieges in Syrien entscheidend verändern. Waren zuvor die Truppen Assads eindeutig auf der Verliererstraße, so bombardierten die russischen Luftstreitkräfte nun gnadenlos alle Gebiete, in denen sich oppositionelle Gruppen, einschließlich des »Islamischen Staates«, verschanzt hatten. Berüchtigt bei alledem wurde der russische General Sergej Surowikin, der sich dabei den Namen »Schlächter von Syrien« erwarb. Er ließ in der Provinz Idlib Krankenhäuser bombardieren, obwohl bekannt war, dass sich dort zahlreiche Kinder aufhielten. Er duldete Angriffe mit Chemiegas auf Zivilisten in der syrischen Provinz. Und er befahl 2016 die Bombardierung der alten Stadt Aleppo, die am Ende in Schutt und Asche lag. Putin verlieh ihm dafür 2017 den Orden »Held Russlands«. Im Westen gilt Surowikin seitdem als Kriegsverbrecher. Sein brachialer Einsatz führte dazu, dass das Assad-Regime die Kontrolle über den größten Teil Syriens zurückgewann. Seitdem ist Assad Putins treuer Freund. Die in Syrien involvierten russischen Soldaten waren in der Regel Elitekrieger der Luftwaffe. Das eigentliche Rückgrat der Armee, die Infanterie und Artillerie, die Panzertruppen und sonstigen Bodenstreitkräfte, waren nicht im Einsatz. Deren Stunde sollte erst im Februar 2022 schlagen.

Bis dahin konnte Schoigu seinem Ausflugskumpel Putin und auch sich selbst die Illusion vermitteln, die russische Armee sei bestens ausgestattet und gleichsam unbesiegbar. Das Ansehen Schoigus nicht nur bei Putin, sondern auch im Volk war in diesen Jahren so rasant gewachsen, dass der Satz sprichwörtlich wurde: »Wer mit Lawrow nicht reden will, muss mit Schoigu reden.«

Dass die russische Armee im Winter, Anfang 2022, zuschlagen würde, war in den Wochen vorher unbestreitbar. Westliche Dienste, vor allem der Amerikaner und Briten, hatten das mit teils erschreckender Präzision anhand von Luftbildern vorhergesagt. Was folgte, sollte für Sergej Schoigu zur Bewährungsprobe werden.

Das Außenbild der russischen Armee vor dem Einfall in die Ukraine war geprägt von Propaganda. Die mit brachialer Gewalt erzwungenen »Erfolge« etwa in Syrien, die martialischen Aufmärsche zum »Tag des Sieges« in Moskau nährten auch im Ausland die Vorstellung von einer mittlerweile halbwegs modernisierten, schlagkräftigen Streitmacht.

Schon nach wenigen Wochen in der Ukraine zeigte sich, dass diese Vorstellung nur eine Illusion war. Ein großer Teil des

Geldes, das für die Armee bestimmt war, war schon in den Jahren zuvor in private Kanäle geflossen. So verfügten die russischen Soldaten während der Invasion oft nur über Lebensmittelrationen, die schon seit dem Jahre 2015 abgelaufen waren. Oppositionelle Medien berichteten, dass das Essen der Soldaten oft weit schlechter war als die Mahlzeiten in russischen Gefängnissen – und das wollte etwas heißen. All dies war mit ein Grund dafür, dass russische Soldaten in den besetzten ukrainischen Gebieten nicht nur Fernseher und Videorekorder plünderten, sondern auch Lebensmittel stahlen. Gelegentliche Prozesse gegen Offiziere und hohe Mitarbeiter der Armee wegen Korruption sind pure Show. Auf dem Weg vom Verteidigungsministerium zur Armee waren in all den Jahren unglaubliche Summen versickert, waren in den Taschen von Politikern, Generälen und Rüstungsfunktionären verschwunden. Die eklatante Korruption innerhalb der Streitkräfte trug dazu bei, dass die ohnedies kaum vorhandene Moral der Soldaten schwand und die letzten Reste von integrem Handeln sanken. Die Verantwortung dafür trug letzten Endes der Oberkommandierende der Streitkräfte, Verteidigungsminister Schoigu. Und wie pfleglich der mit den ihm anvertrauten Geldern umging, wissen wir ja schon.

Wie einfache russische Soldaten die Verhältnisse selbst sehen, machen Schilderungen deutlich, die in den Westen gelangen. Zwei Monate hat der Fallschirmjäger Pawel Filatjew den Krieg in der Ukraine erlebt. Dann gelang ihm die Flucht ins Ausland. Er war selbst dabei, als Putins Truppen am 24. Februar 2022 in das Nachbarland einfielen, und beschreibt die schlechte Verfassung der Soldaten: »Schon damals waren alle ausgelaugt. Viele hatten einen Monat unter fürchterlichen Bedingungen auf dem Truppenübungsplatz gewohnt. Die Nerven lagen blank, zumal die Situation immer ernster und unklarer wurde.«

Anfangs glaubte er sogar noch an die ausgegebene Parole für die Invasion. Doch sehr bald merkte er, dass in der Ukraine niemand auf die angekündigte »Befreiung von den Nazis« wartete. Die sogenannte »militärische Spezialoperation« sei nichts anderes als eine Farce. Filatjew beschreibt die miserable Ausstattung und Organisation der Truppe, der überhaupt nicht klar sei, wogegen und wofür sie in der Ukraine kämpfe. Er schildert eindringlich, wie schlecht die Soldaten ausgerüstet waren, er habe sich zum Beispiel seine Kampfstiefel selbst kaufen müssen. Gefehlt habe es an allem: an funktionierenden Waffen, Socken, Schlafsäcken, an Heizungen in den Lkw und natürlich an Verpflegung.

Seinem Kriegstagebuch hatte er anvertraut: »Ich ärgere mich über die Führung, dass wir nun seit drei Tagen hier sind und offenbar niemand daran gedacht hat, dass wir etwas zu rauchen, zu essen und zu trinken brauchen.« Und er schimpft weiter über die marode Technik ihrer Fahrzeuge, fehlende Ersatzteile, Transportfahrzeuge ohne Bremsen und verstümmelte Soldaten: »So eine Armee braucht keinen Gegner, wir machen uns selbst fertig. Die Armee ist technisch hoffnungslos veraltet und moralisch verrottet. Einfache Soldaten müssten ärztliche Behandlung bei Verwundungen oft selbst bezahlen, sogar die ihnen verschriebenen Medikamente.«

Filatjew zeichnet eine dunkle Zukunft für ganz Russland, das in Lügen, Betrug und falschen Werten versinke. Alles sei verkümmert – von der Verteidigung über das Gesundheitswesen bis hin zum Rechtssystem. Filatjew lebt heute anonym in Frankreich. Sein Heimatland sucht ihn per Haftbefehl.

Es waren über 100 000 Kämpfer, die Schoigu an den Grenzen zur Ukraine zusammengezogen hatte. Die in der russischen Geschichte verwurzelte »Desinformazija« ging so weit, dass die eigenen Soldaten über die Ziele des Krieges im Unklaren gelassen wurden. Dass es gegen »ukrainische Nazis« gehen sollte, wurde verbreitet, dass die böse NATO irgendwie involviert war, wurde kolportiert, und allgemein nahm mancher unerfahrene Rekrut auch an, dass die armen unterdrückten ukrainischen Brüder die russischen Soldaten als Befreier begrüßen würden. So war auch jenes fast absurde Bild zu erklären, das sich auf der Straße von der russischen Grenze Richtung Kiew bot: ein kilometerlanger Zug von russischen Panzern, Lastkraftwagen, Armeetransportern – als unternähmen sie einen Ausflug in die ukrainische Hauptstadt. Die Personalstärke der russischen Armee nördlich von Kiew war gegenüber den ukrainischen Truppen, die sich ihr entgegenstemmten, im Verhältnis zwölf zu eins.

Doch die armen unterdrückten Brüder waren überhaupt nicht gesinnt, sich bedingungslos zu unterwerfen. Der Panzerzug nach Kiew wurde mit modernen, zum Teil schon aus dem Westen gelieferten Abwehrwaffen zerschossen. Und die mangelhaft informierten russischen Soldaten verstrickten sich nach wenigen Tagen bereits in verlustreiche Schlachten.

Einer dieser Kämpfe ereignete sich in einem Vorort der ukrainischen Hauptstadt, dessen Name nach der Befreiung durch ukrainische Truppen fortan zu einem Symbol für die Verbrechen der russischen Armee geworden ist: Butscha. Das, was dort im März 2022 geschah, war nicht das einzige Kriegsverbrechen. Das noch immer besetzte Mariupol zum Beispiel hat mit Sicherheit weit mehr ukrainische Opfer zu beklagen. Doch das, was in Butscha geschehen ist, war ein Menetekel für die Brutalität des Krieges – und ein unwiderlegbares Beispiel für die Verrohung von Teilen der russischen Armee.

Als der russische Vormarsch auf Kiew angesichts des erbitterten Widerstands ins Stocken geriet, verwandelte sich die Besetzung in einen erbarmungslosen Feldzug von Terror und Rache. Als die Ukrainer am 1. April 2022 wieder in Butscha einrückten, bot sich ihnen ein apokalyptisches Bild des Grauens. Die Straßen waren übersät mit Leichen von Zivilisten. Männer, Frauen und Kinder, manche waren noch gefesselt, hingerichtet mit Schüssen in den Hinterkopf, Frauen jeden Alters vergewaltigt. Die vielen Fotos sprachen für sich. Es gibt aber auch ein von Ukrainern heimlich gedrehtes Video, das zeigt, wie ukrainische Männer von russischen Soldaten abgeführt und hinter einem Zaun erschossen wurden. Nun meldeten sich auch die überlebenden Einwohner zu Wort. Sie berichteten von ermordeten Frauen und Kindern, von vergewaltigten Mädchen, deren Leichen nackt hinter Hecken zurückgelassen worden waren. Von Menschen, die gefoltert worden waren, denen Arme und Beine abgehackt worden waren. Augenzeugen aus Butscha berichteten, russische Truppen hätten wahllos Hunderte von Zivilisten in Häusern und auf offener Straße erschossen. Ein älterer Mann erzählte dem Schweizer Fernsehen, die Soldaten hätten auf alles und jeden gezielt. Es sei wie auf einer Safari gewesen: »Sie waren alle betrunken. Sie sagten: Wir haben den Befehl, euch alle zu töten. Sie gingen von Eingang zu Eingang, von Keller zu Keller und holten die Leute heraus.«

Etwa 25 Mädchen und Frauen im Alter von 14 bis 25 Jahren wurden im Keller eines Hauses festgehalten und vergewaltigt. Neun von ihnen, so ein Bericht, wurden schwanger. Unter ihnen ein 14-jähriges Mädchen, das von fünf russischen Soldaten vergewaltigt worden war. Die Opfer berichteten später, die russischen Soldaten hätten zu ihnen gesagt, sie würden die ukrainischen Mädchen und Frauen bis zu dem Punkt vergewaltigen, an dem sie keinen sexuellen Kontakt mehr mit Männern haben wollten, sodass sie keine ukrainischen Kinder mehr bekommen würden. Und die Verbrechen betrafen nicht nur Frauen. Nach einem anderen Bericht wurde in Butscha eine Frau an einen Tisch gefesselt und gezwungen, zuzusehen, wie russische Soldaten ihren elfjährigen Sohn missbrauchten.

Funksprüche aus dem nördlichen Großraum Kiew, die in diesen Tagen vom deutschen Bundesnachrichtendienst abgehört wurden, deuten darauf hin, dass die Folterungen, Vergewaltigungen und Ermordungen von Zivilisten von der russischen Militärführung angeordnet worden waren, um die örtliche Bevölkerung in Angst zu versetzen und ihren Durchhaltewillen zu brechen. Die Agentur »Associated Press« kam mithilfe von Straßenüberwachungskameras und abgehörten Telefongesprächen von russischen Soldaten zu dem Schluss, dass Butscha von den Russen systematisch Haus für Haus durchsucht wurde und dabei vom russischen Geheimdienst erstellte Listen verwendet worden seien. »Es war organisierte Grausamkeit, die sich in allen von Russland besetzten Gebieten in der Ukraine wiederholen wird. Dies ist eine Strategie der Neutralisierung des Widerstands und der Einschüchterung der lokalen Bevölkerung, die russische Truppen in früheren Konflikten, insbesondere in Tschetschenien, oft eingesetzt haben.« Das Fazit der russischen Besetzung von Butscha waren 458 ermordete Zivilisten. Der Bürgermeister von Butscha, Anatolij Fedoruk, benannte die nach seiner Meinung eigentlichen Schuldigen: Er sei sich sicher, dass russische Truppen von Wladimir Putin und Sergej Schoigu grünes Licht erhalten hätten, Zivilisten anzugreifen.

Bei einigen der Übergriffe kam es zwischen diversen Einheiten der russischen Streitkräfte mitunter sogar zu Schusswechseln. Dem ukrainischen Geheimdienst zufolge ging es da vor allem um Verteilungskämpfe der geplünderten Kriegsbeute – vor allem zwischen Tschetschenen und Burjaten. Viele der Besatzer zählten zu den ethnischen Minderheiten Russlands, etwa die Burjaten, deren Heimat zu den ärmsten Gebieten Russlands gehörte – aus der benachbarten Region Tuwa stammte Sergej Schoigu. Die jungen Männer waren überrascht vom scheinbaren Wohlstand in der Ukraine und plünderten, was das Zeug hielt. Die Bereicherung zielte ebenso auf Lebensmittel wie auf Klosettschüsseln, Elektronik, Küchengeräte, Waschmaschinen, Kühlschränke, Hundehütten, Kleidung bis zu Gold und Schmuck. Kühe, Schweine und Hühner wurden mangels eigener Truppenversorgung sofort geschlachtet. Ein Großteil der Soldaten versendete, Berichten zufolge, ganze Pakete mit den erbeuteten Waren in die sibirische Heimat.

Wer aber waren exakt die Täter von Butscha? Wir wissen heute, dass es zu Beginn der Kämpfe vor allem das 234. Luftlanderegiment der 76. Garde-Luftsturmdivision aus der westrussischen Stadt Pskow gewesen ist, dem die Übergriffe anzulasten sind. Recherchen der »New York Times« zufolge waren es exakt 24 Fallschirmjäger dieses Regiments, die auf der Jablunska-Straße ukrainische Zivilisten erschossen haben. Diese Soldaten nutzten wenige Stunden nach ihren Morden die Mobiltelefone der Opfer, um in Russland anzurufen.

Als die Fallschirmjäger nach einigen Tagen aus Butscha abgezogen wurden, rückten nach Augenzeugenberichten vor allem tschetschenische und burjatische Einheiten nach, in der die Plünderungen, Übergriffe, Morde nun dramatisch zunahmen. Nach Darstellung des ukrainischen Militärgeheimdienstes wurde die größte Zahl an Verbrechen von Angehörigen der 64. Motorschützenbrigade begangen – eine Einheit, die in der Region Chabarowsk an der Grenze zu China stationiert war. Fotografien von Soldaten dieser Brigade zeigen, dass sie meist aus dem asiatischen Teil der Russischen Föderation stammten. Der Geheimdienst veröffentlichte eine Liste, vom einfachen Soldaten bis zum Oberst, die der Kriegsverbrechen beschuldigt wurden. All diese Gräuel dienten letztlich dem Ziel, die ukrainische Bevölkerung zu demoralisieren und zur Aufgabe zu zwingen. Dies gelang nicht.

Wie diese Kriegsverbrechen von den russischen Soldaten selbst gesehen wurden, wurde erst bekannt, als ein Deserteur der 64. Brigade die Wahrheit bekannte. Nikita Chibrin gelang nach einer Verwundung die Flucht in den Westen, wo er in einem Interview mit CNN auspackte. »Wir hatten den Befehl, jeden zu ermorden, der Informationen weitergab. Wenn jemand ein Telefon hatte, durften wir ihn erschießen (…) Es gibt Wahnsinnige, denen es Spaß macht, einen Menschen zu erschießen. Solche Verrückten sind dort aufgetaucht.« Und nicht nur das: Er habe selbst gesehen, wie russische Soldaten Mütter und Töchter vor aller Augen vergewaltigten. Nikita Chibrin ist bereit, in einem Prozess gegen seine ehemaligen Kameraden auszusagen. Ob es dazu kommen wird, ist fraglich.

Am 18. April 2022 erhielt die 64. Motorschützenbrigade von Russlands Präsident den Titel »Garde«. Sergej Schoigu hatte diese Ehrung vorgeschlagen. Zur Begründung sagte Wladimir Putin, die Brigade sei »Vorbild für die Ausführung der militärischen Pflichten, für Mut, Entschlossenheit und große Professionalität«.

Dennoch war schon im April 2022 klar, dass Putins großer Plan der »militärischen Spezialoperation« – die Eroberung von Kiew, die Besetzung der gesamten Ukraine, die Absetzung des populären Präsidenten Selenskyi und die Installierung einer russlandfreundlichen Regierung, die den Beitritt zum alten Mutterland vorbereiten sollte – dramatisch gescheitert war. Noch nicht gescheitert, aber schwer gestört war nun der Ruf von Sergej Schoigu, dem Verantwortlichen an der Spitze des Verteidigungsministeriums, der ja den Auftrag hatte, die Ukraine heim ins russische Reich zu führen. Doch der Widerstand der Ukrainer überraschte nicht nur ihre russischen Gegner, sondern auch manche Wankelmütigen im Westen.

Das offiziell gepflegte Bild von der machtvollen russischen Armee hatte nach den ersten Niederlagen in der Ukraine deutliche Risse bekommen. »Der Kreml hat die letzten 20 Jahre damit verbracht, sein Militär zu modernisieren. Ein großer Teil dieses Budgets wurde gestohlen und für Mega-Jachten auf Zypern ausgegeben«, schrieb der frühere russische Außenminister Andrej Kosyrew auf Twitter. Dies trifft vor allem Sergej Schoigu. Die ukrainische Zeitung »NV« schrieb, dass der Verteidigungsminister den Haushalt »wie sein persönliches Sparschwein« verwalte.

Dass Sergej Schoigu, der unter starkem Druck stand, in diesen Tagen wirklich einen Herzinfarkt erlitt, wie in einigen Medien kolportiert wurde, ist nicht gewiss. Jedenfalls war er etliche Wochen zumindest im russischen Fernsehen nicht zu sehen. Er habe eben viel zu tun, tönten seine Unterstützer.

Und das war in der Tat so. Denn auch wenn die russische Armee trotz aller Mängel im Süden und Osten der Ukraine einige Gebiete erobern konnte – der Rest des Landes hielt stand. Und wenn schon die Eroberung der ukrainischen Hauptstadt gescheitert war, so wollte Schoigu seinem Chef nun wenigstens die Besetzung einer anderen Stadt zu Füßen legen, deren Name bald symbolisch werden sollte für die Unerbittlichkeit des Krieges: Mariupol.

Die blühende Hafenstadt am Asowschen Meer hatte vor dem Krieg 440 000 Einwohner, ein reges Kulturleben und war mit seinem Asow-Stahlwerk der Exportgigant für ukrainischen Stahl nach Westeuropa. Überdies hatte sich in der Region der seit den Tagen der Antike bestehende griechische Einfluss gehalten. Nun aber wurde die Stadt zum Symbol des Krieges um die Ukraine, zum Zeichen des Kampfgeistes und der Verzweiflung zugleich, mit denen sich die Ukrainer der Übermacht der russischen Invasoren entgegenstemmten. »Mariupol«, sagte der ukrainische Präsident Wolodymir Selenskyi, »ist das Herz dieses Krieges.«

Nach einer demografischen Erhebung vor dem Krieg waren 90 Prozent der Einwohner Mariupols russischsprachig. Folgerichtig gaben sich die Russen nun der Illusion hin, bei der Einnahme von Mariupol begeistert begrüßt zu werden. Das war ein Irrtum. Denn auch die russischsprachigen Bewohner hatten all die Freiheiten, die ihnen die Ukraine gewährte, schätzen gelernt. Ein aufschlussreicher Witz hatte in der Stadt die Runde gemacht: »Ein Hund aus Mariupol hat Hunger und geht über die Grenze nach Russland. Nach einer Woche ist er wieder da. ›Warum bist du denn zurückgekommen?‹, fragten ihn die anderen Hunde. Da sagte er: ›Zu beißen gibt's da drüben auch nichts, aber hier darf ich wenigstens bellen!‹«

Der Kampf um Mariupol war historisch aufgeladen. Denn die Stadt war der zentrale Stationierungsort des legendären Asow-Regiments – eine Einheit aus freiwilligen Kämpfern, die seit 2014 bestand. Es war Teil der Nationalgarde des ukrainischen Innenministeriums und galt schon vor den Kämpfen als Eliteeinheit. Wegen seiner anfangs offenen Benutzung rechtsextremer Symbole war es für die russische Propaganda leicht, das Regiment als Hort des Nazismus in der Ukraine zu bezeichnen und den Kampf dagegen zur patriotischen Tat zu verklären.

Die Kämpfe um Mariupol begannen am 25. Februar 2022. Sofort wurden alle Kindergärten und Schulen geschlossen. Am 27. Februar näherten sich aus dem Raum Donezk russische Panzer, die von ukrainischen Einheiten anfangs noch aufgehalten wurden. Ab dem 1. März stand die Stadt unter dem massiven Beschuss der russischen Artillerie, am 2. März war die Stadt vollends umschlossen, und die Versorgung mit Wasser, Strom und Heizung brach zusammen. Hinzu kamen nun pausenlose Luftangriffe nicht nur auf das Zentrum. Bei einem dieser Angriffe zerstörte die russische Luftwaffe eine Entbindungsklinik, was international Empörung auslöste. Die humanitäre Lage war katastrophal. Tausende von Zivilisten wurden allein im März getötet, ihre Zahl stieg bis Ende August auf über 8 000 an. 90 Prozent der Gebäude waren zerstört oder beschädigt. Nicht nur durch Bomben und Granaten starben die Menschen, sondern infolge der zunehmenden Hungersnot auch an Unterernährung. Manche Bewohner waren bereits Mitte März dazu gezwungen, streunende Tiere zu schlachten und zu essen. Doch auch von Fällen wurde berichtet, in denen Tiere tote Menschen anfraßen, die aufgrund der Luftangriffe nicht beerdigt werden konnten.

Die Organisation »Ärzte ohne Grenzen« gab an, dass viele Einwohner auch mangels notwendiger Medikamente stürben. Am 13. März erklärte Papst Franziskus, Mariupol sei eine Stadt der Märtyrer geworden, und appellierte an die russischen Angreifer: »In Gottes Namen, stoppt dieses Massaker!« Die Europäische Union verurteilte die Angriffe als »Kriegsverbrechen«. Der polnische Präsident Duda verglich die Lage im zerstörten Mariupol mit dem zerstörten Warschau 1944. Der letzte westliche Diplomat, der am 16. März Mariupol verließ, war der griechische Konsul. Er nannte die Stadt in einer Reihe mit der Bombardierung von Guernica, Coventry, Grosny und Aleppo: »Ich hoffe, niemand wird je wieder sehen, was ich gesehen habe.«

Schon vor Beginn der Invasion hatten Soldaten des Asow-Regiments damit begonnen, ältere Frauen aus Mariupol an der Waffe auszubilden. Sie nannten es »Babuschka-Bataillon«. Es waren Frauen, die sich angesichts des drohenden russischen Einmarschs freiwillig gemeldet hatten. »Ich liebe meine Stadt, ich werde sie nicht verlassen. Wladimir Putin kann uns nicht abschrecken. Ja, es ist fürchterlich. Aber wir werden bis zum bitteren Ende hinter unserer Ukraine stehen«, sagte die 79-jährige Valentyna Konstantinowska. Den Babuschkas wurde nicht nur das Schießen beigebracht, sondern auch erklärt, wie man Menschen evakuiert und überhaupt die Kämpfe überlebt. »Ich träume seit 2014 davon, den Umgang mit einer Waffe zu lernen. Aber mir wurde gesagt: Babuschka, du bist zu alt dafür, der Rückstoß wird dich umhauen«, erklärte die Veteranin, die mit ihren Kameradinnen dann wirklich an den Kämpfen teilnahm. Was aus ihr wurde, weiß niemand. Wie viele andere, die sich der russischen Armee entgegenstellten, gilt sie als verschollen.

Am 17. März 2022 griffen russische Bomber das Akademische Dramatheater in Mariupol an, in das sich über 1 000 Zivilisten geflüchtet hatten. Alle Plätze rund um das Theater waren in großen Buchstaben in weißer Farbe mit dem russischen Wort für

»Kinder«, »Deti«, beschriftet – als Hinweis darauf, dass sich vor allem Frauen und Kinder in dem Gebäude aufhielten. Dennoch wurde das Theater gezielt angegriffen. Eine Rekonstruktion der Agentur Associated Press schätzt die Zahl der Toten auf etwa 600. Schoigus Ministerium bestritt den Vorwurf, es habe die Bombardierung angeordnet, und beschuldigte das Asow-Regiment, das Theater in die Luft gesprengt zu haben. Doch unabhängige Untersuchungen ergaben, dass keine Asow-Soldaten am Tag der Bombardierung in dem Gebäude waren.

Mitte März 2022 waren schon Zehntausende von Zivilisten aus Mariupol geflüchtet. Zu diesem Zeitpunkt griffen auch tschetschenische Truppen in die Kämpfe ein, denen besondere Brutalität nachgesagt wurde – was sich als Tatsache erwies. Anfang April war die gesamte, mittlerweile fast zerstörte Stadt in russischer Hand. Tausende von Menschen starben in diesen Tagen. So auch die 91-jährige Wanda Objedkowa. Eine ukrainische jüdische Überlebende des Holocaust, geschwächt durch Krankheit und Hunger, in einem Keller in Mariupol. 81 Jahre vorher hatte sie den deutschen Überfall auf die Sowjetunion ebenfalls in einem Keller überlebt. Dem Internationalen Komitee vom Roten Kreuz war der Zugang in die Stadt verwehrt. Dessen Sprecher erklärte, es gebe keine Adjektive mehr, um den Schrecken zu beschreiben. Mariupol war ein apokalyptischer Ort des Todes geworden. Der ukrainische Bürgermeister von Mariupol warnte, dass unter den Überlebenden der Stadt Infektionskrankheiten wie Cholera und Ruhr drohten. Tausende von Leichen würden unter den Trümmern verwesen. Die Lebensbedingungen seien mittelalterlich: »Die Invasoren sind nicht in der Lage, die verbliebene Bevölkerung mit Nahrung, Wasser und Medikamenten zu versorgen. Oder sie sind schlicht nicht daran interessiert.«

Nur noch im Asow-Stahlwerk im Süden der Stadt hatten sich knapp 3 000 ukrainische Soldaten und über 1 000 Zivilisten verschanzt. Das Werk verfügte über eine viergeschossige unterirdische Bunkeranlage, die in den nächsten Wochen zum Ziel der russischen Bomber wurde. Tausende von Menschen hausten dort unter furchtbaren Bedingungen. Wasser, Medikamente, Lebensmittel – es fehlte an allem. Es war vor allem das Asow-Regiment, das den Widerstand aufrechterhielt. Trotz aller russischen Ultimaten, das Gelände zu verlassen und sich den Invasoren zu ergeben, verharrten die ukrainischen Soldaten samt den meisten Zivilisten in der Fabrik. Da auch der Beschuss mit bunkerbrechenden Bomben die Verteidiger nicht zur Kapitulation zwang, zog nun Russlands Präsident Putin das Geschehen an sich.

Es war wieder eines dieser makabren Treffen im Kreml, das live im Staatsfernsehen übertragen wurde. Auf der linken Seite eines kleinen Tisches in seinem Amtszimmer sitzt Putin, fast lässig zurückgelehnt, auf der rechten Seite ihm gegenüber Sergej Schoigu, eifrig nach vorne gebeugt, der seinem Präsidenten Bericht erstattet. Putin hört ihn an und teilt dem Verteidigungsminister und damit dem gesamten Volk seine Entscheidung mit. Das Asow-Werk solle nun nicht mehr gestürmt werden, sondern nur noch blockiert – und zwar so, »dass keine Fliege mehr hindurchkommt«.

Putin ordnete an, die an der »Befreiung Mariupols« beteiligten Militärs auszuzeichnen. »Sie sind alle Helden.« Man müsse jetzt an die Gesundheit und das Leben unserer Soldaten und Offiziere denken. »Es gibt keinen Grund, in diese Katakomben zu steigen und unterirdisch durch diese Industrieanlagen zu kriechen.« Die verschanzten Soldaten sollten sich einfach ergeben: »Die russische Seite garantiert ihnen das Leben.«

Das wiederum glaubten die verbliebenen Kämpfer im Stahlwerk nicht. Evakuierte Angehörige erklärten westlichen Medien, für die ukrainischen Soldaten komme eine Kapitulation nicht infrage, da sie die Erfahrung gemacht hätten, dass seit Beginn des Donbass-Krieges 2014 kein Asow-Soldat aus russischer Kriegsgefangenschaft lebend zurückgekommen sei. Dass die

Gefangennahme den sicheren Tod bedeutet – diese Überzeugung teilten viele ukrainische Soldaten, gerade die des Asow-Regiments. Manche trugen deshalb immer eine Handgranate bei sich, um sich das Leben nehmen zu können, statt in die Hände der Invasoren zu fallen. Das sei allemal besser, als in der Kriegsgefangenschaft gefoltert und dann ebenso getötet zu werden. Und so kam es in den nächsten Wochen nicht nur zu der proklamierten Blockade, sondern nach wie vor auch zu einem gnadenlosen Bombardement.

Was das für die Eingeschlossenen in den Katakomben bedeutete, geben Sprachnachrichten wieder, die Soldaten aus dem Stahlwerk an ihre Angehörigen in der unbesetzten Ukraine schickten. Einer von ihnen, Serhij Wolyna, schrieb: »Die Situation hier ist extrem schlimm. Es ist vor allem eine unvorstellbare humanitäre Katastrophe. Es könnte jederzeit vorbei sein. Bitte helft uns!«

Immerhin gelang es in den nächsten Wochen, im Rahmen von »humanitären Korridoren« Zivilisten aus dem Stahlwerk den Abzug zu ermöglichen. Die Soldaten des Asow-Regiments hielten bis zum bitteren Ende durch. Erst in den Tagen um den 30. Mai 2022 ergaben sich die letzten 2 439 Soldaten den Invasoren. Die Regierung in Kiew hatte sie dazu ermächtigt, das Rote Kreuz die Bedingungen der Kapitulation ausgehandelt. Die Mehrzahl der Asow-Kämpfer wurde in das Kriegsgefangenenlager Oleniwka in der Nähe von Donezk gebracht. Bald stellte sich heraus, dass die Bedingungen dort unmenschlich waren. Augenzeugen berichten von gefangenen Soldaten, deren Schreie durch die Zellengänge hallten, während sie gefoltert wurden. Misshandlungen und Morde waren an der Tagesordnung. Es war vor allem die von Jewgeni Prigoschin, »Putins Koch«, geführte Söldnergruppe Wagner, die sich in Oleniwka austobte. Ein später durch Gefangenenaustausch freigelassener Insasse des Lagers berichtete später, Oleniwka sei die Hölle auf Erden gewesen. Videoaufnahmen belegen, wie ukrainische Kriegsgefangene von ihren russischen Bewachern zu Tode gefoltert wurden. Neben einer Enthauptung existieren Filmaufnahmen, die die Abtrennung von Genitalien und Gliedmaßen von Kriegsgefangenen zeigen.

Oleniwka war nicht das einzige Lager, in dem gefoltert und gemordet wurde. Überlebende Insassen berichten auch von einigen anderen Lagern im Donbass, in denen systematisch Verbrechen begangen wurden. Die ukrainische Menschenrechtlerin Oleksandra Malwijtschuk erklärte, in all diesen Haftanstalten seien unmenschliche Bedingungen an der Tagesordnung gewesen: »Ich habe mit Hunderten Überlebenden gesprochen, und sie haben mir erzählt, wie sie geschlagen wurden, wie sie vergewaltigt wurden, wie ihnen die Finger abgeschnitten wurden, wie sie in Holzkisten gesperrt wurden, wie sie mit Strom gefoltert wurden. Und eine Frau habe ihr erzählt, dass man ihr in einem dieser Lager die Augen ausgestochen habe.«

Oleniwka ist ein Ort vieler Kriegsverbrechen der russischen Besatzer. Eines der schlimmsten ereignete sich in der Nacht zum 29. Juli 2022, als dort mindestens 59 ukrainische Gefangene verbrannten, über 100 wurden zum Teil schwer verletzt. Die Kremlpropaganda behauptete, die Ukrainer hätten das Gefängnis mit von den USA gelieferten Mehrfachraketenwerfern vom Typ Himars bombardiert. Doch das stellte sich rasch als Lüge heraus. Satellitenbilder vom Ort der Explosion belegen, dass ein Raketeneinschlag völlig unwahrscheinlich war. Er hätte eine weitaus größere Zerstörung rund um das Haus verursacht, in das die Kriegsgefangenen gebracht worden waren. Rund um die Baracke hätte ein Krater entstehen müssen, den es aber nicht gab. Außerdem belegen Videoaufnahmen, dass die Opfer eindeutig verbrannt waren. Bei einem Raketeneinschlag wären sie aber in Stücke gerissen worden. Die Opfer waren in den Wochen vor dem Vorfall gar nicht in der betroffenen Baracke gewesen, sondern wurden erst kurz vor dem 29. Juli dorthin gebracht. Dies belegen nicht nur weitere Satellitenaufnahmen, die ebenso zeigen, dass neben der Baracke bereits vorher Gräber ausgehoben worden waren, die nach dem 29. Juli wieder zugeschüttet wurden – ein Beleg dafür, dass es sich um eine zuvor geplante Aktion handelte. Zudem war diese Baracke gar nicht für die Inhaftierung von Gefangenen vorgesehen. Es handelte sich um einen Ort, der zuvor als Abstellraum gedient hatte.

All dies waren schlüssige Indizien dafür, dass es sich um einen geplanten Massenmord handelte. Der europäische Außenpolitikbeauftragte Josep Borell machte den russischen Präsidenten Wladimir Putin persönlich für den Angriff verantwortlich und nannte die Ermordung der Gefangenen eine »schreckliche Gräueltat« und einen »barbarischen Akt«. Am Ende der zahlreichen Recherchen sprach alles dafür, dass die Explosion durch eine in der Baracke gezündete Bombe verursacht worden war – gelegt von Mitgliedern der Söldnergruppe Wagner, die die Spuren von Folterungen verwischen wollten. Und nicht nur das: Es ging auch um den Handel mit Organen getöteter Gefangener. Eine Praxis, die im Kontext der Behandlung einiger russischer Rekruten steht.

Obwohl im Rahmen des Gefangenenaustauschs zwischen der Ukraine und Russland einige Hundert Asow-Kämpfer in die Heimat zurückkehren konnten, müssen wir doch davon ausgehen, dass ebenso viele in der russischen Gefangenschaft umkamen.

Im Lauf des Sommers 2022 hatte sich zudem erwiesen, dass russische Soldaten in den eroberten Gebieten der Ukraine, von Mariupol bis Cherson, Tausende ukrainische Kinder, vor allem Waisen, aufgriffen und nach Russland transportierten, wo sie russischen Familien zur Pflege oder Adoption übergeben wurden. Es war eine gezielte Entvölkerungskampagne unter dem Deckmantel von medizinischen Rehabilitationsmaßnahmen und Adoptionsprogrammen. Nach ukrainischen Quellen sollen bis zu 14.000 ukrainische Kinder nach Russland deportiert worden sein. Kremlkenner erklärten, dass dies zu Putins Furcht vor einem zunehmend bevölkerungsschwachen russischen Reich passe. Ukrainische Kinder seien, allein schon sprachlich, leicht zu integrieren.

Die Moskauer Propaganda erklärte offiziell, die Kinder würden lediglich nach Russland gebracht, um sie vor den Kämpfen zu schützen. Und es waren nicht nur Kinder, die von solchen Deportationen betroffen waren. Im September 2022 gab es im Sicherheitsrat der Vereinten Nationen einen heftigen Schlagabtausch. Die US-Regierung beschuldigte das russische Militär, im Kriegsgebiet verhaftete Zivilisten in Deportationslager zu zwingen, um sie dann gegen ihren Willen nach Russland oder in russisch besetzte Gebiete der Ukraine zu zwingen. Es handele sich, so der Stand vom September, um bis zu 1,6 Millionen Menschen. Die UN-Delegation der Ukraine sprach sogar von bis zu 2,5 Millionen Menschen. Unabhängige Beobachter zitierten Berichte, dass es in diesen Lagern zu zahlreichen Verletzungen der Menschenrechte gekommen sei.

Verantwortlich für all das ist letzten Endes der russische Verteidigungsminister Sergej Schoigu. Schon bald nach dem russischen Einmarsch in die Ukraine begannen vor allem Menschenrechtsorganisationen aus dem Westen aufzuzählen, welche Verbrechen russische Truppen unter seiner Führung begangen hatten. Das UN-Hochkommissariat für Menschenrechte listete schon im März 2022 Angriffe russischer Truppen auf zivile Ziele wie Schulen, Kliniken und Kindergärten auf. Schoigus Ministerium konterte mit der Behauptung, dass sich die ukrainischen Truppen absichtlich in Wohngebieten verschanzten und Zivilisten als menschliche Schutzschilde benutzten.

Am 8. April 2022 wurde der mit über 4 000 Zivilisten überfüllte Bahnhof der ostukrainischen Stadt Kramatorsk mit russischen Raketen bombardiert. 57 Personen, vor allem Frauen und Kinder, wurden getötet, mehr als 300 zum Teil schwer verletzt. Die ängstlichen Menschen wollten vor dem befürchteten russischen Großangriff auf die Ostukraine Richtung Westen fliehen, wozu die ukrainischen Behörden dringend aufgerufen hatten. Schoigus Ministerium bestritt jedwede Beteiligung.

Bei der Befreiung der Region um Charkiw, der nach Kiew zweitgrößten Stadt der Ukraine, wurden bei Isjum über 400 Gräber entdeckt. Zunächst wurde angenommen, es handele sich vorwiegend um Zivilisten, die bei der Einnahme der Stadt durch russische Truppen im März 2022 ums Leben kamen. Doch als die Gräber exhumiert wurden, waren in vielen Fällen Spuren von Folter und Exekutionen sichtbar. Überdies wurden in der Region Folterkammern entdeckt, in denen Misshandlungen stattfanden. Der Menschenrechtskommissar der Ukraine, Dmytro Lubinets, sprach gar von Folterräumen, in denen die Besatzer Kinder physisch und psychisch misshandelt haben sollten.

Im Lauf des Jahres 2022 mehrten sich Berichte bestialischer Vergewaltigungen durch russische Soldaten. Einige der Untaten waren sogar filmisch aufgezeichnet worden. »Es wurden Hunderte Vergewaltigungen registriert, auch von jungen Mädchen und sehr kleinen Kindern. Sogar an einem Baby«, berichtete der ukrainische Präsident Selenskyi in einer Ansprache vor dem litauischen Parlament. Selenskyi zufolge wurde ein russischer Besatzer identifiziert, der das Baby missbrauchte. Es war der Soldat Bytschkow aus der russischen Stadt Pskow. Er hatte seinen Freunden ein Video verschickt, auf dem die Vergewaltigung aufgezeichnet war. Schon ab Mai 2022 wurden überdies Berichte publik, nach denen auch junge ukrainische Männer von den Besatzern vergewaltigt wurden.

Es wäre vermessen zu sagen, dass es in diesem mörderischen Krieg nicht auch zu Verbrechen auf ukrainischer Seite gekommen würde. Die gab es. Ende März 2022 kursierte ein Video, das zeigte, wie ukrainische Soldaten russische Kriegsgefangene erschießen. Zu sehen sind vier Menschen in Uniform, die auf der Straße liegen, einer von ihnen hat die Hände auf dem Rücken gefesselt, drei tragen weiße Armbinden, die im Ukrainekrieg von russischen Soldaten als Erkennungszeichen genutzt wurden. Die Gefangenen liegen in Blutlachen, ein einziger bewegt sich noch. »Er ist noch am Leben, filmt diesen Plünderer«, ruft ein ukrainischer Soldat. »Schaut, er lebt noch, er keucht«, so der Soldat, der nun zweimal auf den offenbar Verwundeten schießt. Als der sich noch einmal bewegt, schießt der Soldat erneut auf ihn. Nun war der Russe tot. Der Unterschied war freilich, dass solche Fälle in der Ukraine strafrechtlich verfolgt wurden. In Russland wurden all die Täter in der Regel nicht belangt, sondern gelegentlich noch mit Orden behängt.

All das geschah unter der Verantwortung von Sergej Schoigu, dessen Ansehen bei Putin nach der misslungenen Eroberung von Kiew tief gesunken war. Die blutige Eroberung von Mariupol minderte diesen Misserfolg nur etwas ab. Schon nach einigen Wochen griffen an den Kämpfen Beteiligte den Verteidigungsminister frontal an: »Ich habe keinen Grund, ihn des Verrats zu beschuldigen. Aber ich beschuldige Sergej Schoigu mindestens der kriminellen Fahrlässigkeit«, erklärte Igor Girkin, der frühere Chef der prorussischen Streitkräfte in der Ostukraine, der wegen des Abschusses eines zivilen Passagierflugzeugs vom Internationalen Gerichtshof in Den Haag zu lebenslänglicher Haft verurteilt wurde. Ein Ex-Söldner der berüchtigten Gruppe Wagner urteilte: »Moskaus Truppen waren auf den Krieg schlecht vorbereitet.« Und der von Russland eingesetzte Vizeverwaltungschef der annektierten Region Cherson riet dem Minister in einer Videobotschaft, sich das Leben zu nehmen: »In der Tat sagen viele: Wenn Sie ein Verteidigungsminister wären, der einen solchen Zustand zugelassen hätte, hätten Sie sich als Offizier selbst erschießen können.« Der britische Geheimdienst urteilte Ende August: »Die russischen Offiziere und Soldaten nehmen den Verteidigungsminister wegen seines ineffektiven und realitätsfernen Führungsstils nicht ernst.« Und der später desertierte Soldat Pawel Filatjew brachte es auf den Punkt: »Die meisten Soldaten sind unzufrieden mit dem Verteidigungsminister, der nie in der Armee gedient hat.«

In der Tat grollten Russlands Nationalisten innerhalb und außerhalb der Armee über die Situation im Sommer 2022. Der Großangriff auf Kiew war gescheitert. Die zweitgrößte Stadt des Landes, Charkiw, blieb trotz der exponierten Lage direkt an der russischen Grenze in ukrainischer Hand. Der Vorstoß auf die Hafenstadt Odessa fand nicht statt. Die gerade erst gebaute Brücke vom russischen Festland zur annektierten Halbinsel Krim war durch eine Bombe beschädigt worden. Die kontinuierliche Lieferung moderner westlicher Waffen ermöglicht es der Ukraine, weiter Widerstand zu leisten – obwohl der Nachschub aus der Sicht der ukrainischen Regierung bei Weitem nicht genügt. Dennoch gelang es der ukrainischen Armee, ihre beiden vorrangigen Hauptkriegsziele zu erreichen: zum einen Charkiw zu halten und große, von den Russen annektierte Gebiete in der Ostukraine zurückzuerobern, zum anderen das gesamte rechte Ufer des Dnjepr zu besetzen und die russische Armee auf das linke Ufer zu vertreiben. Um Schoigus Ansehen nicht völlig zu beschädigen, schob die Kremlpropaganda den frisch ernannten Oberbefehlshaber der gesamten Truppen in der Ukraine, General Sergej Surowikin, vor, der seinem Chef in einer wundervoll fingierten Korrespondenz öffentlich vorschlug: »Genosse Verteidigungsminister, es wird vorgeschlagen, auf dem linken Ufer des Flusses Dnjepr eine Verteidigungsposition zu beziehen!« Sergej Schoigu antwortete gravitätisch: »Ich teile Ihre Schlussfolgerungen.« Öffentlich ließ er verkünden: »Das Leben und die Gesundheit der Soldaten der Russischen Föderation waren immer unsere Priorität.« All das waren aber nur Vertuschungen für die bislang größte militärische Niederlage der russischen Armee im Ukrainekrieg. Dass Sergej Schoigu in dieser Lage gegenüber westlichen Regierungen Fake News verbreitete, die Ukraine bereite den Einsatz einer »schmutzigen atomaren Bombe« vor, zählt zu den Arabesken des Informationskrieges.

Es lag nahe, den Verteidigungsminister für die aus russischer Sicht verfahrene Lage zum Sündenbock zu machen. Das Menetekel der Entlassung schwebte monatelang über dem Haupt von Sergej Schoigu. Dass Wladimir Putin ihn nicht fallen ließ, war einerseits ein mittleres Kremlwunder, andererseits durchaus nachvollziehbar. Es war für Russlands Präsidenten angenehmer, seinen Duzfreund ganz allein im Regen stehen zu lassen. Ein Schoigu als Prügelknabe war für ihn allemal komfortabler, als selbst im Feuer der Kritik zu stehen. Zum anderen hatte Putin es sich ganz fest vorgenommen, in der Ukraine trotzdem einen Sieg zu erringen – komme, was da wolle. Der große Plan dafür sah vor, die träge russische Produktion nach und nach auf »Kriegswirtschaft« umzustellen. Dafür brauchte er einen erfahrenen Organisator – und der war, seit den Zeiten Jelzins, trotz alledem Sergej Schoigu. Zum anderen rief Putin am 21. September 2022 eine »Teilmobilmachung« aus. De jure, so erklärte sein Minister Schoigu in einer Mitteilung, sollten nur 300 000 Reservisten mit Kampf- und Diensterfahrung einberufen werden. De facto war alles ganz anders.

Tatsächlich war die ganze Aktion chaotisch. In russischen sozialen Netzwerken wurde geschildert, wie zahlreiche Männer ohne jegliche Kampferfahrung, Väter kinderreicher Familien, Ältere und chronisch Kranke einberufen wurden. Nichterscheinen nach einer Einberufung, so ein neues Gesetz, sollte mit zehn bis 15 Jahren Lagerhaft bestraft werden.

In Videos auf Handys, die einige frisch Einberufene trotz Verbot in die Kasernen geschmuggelt hatten, finden sich zum Teil skurrile Szenen. In der Region Jekaterinburg steht eine Frau inmitten leerer Betten, vor ihr einige Männer: »Kleidung, Schlafsäcke, all das liegt nicht vor. Ihr werdet schlafen, wo es möglich ist. Durchsucht eure Auto-Verbandskästen, holt Venenstauer heraus. Und, Männer, lacht jetzt nicht: Bittet eure Frauen und Mütter um Tampons und Damenbinden! Die Tampons helfen bei einer offenen Wunde. Die Binden braucht ihr als Einlagen in die Schuhe. Männer, ihr seid für euch selbst verantwortlich!«

Obwohl vor allem Rekruten aus den entlegenen Regionen des Riesenlandes einberufen wurden, erreichte die Teilmobilmachung nun auch die großen Städte Moskau und St. Petersburg, die bislang weitgehend verschont geblieben waren. In Moskau gab es Razzien in der U-Bahn, um Männer zu fassen, die aus ihren Wohnungen geflohen waren. Auch in Hotels suchten Sicherheitskräfte nach Einberufenen. Sofort nach Bekanntgabe der Teilmobilmachung bildeten sich an den Grenzen zu den Nachbarländern kilometerlange Staus – vor allem an den Übergängen zu Finnland, Kasachstan, Weißrussland, Georgien und der Mongolei. Flugtickets ins Ausland waren ausverkauft. Bis Ende September verließen über 260 000 Männer das Land. Allein die kasachischen Behörden zählten fast 100 000 Russen, die in ihrem Land Zuflucht suchten. Es waren nicht zuletzt viele Akademiker, Facharbeiter und andere qualifizierte Kräfte, die dem Schicksal der »Dedowtschina« entgehen wollten. Flucht aus dem »Reich der Lügen«, das allzu viele kaum trainierte junge Männer an die Front und damit in den Tod schickte.

Doch nach wie vor waren es vor allem Angehörige der ethnischen Minderheiten, die nun fast komplett eingezogen wurden. »Unter den Einberufenen sollen wenige ethnische Russen sein«, teilte ein in die Mongolei geflüchteter Burjate mit: »In der burjatischen Bevölkerung wird deshalb das, was uns gerade von der russischen Regierung angetan wird, als Trauma, ethnische Säuberung und hybrider Genozid wahrgenommen.« Und er begründete dies mit einer Erhebung, nach der auf einen gefallenen Russen statistisch 87,5 Dagestaner, 275 Burjaten und 350 Tuwiner kämen. Dies gipfelte in der hundertfach gerufenen Losung jakutischer Frauen bei einer offenen Demonstration: »Lasst unsere Kinder leben! Nein zum Genozid!«

Überdies fanden unabhängige westliche Beobachter mit Bezug auf verdeckt operierende russische Quellen heraus, dass die offiziell verkündete Zahl von 300 000 Einberufenen wohl zu niedrig war. Tatsächlich waren es wohl mindestens 600 000 Männer. Zudem gingen die Einberufungen auch nach dem offiziell verkündeten Ende im November immer noch weiter.

Wie aber erging es den frisch Einberufenen? Deren Lage war, gelinde gesagt, chaotisch. Russland hatte offenkundig nicht die Mittel, Hunderttausende von neuen Rekruten auszubilden, geschweige denn auszustatten. Es häuften sich Berichte, wie neu eingezogene Soldaten ohne großes Training sofort an die Brennpunkte der ukrainischen Front entsandt wurden. Noch während der ersten Wochen der Mobilisierung wurden auch schon die ersten Toten nach Russland zurückgebracht. Andere Rekruten waren an der Front, ohne Ausbildung und unzulänglich ausgestattet, dermaßen im Stich gelassen worden, dass sie sich, gerade frisch verwundet, weigerten, wieder an die Front zurückzukehren. Andere landeten in komplett desorganisierten Einheiten, die sich ohne Offiziere und ohne Verpflegung zurück zur russischen Grenze durchschlugen.

Zahlreiche Videoappelle im russischen Internet zeugten von Zorn und Enttäuschung. So sagte eine Mutter aus Wladimir östlich von Moskau in die Kamera, Putin und Schoigu hätten doch versprochen, nur erfahrene Soldaten würden an die Front ge-

schickt. Doch die Wirklichkeit sei völlig anders: »Unsere Soldaten sind auf den Krieg weder vorbereitet noch bewaffnet, noch
mit Essen und warmer Kleidung ausgestattet und direkt im
Kampfgebiet der Ukraine gelandet.«

Das Fazit der Teilmobilmachung, das erkannten Putin und
Schoigu, war zwiespältig. Zwar konnten an den Fronten die
größten Löcher halbwegs gestopft werden, was freilich nur mit
hohen Gefallenenzahlen erreicht wurde – doch zu größeren Ge-
genangriffen war die russische Armee zumindest vorerst nicht
in der Lage. So setzte Putin nur auf die Taktik, die General Surowikin, Oberbefehlshaber im Ukrainekrieg, bereits in Syrien eingesetzt hatte: gnadenlose Bombardierung ziviler Ziele in der
Ukraine. Überdies bezeugte der russische Präsident nunmehr
bewusst zwei Kriegsherren seine Gunst, die schon längst an den
Kämpfen in der Ukraine teilgenommen und sich bei alldem
hemmungslos bereichert hatten: dem Tschetschenenführer
Ramsan Kadyrow und dem Chef der berüchtigten Wagner-
Söldner, Jewgeni Prigoschin. Von Kritikern wurde die Hinwen-
dung Putins zu diesen berüchtigten Schergen als Misstrauensakt
gegen Schoigu verstanden. Doch aus Putins Sicht war es nichts
anderes als ein notwendiger Balanceakt der Macht, um den
wachsenden Unmut russischer Nationalisten über den Verlauf
des Krieges zu besänftigen.

So ernannte er Kadyrow im Oktober 2022 zum Generaloberst
der russischen Armee, dies ist der dritthöchste Rang der Streitkräfte. Kadyrow herrscht als »Oberhaupt« mit harter Hand über
die russische Teilrepublik Tschetschenien, gibt in ganz Europa
Morde in Auftrag, lebt in geraubtem Luxus und foltert notfalls,
etwa mit Stromschlägen, auch selbst. Obwohl seine persönliche
Leibgarde, die »Kadyrowzy«, als besonders rücksichtslos gelten,
war der generelle Beitrag seiner etwa 15 000 Kämpfer an den
Schlachten in der Ukraine eher überschaubar. Ohnedies gelten
die Kadyrow-Kämpfer in der russischen Armee als abgehoben.

»Wir schlafen auf dem Boden, sie übernachten in Hotels«, schimpfte ein Soldat.

Dafür ist Kadyrow im Krieg der Worte unschlagbar. Mal tönt er, eine Sondereinheit seiner Kämpfer werde Präsident Selenskyi finden und ermorden. Das wurde von ukrainischen Sicherheitsleuten vereitelt. Mal geißelte er öffentlich die Unfähigkeit Schoigus. Mal behauptete er, er habe drei seiner minderjährigen Söhne an die ukrainische Front entsandt – ohne einen Beweis dafür zu erbringen.

Prigoschin und seine Wagner-Truppen waren überall dort zu finden, wo es zu Plünderungen, Folter, Vergewaltigungen und Morden kam. Mit Material zumindest anfangs oft nicht bestens ausgestattet, war ihr Blutzoll hoch.

Mittlerweile hatte sich die Lage an der Front aus russischer Sicht stabilisiert, die Eroberung von Bachmut schien trotz alledem noch möglich. Die Wagner-Söldner verbluteten zwar auf den Feldern vor der Stadt, doch das setzte Schoigu in die Lage, seine besseren Verbände für die Frühjahrsoffensive aufzusparen. Die neu einberufenen Rekruten sollten nicht sofort Kanonenfutter an der Front sein, sondern erst einmal, nach halbwegs ordentlicher Ausbildung, die schon bestehenden Verbände auffüllen. So zumindest war der Plan.

Allerdings war die ersehnte Ausrüstung mit dem vermeintlichen Wunderpanzer Armata ins Stocken geraten. Die technischen Schwierigkeiten, hohe Stückzahlen herzustellen, waren immens. Denn hierfür waren auch Komponenten aus dem Westen notwendig, die natürlich nicht geliefert wurden. Das britische Verteidigungsministerium befand: »Sollte der Armata tatsächlich in der Ukraine eingesetzt werden, dann nur aus Zwecken der Propaganda.« Und Ralf Raths, Chef des Deutschen Panzermuseums, erklärte: »Der Armata ist bislang nur vor den Fernsehkameras hin und her gerollt. Wladimir Putins Superpanzer könnte eine Luftnummer sein.«

Überdies machte sich Schoigu, nach Rücksprache mit Putin, daran, eine eigene Söldnertruppe, ganz bewusst in Konkurrenz zur Gruppe Wagner, aufzubauen. Sie hieß »Patriot« und zahlte ihren Männern erheblich mehr Sold als Prigoschin seinen Leuten. Nach Einschätzung der amerikanischen Jamestown Foundation erhalten Schoigus Kämpfer Monatsgehälter zwischen 6 000 und 15 000 Dollar. Ukrainische Truppen sichteten zu Beginn des Jahres 2023 an der Front im Osten ihres Landes Patriot-Soldaten: »Insbesondere (…) an der Wuhledar-Front haben wir festgestellt, dass neben Wagner-PMC (Private Military Combat, deutsch: Privates Militärunternehmen) auch Patriot-PMC gesichtet wurden. Offensichtlich ziehen sie alle Kampffähigkeiten hoch, um zumindest einige Ergebnisse erzielen zu können«, berichtete der Sprecher der ukrainischen Regierung.

Dass sich die russische Elite in ihrer eigenen Hauptstadt offenkundig nicht mehr sicher fühlte, zeigt eine demonstrative Aktion. Wie an einigen anderen Plätzen in Moskau wurde auf dem Dach von Schoigus Verteidigungsministerium, gegenüber dem viel besungenen Gorki-Park, ein zur Abwehr von Drohnen und Raketen geeignetes Geschütz vom Typ Panzir S1 installiert: Flugabwehrbatterien, die auch der Bevölkerung suggerieren sollen, dass der Krieg noch lange dauern kann. Überdies wurden in den Wäldern rund um Moskau Flugabwehrsysteme vom Typ S 400 aufgebaut. Aus dem Unterstützerteam des inhaftierten Regimekritikers Alexej Nawalny hieß es dazu: »Moskau bereitet sich auf Kampfhandlungen vor.«

Während all der Vorarbeiten für eine neue Offensive kam erneutes Störfeuer für Schoigu – diesmal aus der eigenen Familie. Seine Tochter Ksenia, die dank der Aufträge aus dem Verteidigungsministerium ein luxuriöses Jetset-Leben führte, postete um die Jahreswende für ihre 190 000 Follower Bilder von sich aus dem türkis glitzernden Pool eines Fünfsternehotels in Dubai. Viele Russen ließen ihrem Zorn freien Lauf. Einige kontrastierten die sonnigen Fotos aus Dubai mit Bildern von erfrorenen russischen Rekruten an den Fronten in der Ukraine. Schoigu selbst zwang seine Tochter, ihre Fotos nicht mehr zugänglich zu machen.

Mitten in den Kämpfen um die Stadt Bachmut machte ein Ukas von General Gerassimow die Runde, der als Nachfolger von Surowikin nun zuallererst die Disziplin in der Armee erhöhen wollte. Es ging ihm nicht darum, dass die Soldaten Plünderungen oder Vergewaltigungen unterlassen sollten, sondern um eine militärische Primärtugend: Die russischen Soldaten sollten künftig ordentlich rasiert, frisiert und anständig gekleidet in den Kampf ziehen. Vor allem sollten sie nicht mehr private Drohnen oder Handys nutzen. Letzteres zumindest war schon sinnvoll. Denn durch die gedankenlose Nutzung mobiler Telefone verrieten russische Soldaten öfter ihre Standpunkte an Ukrainer, deren Artillerie das ausnutzte.

So war es denn vor allem der Barterlass, der die Kritiker auf den Plan rief. Prigoschin maulte, das Bartverbot erinnere ihn an »die spießigen Sechzigerjahre«. Das sei einer der schwerwiegenden Gründe, warum die »Qualität der Kampfhandlungen« leide. Die Regeln seien »lächerlich«, Rasieren an der Front sei »Luxus«. Im Schützengraben müssten sich die meisten seiner Kämpfer gerade mal mit einer Flasche Wasser zum Reinigen begnügen, zudem gebe es unter ihnen viele Muslime, für die der Bart ein »Statussymbol« sei. Dies galt auch für Tschetscheniens vollbärtigen Kriegsherrn Ramsan Kadyrow, der die russische Armeeführung prompt als ignorant beschimpfte. Ein Netz-Kommentator mit 600 000 Followern warnte ob der neuen Anordnungen vor einer Demoralisierung in den eigenen Reihen, wenn private Handys oder Drohnen nicht mehr verwendet werden dürften. Es sei ja kein Geheimnis, dass sich russische Soldaten ihre Ausrüstung zum Teil selbst besorgen müssten. Viele hätten sich dafür sogar verschuldet. Die Uniformen aus Lagerbeständen, so der Blogger, seien minderwertig. Der aus eigenen Mitteln zu deckende Bedarf beginne bei Funktionsunterwäsche und reiche bis zu gefechtstauglichen Nachtsichtgeräten und schusssicheren Westen.

All das war für das tatsächliche Geschehen auf dem Schlachtfeld nur ein Nebengeräusch. Nach einem Jahr Krieg in der Ukraine war Zeit für eine Zwischenbilanz: Schoigu hatte einen überambitionierten und unzureichend vorbereiteten Angriffskrieg organisiert, der nicht gewonnen werden konnte. Die russische Armee hatte das gesamte Land attackiert, sie hatte keine echten Schwerpunkte gesetzt und konnte deshalb einige der zunächst eingenommenen Gebiete nicht halten. Die ukrainische Armee hatte standgehalten, die beiden größten Städte, Kiew und Charkiw, waren nicht erobert worden, und im Spätsommer 2022 konnte eine eindrucksvolle Gegenoffensive im Süden die Russen über den Dnipro zurückdrängen und im Osten ganze Landstriche zurückerobern – dank westlicher Waffen, vor allem der Mehrfachraketenwerfer. Seitdem war die Frontlinie fast statisch, nur um Soledar und Bachmut wurde erbittert gekämpft. Westliche Beobachter schätzten, dass die Russen in dem einen Jahr Ukrainekrieg bis zu 1 000 Kampfpanzer verloren hatten, eine ungeheuerliche Zahl.

Die halbe Million frische russische Rekruten, im Herbst mobilisiert und halbwegs ausgebildet, waren alles andere als professionelle Kämpfer. Es war die schiere Masse, mit der Schoigu und Gerassimow ihrem Chef nun endlich die ersehnten Erfolge schenken wollten. Die Taktik war genau dieselbe, die schon die Sowjetunion im Zweiten Weltkrieg angewendet hatte: Soldaten so lange an die Front zu werfen, bis im besten Fall die Linien irgendwann durchbrochen sind. Für die Ukraine ging es nun darum, standzuhalten, bis spätestens im Mai die Lieferung moderner westlicher Waffen die erhoffte Wende bringen sollte.

Am Jahrestag der Invasion war offenbar, dass die russische Armee drei Wochen nach Beginn der Angriffe kaum Fortschritte machte. Michel Kofman, Experte für das russische Militär beim amerikanischen Center for Naval Analysis, befand: »Die schlechte Qualität der Kräfte, der Verlust vieler niedriger Offiziere und Einschränkungen bei Munition und Ausrüstung limitieren das offensive Potenzial der Russen.« Anstatt sich auf einen einzigen Frontabschnitt zu konzentrieren und nur dort mit allen Kräften durchzustoßen, leisten sich, so Kofman, die russischen Angreifer fünf bis sechs unterschiedlich postierte Angriffsachsen. Wie schon zu Beginn des Krieges drohe Russland sich also erneut zu verzetteln. An all diesen Frontabschnitten gelängen den Russen nur kleinere taktische Landgewinne – unter enorm hohen Verlusten an Menschen und an Material. Die Londoner »Times« berichtete unter Berufung auf Geheimdienstquellen der NATO, dass Russland teils 100 Meter Landgewinn mit dem Tod von 2 000 Soldaten bezahlt. So bezahlten Hunderte Marineinfanteristen der 155. Brigade, ein absoluter Eliteverband, einen mutwilligen Angriff mit dem Leben.

Und vor allem war Schoigus Armee, die vorwiegend analog kämpfte, nicht in der Lage, sich der digitalen Gefechtsführungssoftware zu entziehen, die die Ukraine nutzte. Entwickelt von der US-Firma Palantir, waren ukrainische Verbände damit in der Lage, nicht nur Dutzende, sondern sogar Hunderte von feindlichen Zielen auf einen Schlag zu entdecken und auszuschalten. Das war ein entscheidender Faktor im Kampf David gegen Goliath.

Doch wie gesagt: Dies war der Stand vom 24. Februar 2023, dem Jahrestag des Überfalls. In den Monaten danach nutzte Schoigu immerhin die Chance, die russischen Linien vor dem anstehenden ukrainischen Angriff zu befestigen. Und er versetzte seinem alten Intimfeind Prigoschin den Schlag, zu dessen Widerwillen alle Wagnertruppen in der Ukraine der Militärführung unterstellen zu wollen. Alle anderen Privatarmeen freilich auch, wie die Gruppe »Achmat« des Tschetschenenführers

Kadyrow. Sollte es wirklich sein, dass Schoigu und Gerassimow nichts aus den Fehlern des vergangenen Jahres gelernt haben? Der abgesetzte Surowikin hatte eigentlich geplant, bis in den späten Frühling 2023 eine eher defensive Strategie zu wählen, um die eigenen Kräfte aufzubauen und im Sommer dann geballt vorzustoßen und den ganzen Donbass einzunehmen. Doch Surowikin war inzwischen kaltgestellt.

Allerdings war die Zeit auf die Dauer mit Schoigu im Bunde. Das allmähliche Erlahmen der westlichen Waffenlieferungen an die Ukraine geschah im gleichen Zeitraum wie das Erstarken der russischen Kriegswirtschaft. Und das war auch ein Grund dafür, daß Putin letztlich an Schoigu festhielt: der Despot brauchte einen durchsetzungsfähigen Organisator. Und das war der Mann aus Tula, trotz aller seiner Schwächen.

Der Finanzier

Im Moskauer Kreml ging es zu wie in einem Taubenschlag. Mai 1999: Vollkommen unerwartet hatte der russische Präsident Boris Jelzin seinen Ministerpräsidenten Jewgeni Primakow entlassen und ihn durch den bisherigen Innenminister Sergej Stepaschin ersetzt. Nun tummelten sich auf den Gängen des Verwaltungsgebäudes der Präsidialadministration mögliche Kandidaten für die neue Regierung, zu ihnen gesellten sich hohe Beamte und Journalisten. Auch Alexej Wenediktow, Chefredakteur des unabhängigen Radiosenders »Echo Moskwy« (Echo Moskaus), hatte sich ins Machtzentrum Russlands aufgemacht. Er hoffte, zumindest gerüchteweise in Erfahrung zu bringen, welche Politiker für welche Posten im Gespräch sein könnten.

Auf der dritten Etage kam er kurz mit einem Mittdreißiger ins Gespräch, den er noch nie zuvor gesehen hatte. Dieser wirkte auf ihn eher schüchtern und zurückhaltend, seinen Fragen wich er aus. So überraschend der Mann aufgetaucht war, so schnell war er auch schon wieder verschwunden. Wenediktow lief weiter durch die Gänge des Verwaltungsgebäudes. Als er wenig später dann einige der Ministerkandidaten traf und sie zu ihren Gesprächen befragte, erlebte er eine Überraschung: »Dann erkundigte ich mich, mit wem sie reden sollten, und sie erwiderten, unter anderem mit Roman Abramowitsch. ›Wie sieht er aus?‹, fragte ich. Als sie ihn beschrieben hatten, begriff ich, dass es sich um den jungen Mann handelte, dem ich auf einem der Kremlkorridore begegnet war.«

Die Tatsache, dass einer der profiliertesten politischen Journalisten Russlands einen Mann nicht kannte, der unverkennbar zum innersten Zirkel der Macht gehörte und sogar in die Gespräche zur Regierungsbildung einbezogen war, war durchaus bemerkenswert. Offenbar zog da jemand hinter den Kulissen die Fäden, der keinen Wert auf Öffentlichkeit legte. Niemand wusste damals etwas Genaueres über Abramowitsch, es existierte von ihm noch nicht einmal ein offizielles Foto – obwohl er es zu dieser Zeit mit seinen Geschäften bereits zum Dollarmilliardär gebracht hatte. Umgehend setzte eine russische Zeitung ein Kopfgeld von einer Million Rubel auf ihn aus (damals etwa 55 000 DM), um eine Aufnahme von dem medienscheuen Magnaten zu ergattern. Der verschwommene Schnappschuss, der einem Fotografen geglückt war, wurde dann monatelang von der russischen Presse abgedruckt, ehe Abramowitsch schließlich von sich aus an die Öffentlichkeit ging.

Als Wenediktow Abramowitsch einige Zeit später auf ihre erste Begegnung im Kreml ansprach, wiegelte der ab und beharrte darauf, lediglich Geschäftsmann zu sein und an Politik kein Interesse zu haben. An der Regierungsbildung beteiligt gewesen zu sein stritt er sogar rundheraus ab. »Ich entgegnete«, so Wenediktow, »dass ich an jenem Tag im Kreml gewesen sei und es mit eigenen Augen gesehen hätte. ›Oh‹, sagte er lachend, ›das waren nur freundschaftliche Plaudereien.‹ Freundschaftliche Plaudereien im Kreml?« Das war in der Tat wenig plausibel. Den richtigen Riecher bewies ein Unbekannter, der einige Wochen später eine riesige Werbetafel am Kutusow-Prospekt mietete, einer der Haupteinfallstraßen in die Moskauer City: Zu sehen war ein Foto Abramowitschs, dazu eine paar Geldstücke und die Aufschrift: »Roma denkt an die Familie. Die Familie denkt an Roma. Glückwunsch! PS: Roma hat einen klasse Platz gewählt.«

Roma – das war der Kosename von Abramowitsch, und bei der Familie handelte es sich um das Küchenkabinett Jelzins, in Russland allgemein »Semja« – »die Familie« – genannt.

Abramowitsch war damals aber ganz sicher nicht nur der Grüßaugust des Präsidenten. Er verfolgte durchaus eigene politische Interessen. Das Kabinett Stepaschins trug deutlich die Handschrift Abramowitschs und seines Geschäftspartners Boris Beresowski, des Oligarchen, der ihn in die jelzinsche »Familie« eingeführt hatte. Wichtige Personalentscheidungen waren gegen den ausdrücklichen Willen des neuen Premiers durchgedrückt worden, bemerkten politische Beobachter. Als Stepaschin sich weiter widerspenstig zeigte, sägten die beiden Männer schon wenige Tage nach seinem Amtsantritt wieder an dessen Stuhl. Mitte Juni 1999 stand in der Tageszeitung Kommersant zu lesen: »Einem hochgestellten Kremlbeamten zufolge sagte Abramowitsch, Stepaschin sei schlimmer als Primakow.« Anfang August ging das Ränkespiel weiter: Stepaschin musste nach nicht einmal drei Monaten im Amt schon wieder seinen Platz räumen – für einen Mann, den man einerseits für schwach genug hielt, um ihn für die eigenen Interessen einspannen zu können, andererseits aber für stark genug, um für die Jelzin-»Familie« das Ruder vor den im Dezember 1999 bevorstehenden Parlamentswahlen noch herumzureißen: Wladimir Putin.

Zweifelsohne hatte Abramowitsch entscheidenden Anteil daran, dass Putin damals als Ministerpräsident installiert wurde, ein Amt, das von Anfang an nur als Durchgangsstation auf dem Weg zum Präsidentenamt gedacht war. Und dennoch waren viele Menschen im Westen überrascht, als nach dem Beginn des russischen Angriffskrieges gegen die Ukraine im Februar 2022 ausgerechnet Roman Abramowitsch als persönlicher Beauftragter Putins zu Verhandlungen in die Türkei reiste. Wieder einmal hatte Abramowitsch alle getäuscht, diesmal freilich vor aller Augen. Fast 20 Jahre lang gab er den Oligarchen, wie er im Buche steht: ein smarter Lebemann, der sich einen Premier-League-Klub zulegte und Beziehungen in die britische Upperclass pflegte. Der Häuser überall dort besaß, wo es schön und teuer ist, und auf Luxusjachten oder im eigenen Privatjet um den Globus reiste. Der sich mit schönen Frauen umgab und Kunstwerke zu Höchstpreisen kaufte.

Laut dem Magazin »Forbes« schaffte er es zwar nie in die Top Ten der »World's Billionaires«, war aber nahe dran – und lange Jahre der reichste Russe. Da er als Jude zudem Anspruch auf einen israelischen Pass hatte und als vorgeblicher Nachfahre von Juden, die im 15. Jahrhundert aus Portugal vertrieben wurden, auch die portugiesische Staatsbürgerschaft besitzt, gilt er ebenso als reichster Einwohner dieser beiden Staaten. Dass er – anders als sein Mentor und langjähriger Geschäftspartner Boris Beresowski – niemals mit dem Mann im Kreml gebrochen hat, ging dabei fast unter. Bis heute ranken sich viele Gerüchte um das Verhältnis dieser beiden Männer. Was ist Wahrheit, was Legende? War Abramowitsch nur Putins »Kassenwart«, oder ging das Verhältnis weiter? Wie entstand die Verbindung von Ölmagnat und Kremlherrscher, und was verbindet sie bis heute?

Dass er einmal einer der vermögendsten Menschen der Welt sein würde, war Roman Abramowitsch nicht an der Wiege gesungen worden. Geboren wurde er 1966 in Saratow an der mittleren Wolga. Seine Mutter Irina stammte von dort, doch die Familie lebte mehr als 1000 Kilometer nördlich in der Stadt Syktywkar. Hier, in der Hauptstadt der »Republik Komi«, einer dünn besiedelten Taiga- und Tundraregion im hohen Norden Russlands, in der die Winter lang und dunkel sind und oft monatelang Temperaturen unter null Grad herrschen, hatte Vater Arkadi Arbeit in der Verwaltung eines Baubetriebs gefunden. Doch das Glück der kleinen Familie währte nicht lange: Romans Mutter wurde schon bald nach seiner Geburt wieder schwanger und entschied sich für eine heimliche Abtreibung. Bei dem Eingriff zog sie sich eine Blutvergiftung zu, an deren Folgen sie mit nur 28 Jahren starb – ihr Sohn war damals erst anderthalb. Keine zwei Jahre später schlug das Schicksal erneut erbarmungslos zu. Als Romans Vater Arkadi im Rahmen seiner beruflichen Tätigkeit eine Baustelle besuchte, kam es zu einem Unfall mit einem Kran, ein herabstürzender Träger zerschmetterte ihm die Beine. Auch hier gab es Komplikationen, die Ärzte kämpften um sein Leben – doch sie konnten ihn nicht retten. Der kleine Roman war mit nicht einmal vier Jahren Vollwaise.

Immerhin blieb ihm das bittere Leben in einem sowjetischen Waisenhaus erspart. Sein Onkel Leib – der Bruder seines Vaters – und dessen Frau Ludmilla nahmen ihn auf. Sie lebten mit ihren beiden Töchtern in Uchta, einer Siedlung noch etwas weiter nördlich als Syktywkar gelegen, die in den 1930er- und 1940er-Jahren maßgeblich von Gulag-Häftlingen mitaufgebaut worden war. Die Wohnverhältnisse der Uchtaer Abramowitschs waren beengt: Sie lebten in einem der in die Landschaft gesetzten Wohnblocks und hatten eigentlich keinen Platz für ein fünftes Familienmitglied – doch für den einzigen männlichen Erben der Sippe räumten Onkel und Tante ihr kleines Schlafzimmer und schliefen fortan auf dem Sofa im Wohnzimmer.

Die frühen Schicksalsschläge schienen keinen Schatten auf das Gemüt des jungen Roman Abramowitsch gelegt zu haben. Bekannte von damals aus Uchta erinnern sich an einen freundlichen und aufgeschlossenen Jungen mit einem gewinnenden Lächeln, dem es leichtfiel, Freunde zu finden. Entscheidend für das Leben geprägt wurde Roman offenbar von seinem Onkel. Leib Abramowitsch war Einkaufsleiter eines großen staatlichen Holzbetriebs und machte das, was im Sozialismus offiziell streng verboten war: private Geschäfte. Waren, die an seinen Betrieb geliefert worden waren, verschwanden aus den Büchern und wurden vom Onkel mit jeder Menge Chuzpe und hohem Gewinn auf dem Schwarzmarkt weiterverkauft oder gegen schwer zu beschaffende »Köstlichkeiten« eingetauscht. Abgesehen von ihrer zu kleinen Wohnung ging es den Abramowitschs deshalb nicht schlecht. Auch Roman bekam die Annehmlichkeiten der gut florierenden Schattenwirtschaft zu spüren: Er soll einer der ersten Jugendlichen in Uchta gewesen sein, der mit einem Kassettenrekorder aus westlicher Produktion protzen konnte. Eine Lektion fürs Leben.

Dass Roman Abramowitsch einige Jahre später als Teenager dennoch Uchta verlässt und nach Moskau zieht, lag wohl daran, dass seine Verwandten ihm zu einer besseren Ausbildung verhelfen wollten, als es im hohen Norden möglich gewesen wäre. In der Hauptstadt lebte er bei seiner Großmutter, die Rolle des Vormunds übernahm ein weiterer Onkel, Abram. Auch er förderte seinen Neffen nach Kräften, wobei Roman keinesfalls ein Überflieger, sondern eher ein Durchschnittsschüler war. Doch er machte mit viel Fleiß wett, was ihm an Begabung fehlte. Außerdem sei er mit einer gewissen praktischen Intelligenz gesegnet gewesen. So habe er sich – wenn er einmal seine Hausaufgaben vergessen hatte – bei den Lehrern meist irgendwie herausreden können.

Über Abramowitschs Lebensweg nach seinem Schulabschluss 1983 gibt es unterschiedliche Versionen. Offiziellen Angaben zufolge studiert er Ingenieurswissenschaft am renommierten Moskauer Gubkin-Institut für Öl und Gas. Doch ein Sprecher des Instituts erklärte vor einigen Jahren, Abramowitsch hätte nie einen Fuß in die Bildungsstätte gesetzt. Tatsächlich ging Abramowitsch offenbar zunächst zurück nach Uchta, wo er sich am Industrieinstitut für Forstwirtschaft einschrieb. Schon ein Jahr später kam der Wehrdienst dazwischen, den er bis 1986 in der Nähe Moskaus in einem Artillerieregiment ableistete. Gerüchten zufolge eiferte er in dieser Zeit erstmals seinem Onkel Leib nach. Als seine Einheit ein Waldstück roden musste, habe er das Holz gewinnbringend an die Bauern der Umgebung als Brennmaterial verkauft.

Zurückgekehrt ins Zivilleben, ging es für ihn offenbar nicht wieder an die Hochschule, sondern in die sozialistische Produktion: Von 1987 bis 1989 soll er als Mechaniker bei einem Bauunternehmen namens »Mosspezmontasch« – was sich bei der russischen Vorliebe für Silbenkurzwörter leicht als »Moskauer Spezialmontagen« dechiffrieren lässt – beschäftigt gewesen sein. Dass sich Abramowitsch aber tatsächlich mit dem Schraubenschlüssel und Schweißerbrille in die Reihen der sowjetischen Werktätigen eingereiht hat, ist zu bezweifeln. Wenn überhaupt, dann dürfte er die Stelle höchstens pro forma innegehabt haben, um nach offiziellem Sprachgebrauch nicht als »asozial« zu gelten. Seinen Lebensunterhalt soll er sich vor allem damit verdient haben, Luxuswaren, die es in der Provinz nicht gab, von Moskau nach Uchta zu bringen und sie dort an den Mann oder die Frau zu bringen.

Inzwischen hatte sich der Wind in der Sowjetunion gedreht. Unter dem seit 1985 amtierenden KPdSU-Generalsekretär Michail Gorbatschow war privates Unternehmertum im kleinen Maßstab wieder erlaubt worden, um der allgemeinen Unzufriedenheit der Bevölkerung ob der mangelhaften Versorgungslage abzuhelfen. Der Legende nach sprang auch Abramowitsch auf den anrollenden Businesszug auf und gründete 1989 seine erste Firma »Ujut« – auf Deutsch »Gemütlichkeit« –, die Spielzeug wie Puppen oder Bälle herstellte. Geschäftspartner aus dieser Zeit wie Jewgeni Schwidler begleiten ihn bis heute. »Ujut« sollte beileibe nicht Abramowitschs einzige Unternehmung bleiben. Auch in den Bereichen Reifenhandel oder Sicherheitsdienste soll er in den frühen Neunzigern des letzten Jahrhunderts aktiv geworden sein – insgesamt gebot er damals über bis zu 20 Firmen.

Doch mit Gummimienten und Altreifen wird niemand innerhalb weniger Jahre zum Dollarmilliardär – dafür bedurfte es Geschäfte größeren Maßstabs. Und die konnten nach Lage der Dinge nur mit Bodenschätzen gemacht werden. Zu Sowjetzeiten hatte der Staat das Geschäft mit Öl oder Gas kontrolliert, doch spätestens nach dem niedergeschlagenen Augustputsch 1991 und der Auflösung der UdSSR Ende desselben Jahres waren die Dinge im Fluss. Die sozialistische Planwirtschaft wich einem wilden, nahezu ungezügelten Kapitalismus. Wer schnell und mutig genug war, konnte nun das Geschäft seines Lebens machen. Vor allem der Einstieg in den Ölexport bot riesige Chancen, war das schwarze Gold doch in großen Mengen verfügbar, im Gegensatz zu Gas relativ einfach zu transportieren und im Westen hochbegehrt. Wer damals eine Ölhandelslizenz ergatterte, hielt damit schon fast den Schlüssel zur Gelddruckerei in Händen.

Ob am Anfang von Roman Abramowitschs Karriere im Rohstoffgeschäft 1992 tatsächlich ein verschobener Zug mit Dieselöl stand, der nie an seinem Zielort ankam, wie verschiedentlich kolportiert wurde, mag dahingestellt bleiben. Das entsprechende Verfahren wurde jedenfalls eingestellt. Verbürgt ist jedoch, dass er 1993 mit der in der Schweiz registrierten Firma »Runicom S.A.« gemeinsam mit seinem Freund Jewgeni Schwidler im großen Stil ins Ölgeschäft einstieg.

In diesen Jahren machte er eine Bekanntschaft, die ihn schließlich in die erste Reihe der Oligarchen katapultieren sollte. Es handelte sich um Boris Beresowski, 20 Jahre älter als Abramowitsch, der seine ersten Millionen im Autohandel gemacht hatte und nun ebenfalls vom Erdölboom profitieren wollte. Die Chance auf den ganz großen Coup ergab sich 1995. Russland befand sich zu dieser Zeit in einer schweren Finanzkrise. Der bisherige Verlauf der wirtschaftlichen Umwälzungen in Russland hatte sehr wenige sehr reich und sehr viele sehr arm gemacht. Der Staat war nahezu pleite und lief Gefahr, keine Löhne und Renten mehr zahlen zu können.

In dieser Situation schlug ein Konsortium von Banken und Kapitalgebern dem klammen Staat einen Deal vor, der später als

»Kredite für Aktien«-Programm bekannt wurde. Demnach sollte die Regierung einen Kredit von 9,1 Billionen Rubel (ca. 1,8 Milliarden Dollar) erhalten und den Geldgebern im Gegenzug Anteile an Staatsunternehmen abtreten. Nach Ablauf eines Jahres hatte der Staat das Recht, die Anteile zurückzukaufen. Sollte er dazu jedoch nicht in der Lage sein – und davon war auszugehen –, würden die Anteile endgültig an die Kreditgeber übergehen. Um sein kurzfristiges Überleben zu sichern – 1996 standen Präsidentschaftswahlen an, und man befürchtete eine Renaissance der alten kommunistischen Garde –, ging Jelzin auf das Angebot ein. Es war für die Oligarchen wohl der größte Reibach der Geschichte. Nicht wenige an dem Programm beteiligte Manager strichen auf diese Weise einen erheblichen Anteil des Kuchens für sich selbst ein. Wladimir Potanin, der Erfinder von »Kredite für Aktien«, sicherte sich für einen Spottpreis die Aktienmehrheit des Unternehmens »Norilsk Nickel«, was ihn ebenfalls in die Liste der »World's Billionaires« katapultierte.

Beresowski hatte ein Auge auf die staatliche Ölfördergesellschaft »Nojabrskneftgas« geworfen, die er mit der ebenfalls noch staatlichen Omsker Raffinerie – der größten in Russland – in einer Holding zusammenfassen wollte. Abramowitsch hatte als Ölhändler mit der Raffinerie zu tun gehabt und wusste um ihre hohe Rentabilität. Im September 1995 billigte Jelzin den Deal und unterzeichnete den Erlass zur Bildung von »Sibneft«, zu der zusätzlich noch eine Ölerkundungs- und eine Ölhandelsfirma gehören sollten. Die Versteigerung des 51-prozentigen Aktienpakets lief dann wie in allen anderen Fällen so ab, dass die vom Kreml gewünschten Bieter den Zuschlag bekamen, und zwar mit einer Summe, die nur knapp über dem Mindestgebot lag. Im Falle von Sibneft waren 100 Millionen Dollar angesetzt, für 100,3 Millionen erfolgte der Zuschlag. Keiner der beiden Männer hatte so viel Geld auf der hohen Kante – sie borgten es sich bei verschiedenen Banken, im sicheren Wissen, dass der Wert des Unternehmens sich schon bald vervielfachen würde. Da ließen sich auch die allfälligen Bestechungsgelder für die genehmigenden Beamten verschmerzen.

In den Jahren 1996 und 1997 gelang es Beresowski und Abramowitsch, sich auch den Rest der Aktien zu sichern, wobei die »Auktionen« reine Spiegelfechterei darstellten, da letztlich nur Firmen mitboten, die direkt oder indirekt von den beiden kontrolliert wurden. Am Ende hatten sie für 200 Millionen Dollar ein Unternehmen erworben, das schon sechs Jahre später mit 15 Milliarden Dollar bewertet wurde.

Beresowski war zu jener Zeit der Oligarch mit den engsten Kontakten in den Kreml. Durchaus weitsichtig hatte er begriffen, dass der zumindest aus moralischer Sicht fragwürdig erworbene neue Reichtum politisch abgesichert werden musste. Wie die Zukunft zeigen sollte, war der Weg vom Milliardär zum Lagerhäftling manchmal sehr kurz. Neben seiner Beteiligung beim russischen Fernsehen hatte Beresowski auch in die populäre Wochenzeitschrift »Ogonjok« investiert. Dort zog zu dieser Zeit Walentin Jumaschew die Fäden, zuerst als stellvertretender Chefredakteur, dann als Herausgeber. In den späten Sowjetjahren war er einer der journalistischen Hauptunterstützer der gorbatschowschen Perestroika gewesen. Im neuen Russland pflegte er dann beste Verbindungen zu Boris Jelzin, dessen 1994 erschienene Memoiren »Auf Messers Schneide« er als Ghostwriter verfasst hatte. Beresowskis Eintrittskarte in den engsten Kreis um den Präsidenten soll die Tatsache gewesen sein, dass er eine Million Exemplare des Buches als Prachtausgabe drucken ließ, wobei Jelzin auch finanziell profitierte.

Einmal in die »Familie« aufgenommen, erkannte Beresowski rasch, dass er das Ohr des Präsidenten am einfachsten über dessen jüngere Tochter Tatjana, meist nur bei ihrem Kosenamen Tanja genannt, erreichen konnte. Auch Tanjas Gewogenheit soll sich der Oligarch vor allem mit geldwerten Geschenken erkauft haben – die Angaben dazu variieren vom einfachen Lada Niva bis hin zur Villa in den bayerischen Bergen. Tanja war die einzige Person, die zu dieser Zeit – Jelzin war bereits schwer krank und hatte einen Herzinfarkt erlitten – unbeschränkten Zugang zum Präsidenten hatte und auf deren Rat er uneingeschränkt hörte. Im Vorfeld des Präsidentschaftswahlkampfs 1996 bezog Tanja sogar ein Büro im Kreml und war fortan bei allen Sitzungen mit Jelzin dabei, ohne dass sie über ein formelles Amt verfügt hätte. Nach Jelzins Wiederwahl, die auch die »Kredite für Aktien«-Deals der Oligarchen absicherte, ernannte er sie dann zu seiner »Imageberaterin«. Ihre neue Stellung brachte ihr den Spitznamen »Zarewna« (Zarentochter) ein – und Beresowski spielte die Rolle des Rasputin hinter den Kulissen, der über Tanja Einfluss auf die Politik des Präsidenten nahm.

Als Geschäftspartner und Freund Beresowskis wurde auch Abramowitsch in die Kreise der »Familie« aufgenommen. Auch er bemühte sich um die Gunst von Tanja – so auffällig, dass in der Administration schon bald Gerüchte über eine Affäre der beiden aufkamen. Tatsächlich ging Tanjas Ehe – es war die zweite – schon bald in die Brüche. Doch sie verließ ihren Ehemann Leonid Djatschenko nicht für Abramowitsch, sondern für »Walja«, Walentin Jumaschew, der nach der Wiederwahl Jelzins 1996 ebenfalls einen offiziellen Posten als Präsidentenberater im Kreml erhielt. Tanja und Walja, die zu dieser Zeit noch kein Paar waren, sondern nur auf einer professionellen Ebene im Kreml zusammenarbeiteten, fanden den Umgang mit dem höflichen und geschmeidigen Abramowitsch wesentlich angenehmer als mit Beresowski, der seine Anliegen schon einmal mit einer gewissen Aufdringlichkeit und Penetranz zu erreichen suchte. Abramowitsch schaffte es so, das Vertrauen des innersten Zirkels zu gewinnen. Bald wurde ihm die Verwaltung der Finanzen anvertraut, was ihm den Spitznamen »Kassenwart« einbrachte.

Während es Beresowski zunehmend in die Politik drängte und er ab 1996 verschiedene öffentliche Ämter bekleidete, hielt sich Abramowitsch weiter im Hintergrund und konzentrierte sich auf seine Tätigkeit bei Sibneft. Er hatte den Ehrgeiz, das Unternehmen so umzubauen, dass es internationalen Standards entsprach. Dubiose Aktienverkäufe und spätere Rückkäufe samt Einstreichen von Dividenden in Millionenhöhe machten diese Bemühungen wieder zunichte, noch dazu, da das Unternehmen sich weigerte, irgendwelche Auskünfte zu den Nutznießern der fragwürdigen Deals zu erteilen. Ein US-Wertpapieranalyst kommentierte: »In einem kritischen, kürzlich erschienenen Artikel haben wir Sibneft als ›ehemalige Banditen‹ bezeichnet. Wir meinen, dass eine Korrektur fällig ist. Der Begriff ›ehemalig‹ ist nun ernsthaft in Zweifel zu ziehen.«

Wie anfangs erwähnt, gelang es Abramowitsch, seine einflussreiche Rolle im Kreml lange vor der Öffentlichkeit geheim zu halten. Noch 1998, so berichtete die Journalistin Jelena Tregubowa, hatte ihn niemand von der Presse auf dem Zettel. Damals habe sie Personen, die sich im Dunstkreis Jelzins bewegten, unter die Lupe nehmen wollen und zu diesem Zweck mit dessen Pressesprecher Sergej Jastrschembski – der schon bald darauf seinen Posten verlieren sollte – ein Hintergrundgespräch geführt. Dass das Gespräch in dessen Büro im Kreml stattfand, verleiht dem Folgenden eine besondere Note. Zunächst habe Jastrschembski flüsternd den Namen Beresowski genannt, dann jedoch einen Zettel aus der Tasche gezogen und »Abramowitsch« darauf geschrieben. Tregubowa war verwirrt. Da sie den Namen nicht kannte, dachte sie, dass Jastrschembski wiederum Beresowski meinte, dessen in Russland bei der Anrede gebräuchlicher Vatersname Abramowitsch lautete. Der Pressesprecher habe verneint und wiederum geflüstert, es handele sich um einen »jungen Mann«. Und weiter: »Er hat einen großen Nachteil: Ihm fehlt jegliche persönliche Meinung. Ein typischer Bürokrat. Er kommt regelmäßig mit Leuten zusammen, lässt sie Platz nehmen, erkundigt sich nach ihren Meinungen und Vorschlägen, ihrer Interpretation der Ereignisse, aber er gibt seine eigene Ansicht nie preis. Der Grund ist, dass er keine hat. Hinter ihm stehen Leute, die alle Entscheidungen treffen.« Zu ihrem großen Erstaunen habe Jastrschembski dann sogar »Nr. 1« neben Abramowitschs Namen geschrieben und Beresowski, den man allgemein für den Strippenzieher im Kreml hielt, auf Platz zwei gesetzt.

Nach der Installierung Wladimir Putins als russischer Ministerpräsident im August 1999 erwies sich der »Bürokrat« Abramowitsch als außerordentlich geschickt darin, dem neuen Mann eine sichere Basis zu verschaffen. Nicht nur, dass er die einen Monat später eilig aus dem Boden gestampfte Partei »Jedinstwo« (Einheit) finanziell unterstützte. Er bewarb die neue politische Kraft auch persönlich bei den Regionalgouverneuren, um ein Gegengewicht einerseits zu den Kommunisten, andererseits zum Block des populären Moskauer Bürgermeisters Juri Luschkow zu schaffen und einen reibungslosen Machtübergang von Jelzin auf Putin zu gewährleisten. Tatsächlich erreichte »Jedinstwo« bei den Wahlen im Dezember 1999 aus dem Stand heraus 23 Prozent der Stimmen. Wenige Tage später dann überrumpelte Jelzin mit seinem überraschenden Sieg seine politischen Gegner und verschaffte Putin den entscheidenden Vorteil im Rennen um das Präsidentenamt.

Nach der siegreichen Wahl begann das Großreinemachen in Russland. Hatten die Oligarchen geglaubt, dass sich Putin als leicht beeinflussbar erweisen würde, drehte dieser den Spieß nun um. Es begann mit öffentlichkeitswirksamen Durchsuchungen der Steuerpolizei in verschiedenen Konzernzentralen, zuerst bei denen, die über Medien wie TV- oder Rundfunkkanäle beziehungsweise Zeitungen verfügten. Wladimir Gussinski, ein entschiedener Putin-Kritiker, musste sogar für einige Tage ins Gefängnis. Ende Juli 2000 versammelte der Präsident dann eine Runde von zirka 20 Oligarchen im Kreml und erklärte ihnen die neuen Spielregeln. Sie durften ihre Besitztümer und Vermögen behalten – unter drei Bedingungen: Sie zahlten pünktlich ihre Steuern, verzichteten auf Bestechung von Beamten, und als wichtigster Punkt: Sie hielten sich aus der Politik heraus. Die anwesenden Unternehmer gelobten Gehorsam. Wussten sie doch, dass kaum jemand anders über so gute Quellen verfügte wie der ehemalige Geheimdienstmann Putin, die im Zweifelsfall immer »Kompromat« – belastendes Material – gegen sie liefern konnten. Abramowitsch war zu diesem Treffen nicht geladen – an seiner Loyalität bestanden keine Zweifel. Auch Beresowski fehlte, offenbar wurde er von Putin bereits zu den Abtrünnigen gerechnet.

Nach Putins Wahl hatte Beresowski wie zuvor Jelzin auch dem neuen Präsidenten »Empfehlungen« für einzelne Kabinettsposten geben wollen. Da Putin sich nicht darauf einließ, begann sich das Verhältnis merklich abzukühlen und ging schließlich in offene Feindschaft über. Beresowski legte sein gerade erst errungenes Duma-Mandat nieder und machte sich daran, eine Opposition gegen den neuen Mann im Kreml zu organisieren, dem er »zunehmenden Autoritarismus« vorwarf. Als er Putin im August 2000 in seinem TV-Kanal ORT und seinen Zeitungen wegen seines Umgangs mit dem Untergang des Atom-U-Boots »Kursk« heftig kritisieren ließ – Putin hatte internationale Hilfsangebote zurückweisen lassen und damit billigend den Tod von über 100 Mann Besatzung in Kauf genommen und trotz des Dramas nicht einmal seinen Urlaub unterbrochen –, wurde es ernst für den Magnaten. Unvermittelt geriet Beresowski ins Fadenkreuz von Staatsanwaltschaft und Steuerbehörden. Plötzlich wurde ein bereits eingestelltes Verfahren wegen der Umleitung von Hunderten Millionen Dollar aus Ticketverkäufen der einst staatlichen Fluglinie Aeroflot, die nun ebenfalls zu Beresowskis Firmenkonglomerat gehörte, auf

Konten in der Schweiz wieder aufgenommen. Dass er die Transaktionen zugab, zugleich beteuerte, das Geld für Putins Wahlkampagne verwendet zu haben, half ihm auch nicht mehr. Er spürte, wie sich die Schlinge um seinen Hals zuzog. Einer Vorladung der Generalstaatsanwaltschaft im November 2000 leistete er keine Folge. »Man zwingt mich zu wählen, ob ich ein politischer Gefangener oder ein politischer Emigrant werde«, ließ er tief getroffen von einem unbekannten Ort im Ausland verlauten.

Wenige Wochen zuvor hatte es ein letztes Treffen mit Putin gegeben. Hauptgesprächsinhalt war die Kontrolle über den Fernsehsender ORT gewesen. »Putins Empfang war nicht einmal kalt«, so der russische Journalist Michail Sygar. »Gleichmütig, aber unerbittlich erklärte er Beresowski, der kontrolliere ORT nicht mehr. Wenn er wolle, könne er seine Anteile verkaufen, wenn nicht, dann eben nicht. Aber anfangen könne er damit nichts mehr. Von dieser Haltung war Beresowski schockiert. Er glaubte immer noch, Putin werde nachgeben, er fürchte ihn und werde einlenken.« Doch Putin dachte gar nicht daran. Tatsächlich besaß der Staat 51 Prozent der Anteile an ORT, Beresowski nur 49. Er konnte nichts mehr tun. Eine Zeit lang spielte er mit dem Gedanken, seine Anteile an unabhängige russische Journalisten und Kreative zu verschenken, entschied sich dann aber doch zum Verkauf – an Roman Abramowitsch. Zwölf Jahre später sollten unter anderem auch die Umstände dieses Verkaufs einen Gerichtsprozess zwischen den beiden ehemaligen Geschäftspartnern zur Folge haben. Vor Gericht in London sagte Abramowitsch aus, er sei von Putin damals persönlich beauftragt worden, Beresowski seine ORT-Aktien abzukaufen.

Der bis dahin stets im Hintergrund agierende Abramowitsch war inzwischen ebenfalls ins Licht der politischen Öffentlichkeit getreten. Bei den Parlamentswahlen im Dezember 1999 hatte er als Duma-Abgeordneter kandidiert und seinen Wahlkreis gewonnen. Dieser umfasste das autonome Gebiet mit dem Namen

Tschukotka – eine Region doppelt so groß wie die Bundesrepublik, aber mit nur gut 50.000 Einwohnern, gelegen im äußersten Nordosten Russlands, genau gegenüber von Alaska. Hier kamen sich Russen und Amerikaner so nahe wie sonst nirgendwo auf der Welt. Nur gut 80 Kilometer lagen an der Beringstraße zwischen den beiden Supermächten. Zu Sowjetzeiten besaß die Region deshalb eine große strategische Bedeutung und wurde mit Rubelmillionen aus der Zentrale am Leben gehalten. Nach dem Ende des Kalten Krieges entfiel die Förderung, und die Menschen mussten zusehen, wie sie allein mit den lebensfeindlichen Umweltbedingungen klarkamen: Die Winter dauern von September bis Mai, die Jahresdurchschnittstemperatur liegt bei höchstens minus fünf Grad, oftmals peitschen Stürme übers Land, gegen die es hier in der Tundra noch nicht einmal Bäume als Schutz gibt. Manche Tschuktschen gingen wieder wie ihre Vorfahren auf die Jagd nach Robben und Rentieren, viele verfielen dem Alkoholismus.

Die Bewohner von Tschukotka taugten für viele Russen vor allem als Spottobjekt – ähnlich wie die Ostfriesen in Deutschland. Kultstatus erlangte die sowjetische 1960er-Jahre-Filmkomödie »Natschalnik von Tschukotka«, in der es Anfang der 1920er-Jahre einen jungen Rotarmisten in die Gegend verschlägt, der die betrügerischen amerikanischen Pelzhändler verjagt und den Kommunismus einführt.

Warum verirrte sich nun der Multimilliardär Abramowitsch ausgerechnet hierher, mochten sich viele gefragt haben. Zumal er ein Jahr später auch noch als Gouverneur der über 6 000 Kilometer Luftlinie und neun Zeitzonen von Moskau entfernten Ödnis kandidierte. Manche Beobachter mutmaßten, Abramowitsch habe sich auf diese Weise Immunität vor Strafverfolgung sichern wollen. Andere, dass er von Putin dorthin geschickt worden sei, um den vernachlässigten Landstrich auf Vordermann zu bringen. Der Autorin Catherine Belton gegenüber behauptete ein anonym gebliebener Geschäftspartner des Tycoons, dieser sei vom Präsidenten quasi zur Bewährung nach Tschukotka kommandiert worden. In einem seiner seltenen Interviews heizte Abramowitsch die Spekulationen weiter an: »Die einen meinen, ich wollte dort Gouverneur werden, weil ich meine Kindheit im Norden verbracht habe, die anderen glauben, dass es meine schwere Kindheit war, die mich dazu bewog. Wieder andere sind davon überzeugt, ich wollte Buße tun dafür, dass ich anderen Menschen Geld gestohlen habe. Suchen Sie sich aus, was Sie wollen. Es ist alles Unsinn. Mein wahrer Grund: Ich war überzeugt, dass ich wirklich etwas in Tschukotka verändern könnte, dass ich das Leben von 50 000 Menschen verbessern könnte.« Dass noch ganz andere Überlegungen eine Rolle gespielt haben könnten, sollte erst später ruchbar werden.

Erst einmal startete Abramowitsch eine Charme-Offensive. Unter dem Slogan »Neue Zeiten, neuer Gouverneur, neue Hoffnung« lächelte sein Konterfei von den Plakaten, die überall an den Laternen hingen. Auf eigene Kosten ließ er pro Kopf 120 Kilo Lebensmittel verteilen, stiftete Schulbücher, Medikamente und 20 Bulldozer. Rund 2 000 Kinder konnten in den Ferien ans Schwarze Meer reisen. Kein Wunder, dass er zu Heiligabend 2000 mit dem Traumergebnis von 92 Prozent der Stimmen gewählt wurde.

Bei seiner Amtseinführung Anfang Januar 2001 wurde den Anwesenden schnell klar, dass sich die Zeiten geändert hatten. Statt Wodkagelagen wie bei seinem Vorgänger wurde jetzt lediglich Orangensaft kredenzt. Als Abramowitsch nach der russischen Nationalhymne eine Rede halten sollte, lehnte er das höflich ab. Kaum eine Stunde nach Beginn der Feier war er schon wieder verschwunden. Ähnlich lief es einige Monate später, als man im Mai den Jahrestag der Hauptstadt Anadyr feierte. Abramowitsch ließ russische Popstars einfliegen und am Abend ein Feuerwerk abbrennen, das nach der Einschätzung des britischen

Abenteurers Benedict Allen, der sich vor Ort befand, die Millenniumsfeier in London in den Schatten stellte. Allen war auch Augenzeuge, als Abramowitsch wenige Stunden zuvor höchstselbst aufs Podium getreten war: »Jemand brachte ihm ein Mikrofon, und die Leute um mich herum sagten: ›Gleich spricht er, gleich spricht er.‹ Man hatte wirklich das Gefühl, dass wir die Worte Gottes hören würden. Dann meinte jemand: ›Nein, er spricht nicht‹, was eine Debatte auslöste: Spricht er oder spricht er nicht? Im Allgemeinen ist er ein stiller Mann, aber diesmal wurde es spannend, weil man das Gefühl hatte, dass er tatsächlich eine Rede halten würde. Er öffnete den Mund, und nach kurzem Zögern sagte er schließlich etwas wie: ›Ich heiße die Menschen von Tschukotka herzlich willkommen.‹ Ein einziger Satz – das war's.«

Man konnte es nicht anders sagen – Abramowitsch fremdelte mit seiner Wahlheimat. In den ersten Monaten seiner Amtszeit übernachtete er noch nicht einmal in seinem Sprengel, sondern logierte im Captain-Cook-Hotel in Anchorage, Alaska. Für seine Dienstgeschäfte schwebte er jedes Mal mit dem privaten Hubschrauber ein. Später ließ er sich von einer kanadischen Firma ein großes Holzhaus errichten, in dem er bei seinen Besuchen residierte und auch seine Administration unterbrachte. Auf Dauer sesshaft werden wollte Abramowitsch hier nie, und auch kulinarisch war Tschukotka für ihn keine Offenbarung: »Hier gibt's Rentier zum Frühstück, Rentier zum Mittagessen und Rentier zum Abendessen. Der erste Gang besteht aus Rentier, der zweite Gang besteht aus Rentier, und dann isst man Rentier zum Nachtisch«, stöhnte Abramowitsch gegenüber einer Besucherin aus Moskau.

Immerhin legte sich der neue »Natschalnik« mächtig für Tschukotka ins Zeug, holte zeitweise Manager von Sibneft in die Verwaltung und warb im westlichen Ausland, vor allem den USA und Kanada, um Investitionen. Hunderte Millionen Dollar aus seinem Privatvermögen steckte er außerdem in die Verbesserung des Gesundheits- und Bildungswesens, ließ die Infrastruktur erneuern und sogar eine Hühnerfarm einrichten, um die Tschuktschen mit frischen Eiern zu versorgen.

Doch bald mehrten sich Stimmen, dass Abramowitschs Motive nicht ganz so hehr waren wie von ihm und seinen Beratern behauptet. Demnach habe der clevere Magnat die Schlupflöcher des russischen Steuerrechts genutzt, das den Gouverneuren rückständiger Regionen erlaubte, durch zeitweise Steuersenkungen Unternehmen anzulocken. Tatsächlich ergaben Analysen von unabhängigen Finanzinstituten, dass Abramowitschs Firma Sibneft ab 1999 zwar ihre Produktion steigerte, gleichzeitig aber die höchsten Investitionen tätigte und seinen Aktionären die höchsten Dividenden der Branche zahlte. Das Geheimnis dieses ungewöhnlichen Vorgangs waren den Beobachtern zufolge vor allem niedrige Steuern. Sibneft habe das Öl aus seiner russischen Raffinerie weit unter Marktpreis an eine Tochtergesellschaft in Tschukotka verkauft, die es dann wiederum zum üblichen Satz auf den Markt brachte. Die hohen Gewinne seien dann nur mit dem günstigen regionalen Steuersatz belegt worden, sodass die Steuerlast Sibnefts mit durchschnittlich zwölf Prozent nur halb so hoch gelegen habe wie beim Wettbewerber Lukoil, der den amtlich festgelegten Standardsatz von 24 Prozent zahlte.

Das Unternehmen kommentierte derartige Vorwürfe erst einmal gar nicht und erklärte dann, Sibneft sei nur eine von vielen Firmen, die solche Steuervorteile genutzt hätten. Außerdem sei die Hälfte der Steuerersparnisse wieder in Tschukotka investiert worden. Geld, das sonst zumindest nicht in der Region angekommen wäre. Tatsächlich ergab eine Untersuchung des russischen Rechnungshofs im Jahre 2004, dass Sibneft von Steuerermäßigungen in Höhe von insgesamt 28 Milliarden Rubel (etwa 950 Millionen Dollar) profitiert hatte, gut 14 Milliarden Rubel seien wieder in Tschukotka investiert worden. Im selben

Jahr wurden die regionalen Vergünstigungen für Unternehmen bis auf wenige Prozentpunkte abgeschafft. Unterm Strich lässt sich sagen, dass Abramowitschs vermeintliche Wohltätigkeit sein Bankkonto kaum strapazierte – eher im Gegenteil. Das Damoklesschwert einer Anklage und Verurteilung wegen Steuerhinterziehung schwebte dennoch immer über ihm, wie wenig später der Fall Michail Chodorkowski zeigte.

In Tschukotka wurde Abramowitsch dennoch bald wie ein Messias und als »Retter der Tundra« verehrt. Als er 2004 erklärte, im darauffolgenden Jahr seine Amtszeit als Gouverneur nicht verlängern zu wollen, war der Aufschrei in der Bevölkerung groß. Nicht wenige befürchteten einen Rückfall in alte Zeiten. Doch aus dem Abgang wurde erst einmal nichts. Präsident Putin, der in der Zwischenzeit die Direktwahl der Gouverneure abgeschafft und sich selbst das Recht ihrer Ernennung vorbehalten hatte, bat ihn, weiter im Amt zu bleiben. Ein Wunsch, den Abramowitsch vorerst nicht ablehnen konnte. Aus dieser Zeit stammen einige der wenigen Fotos, die Abramowitsch und Putin gemeinsam zeigen. Beide sitzen sich bei einer Audienz in Putins holzgetäfeltem Büro im Kreml an einem Tischchen vor Putins Schreibpult gegenüber – bis zur Zeit der grotesk überdimensionalen Tische mit mehreren Metern Abstand zwischen den Gesprächspartnern sollte es noch einige Jahre dauern. Der Präsident deutet mit Nachdruck auf ein Dokument, das er Abramowitsch vorlegt. Die Aussage war klar: Der Präsident gab jetzt die Richtung vor und hatte die Oligarchen, die zuvor der Politik ihren Willen diktieren konnten, fest im Griff.

Im Dezember 2006 meldeten die Agenturen dann doch Abramowitschs Rücktritt. Sein Sprecher erklärte, seine Aufgabe sei mit dem Wiederaufbau des verarmten Gebiets erfüllt. Aber wieder einmal schoss Präsident Putin quer – Abramowitsch musste widerwillig weiterhin den Natschalnik von Tschukotka geben. Erst im Sommer 2008, in der Amtszeit von Interimspräsident

Dmitri Medwedew, gelang ihm dann der Absprung. Insidern zufolge habe Putin ihm daraufhin nahegelegt, sich nunmehr um eine weitere vernachlässigte Region im Osten des Landes zu kümmern – Kamtschatka: »Er ist ein junger Kerl, der kann ruhig arbeiten.« Es habe vieler Verhandlungen und großer Überredungskünste bedurft, um Putin von seinem Vorhaben abzubringen. Abramowitsch atmete auf: Endlich konnte er sich Hobbys widmen, die ihm weit mehr Freude bereiteten.

Dieses neue Steckenpferd hieß FC Chelsea London. Seit jeher war Abramowitsch ein begeisterter Sportfan, vor allem der Fußball hatte es ihm angetan. Schon bei den Weltmeisterschaften 1998 in Frankreich und 2002 in Japan und Südkorea hatte man ihn bei einzelnen Spielen auf der Tribüne beobachten können. Doch nur Zuschauer zu sein reichte ihm nicht. Er wollte im großen Stil ins Fußballgeschäft einsteigen. Wie stets im Leben von Abramowitsch blieben Außenstehenden die tieferen Beweggründe für diesen Schritt verschlossen. Dass er den Klub von der Stamford Bridge erworben habe, nur um sich etwas Zerstreuung zu gönnen, wie aus dem Umfeld des Tycoons gestreut wurde, wäre wohl sicher zu tiefgestapelt. Die britischen Journalisten Dominic Midgley und Chris Hutchins, Verfasser einer Abramowitsch-Biografie, glaubten, dass sich Abramowitsch damit eine Art »Versicherungspolice« habe zulegen wollen. Ein durch den Sport im Westen zum Prominenten ersten Ranges aufgestiegener und finanziell stark engagierter Geschäftsmann habe, so die Mutmaßung der Autoren über den Antrieb Abramowitschs, bessere Chancen auf Unterstützung westlicher Staaten, sollte sich die Gunst des Kreml einmal gegen ihn wenden.

Wie schnell man alles verlieren konnte, zeigte das Beispiel des Oligarchen Michail Chodorkowski, lange Jahre einer der reichsten Russen. Der studierte Chemiker und Volkswirt hatte als Funktionär im sowjetischen Jugendverband Komsomol begonnen und Ende der 1980er-Jahre im Zuge der Liberalisierungspolitik Gorbatschows unter dem Dach des Verbandes eines der ersten auf marktwirtschaftlichen Prinzipien beruhenden Unternehmen der UdSSR aufgebaut, zu dem sich 1989 eine der ersten Privatbanken des Landes gesellte. Dieses später in Menatep umbenannte Kreditinstitut wurde in der wilden Umbruchphase der frühen Neunziger des letzten Jahrhunderts zur Basis seines Aufstiegs, wobei sich Chodorkowski nicht immer nur feiner Methoden bediente. Ab 1995 sicherte er sich im Zuge des »Kredite für Aktien«-Programms die Mehrheitsbeteiligung an der Ölgesellschaft Jukos. Die Umstände, unter denen dies geschah, waren ähnlich skandalös wie im Falle der Sibneft-Privatisierung des Duos Abramowitsch und Beresowski. Der Zuschlag erfolgte knapp oberhalb des Mindestgebots von 300 Millionen Dollar und damit weit unter Marktwert. Andere Bieter kamen nicht zum Zug. Obendrein war Menatep die Hausbank von Jukos, sodass Chodorkowski das Geld quasi nur von der linken in die rechte Hosentasche steckte, und schon gehörte ihm einer der größten Ölkonzerne Russlands.

Die Schwierigkeiten für Chodorkowski begannen mit dem Amtsantritt von Präsident Putin. Die Differenzen lagen zum einen darin begründet, dass der Oligarch das Unternehmen nach westlichen Standards umbaute, um es damit attraktiv für Investitionen aus dem Ausland zu machen. Der notorisch misstrauische Präsident witterte eine Einflussmöglichkeit des Westens auf die russische Rohstoffbasis. Viel schwerer wog jedoch, dass Chodorkowski nicht das Diktum Putins akzeptieren wollte, sich nicht in die Politik einzumischen. Schon in den Jahren 1999/2000 hatte er auch Putins politische Gegner finanziell unterstützt. 2001 gründete er die Stiftung »Open Russia«, die sich als Leitbild die Förderung einer weltoffenen Zivilgesellschaft in Russland auf die Fahnen schrieb und unter anderem Bildungsprojekte sponserte. Dies lief jedoch dem Konzept der »gelenkten Demokratie« von Putin und seinen Silowiki zuwider.

Zum Showdown kam es im Februar 2003, als der Präsident wieder einmal die führenden Oligarchen des Landes im Kreml versammelte. Vor laufenden Fernsehkameras hielt Chodorkowski dem Präsidenten die weiterhin blühende Korruption vor und blies zum Angriff auf die staatliche Ölfirma Rosneft, die kurz zuvor die privaten Wettbewerber bei der ersten größeren Firmenübernahme seit Jahren ausgestochen habe. Der überhöhte Preis, so der unausgesprochene Vorwurf, sei in Schmiergelder für korrupte Beamte, möglicherweise bis hin zum Präsidenten selbst, geflossen. Putin reagierte äußerst schmallippig. Rosneft habe zu wenige Ölfelder, Jukos zu viele, so Putin. »Wie Sie an diese gekommen sind, ist eine der Fragen, die wir heute erörtern werden, wobei es auch um das Thema Steuervermeidung gehen wird ... Ich spiele den Puck zu Ihnen zurück!«

Wenig später begannen die Schwierigkeiten für Jukos. Zwar konnte Chodorkowski noch eine Übereinkunft mit Roman Abramowitsch über eine Fusion von Jukos und Sibneft erzielen und mit den US-Ölmultis Exxon und Chevron Verhandlungen über einen Verkauf von Anteilen der neuen Gesellschaft führen. Doch als er es – mutmaßlich unter Einsatz von hohen Schmiergeldzahlungen an Abgeordnete – schaffte, im Parlament einen Gesetzentwurf zur höheren Besteuerung von Gewinnen aus dem Ölgeschäft zu hintertreiben, wurde es langsam eng für ihn.

Es begann mit Verhaftungen von Personen aus dem engeren Führungszirkel von Jukos, ein Zeichen an Chodorkowski, es in Ungnade gefallenen Wirtschaftsbossen wie Boris Beresowski oder Wladimir Gussinski gleichzutun und die Früchte seiner Arbeit im Exil zu genießen. Doch Chodorkowski war entschlossen, zu bleiben und zu kämpfen, und hoffte dabei auf die Unterstützung des Westens. Am 25. Oktober 2003 wurde er in Nowosibirsk verhaftet, im darauffolgenden Jahr vor Gericht gestellt und wegen Betrugs und Steuerhinterziehung zu neun Jahren Straflager verurteilt. Ein weiterer Prozess im Jahre 2009 endete mit einer erneuten Verurteilung, ehe Putin Chodorkowski im Dezember 2013 nach mehr als zehn Jahren Haftzeit begnadigte, der daraufhin ins britische Exil ging.

Die vorgesehene Fusion von Jukos mit Sibneft war da längst rückabgewickelt worden. Durch stark fallende Aktienkurse und horrende Steuernachforderungen war der Wert des Konzerns kontinuierlich gesunken, ehe er schließlich 2004 von Rosneft übernommen und 2006 aufgelöst wurde. Die US-Regierung äußerte zwar Bedenken hinsichtlich des Vorgehens der russischen Behörden im Fall Jukos, doch größere Proteste blieben aus. Die Bush-Administration wollte die russische Unterstützung im Kampf gegen den islamischen Terrorismus nicht aufs Spiel setzen.

Derweil erfreute sich Roman Abramowitsch in London an seiner Neuerwerbung Chelsea. Dass es ausgerechnet einen Klub aus der britischen Hauptstadt traf, sei kein Zufall gewesen, vertraute Sergej Pugatschow der Journalistin Catherine Belton an. Pugatschow war einer der Strippenzieher der Jelzin-»Familie«, der wie Boris Beresowski von sich behauptete, 1999 der Königsmacher Putins auf seinem Weg in den Präsidentenpalast gewesen zu sein. Während Beresowski schon bald mit Putin brach und ins britische Exil ging, hielt Pugatschow ihm lange die Treue, ehe er sich 2011 ebenfalls ins Ausland absetzte. Immerhin blieb er bislang von den mysteriösen Todesfällen verschont, die abgefallene Vertraute des Präsidenten mitunter heimsuchen. Pugatschow zufolge habe ihm Putin persönlich von den Plänen Abramowitschs berichtet, Chelsea zu kaufen, »um seinen Einfluss zu erhöhen und die Wahrnehmung Russlands zu erhöhen, nicht nur bei der Elite, sondern auch beim gewöhnlichen britischen Volk«. Ein entsprechendes Treffen im Kreml habe bereits ein Jahr zuvor stattgefunden, bevor Abramowitsch dann den Kauf realisierte. Demnach sei er so etwas wie das freundliche Gesicht des grimmigen russischen Bären gewesen, der den Weg

über den britischen Nationalsport gewählt habe, um im Mutterland des Fußballs Anerkennung für sein Heimatland zu gewinnen und nebenbei eine Eintrittskarte in die britische Upperclass
zu ergattern.

Abramowitsch war nicht der einzige reiche Russe, der sein
Geld in der Metropole an der Themse investierte. Russische Unternehmen begannen in diesen Jahren, ihre Aktien an der Londoner Börse zu listen – vor allem deshalb, weil hier die Offen-
legungspflichten weit weniger streng gehandhabt wurden als
etwa in New York. Niemand fragte hier nach der Herkunft der
Geldquellen, solange sie nur reichlich sprudelten. Eine ganze
Armada von Bankern, Juristen und PR-Managern verdiente sich
eine goldene Nase. Oliver Bullough, Autor diverser Bücher über
russisches Geld in Großbritannien, erklärte: »Die Fertigkeiten,
die sie hatten – Mord, Gewalt, politische Beziehungen –, halfen
ihnen nicht dabei, ihre Unternehmen in das internationale
Finanzsystem einzugliedern. Also kamen sie her und baten Londoner Fachleute, das für sie zu erledigen. Und die waren gerne
bereit dazu.« Ihnen gleich taten es die Immobilienmakler: Ließen sich doch wie Abramowitsch auch zahlreiche andere russische Superreiche hier nieder, sodass schon bald von »London-
grad« die Rede war. Die neuen Bewohner bevorzugten die
besten Lagen, wo die Stadtpaläste für dreistellige Millionen-
pfundbeträge den Besitzer wechselten. 2022 gehörten etwa
80 000 Londoner Immobilien im Wert von fünf Milliarden
Pfund namenlosen Eigentümern über Firmen und Trusts in
Offshore-Gebieten, so Transparency International, schätzungs-
weise ein Drittel davon war im Besitz von Russen. Ein besonderes Ärgernis für die Londoner ist, dass viele dieser Immobilien
fast das ganze Jahr über leer stehen, weil die Besitzer fast nie
auftauchen. Die westlichen Vordenker der Öffnung der Märkte
hatten gehofft, dass sich die russischen Firmen den Regeln der
globalen Wirtschaft anpassen und sich auch Russland durch die

Integration in die westlichen Märkte verändern würde. Doch das Gegenteil war der Fall.

So betrachtet, konnte ein Investment in einen Fußballklub durchaus einen Sinn ergeben. Sportjournalisten stellten naturgemäß weniger unangenehme Fragen als die aus dem Wirtschafts- oder Politikressort. Dass sich Abramowitsch aber dafür gezielt Chelsea ausgesucht hätte, darf wohl ins Reich der Legende verwiesen werden. Mehrere Quellen berichteten, dass sich der Ölmagnat auch in Spanien und Italien umgesehen habe, er aber von den komplizierten Eigentumsverhältnissen abgeschreckt worden sei. In England, wo man Investoren auch im Spitzenfußball weniger Steine in den Weg legt als anderswo, habe er zunächst mit einem Einstieg bei Manchester United geliebäugelt. Doch dann sei er eines Tages mit dem Hubschrauber über London geflogen, wo sein Blick auf ein Stadion fiel – die Stamford Bridge.

Die Aktienmehrheit des Chelsea Football Club befand sich zu dieser Zeit im Besitz von Ken Bates, einem skandalumwobenen 70-jährigen Exzentriker und Selfmade-Millionär. Er hatte den fast bankrotten Klub, der damals in der Zweitklassigkeit dahindümpelte, 1982 für ein symbolisches Pfund Sterling übernommen – und dazu eine Menge Schulden. Bates schaffte es, den Verein, der zuletzt 1955 die englische Meisterschaft gewonnen hatte, zunächst in ein ruhigeres Fahrwasser zu steuern und dann zu einem Spitzenteam zu formen, bei dem für gutes Geld internationale Topstars wie der Holländer Ruud Gullit oder der Italiener Gianluca Vialli anheuerten, und der dann sogar Europapokaltitel feiern konnte. Doch nun steckte Chelsea mal wieder in der Krise. Bates hatte sich mit Immobiliengeschäften rund um das Stadion Stamford Bridge verhoben und stand im Juni 2003 kurz vor dem Konkurs. Da kam das Angebot Abramowitschs wie gerufen. Es war zwar nicht die einzige Möglichkeit für Bates, den Kopf noch aus der Schlinge zu ziehen, aber diejenige, die auf ein reines Bargeldgeschäft hinauslief. Ende Juli 2003 einigten sich beide Seiten auf einen Kaufpreis von 60 Millionen Pfund, dazu kamen 80 Millionen Pfund Schulden – insgesamt also knapp 160 Millionen Euro. Die nicht um einen guten Spruch verlegene britische Presse taufte den Klub um – in »Chelski FC« – oder sprach vom neuen »Roman Empire«.

In London schlug die Neuigkeit ein wie eine Bombe. »Da wurde ein Klub an eine Person verkauft, von der man nichts weiß. Ich will wissen, ob diese Person dafür geeignet ist, einen Klub wie diesen zu übernehmen«, erklärte der frühere Labour-Sportminister und Chelsea-Anhänger Tony Banks. Und auch in Moskau waren die Auswirkungen des Bebens zu spüren. Selbst wenn Wladimir Putin von dem Kauf gewusst, ja ihn gar angeregt haben sollte, so herrschte in den russischen Wohnzimmern und auf den Fluren der Kremladministration wenig Verständnis. Behördenchef Alexander Woloschin habe getobt, weil so viel in Russland verdientes Geld für einen englischen Fußballklub ausgegeben worden sei, so berichten Insider. Der Moskauer Bürgermeister Juri Luschkow warf Abramowitsch vor, »auf Russland zu spucken«. Auch der Journalist Alexej Wenediktow, der Abramowitsch 1999 als Graue Eminenz im Kreml enttarnt hatte, berichtete von durchweg negativen Hörerreaktionen beim Radiosender »Echo Moskwy«: »Es war, als hätte Roman Abramowitsch dem Volk Geld gestohlen und sich dafür ein Spielzeug gekauft.« Abramowitsch reagierte auf die Kritik, indem er sich auch im heimischen Profifußball engagierte und seine Firma Sibneft wenig später das Team ZSKA Moskau, den einstigen Armeesportklub, sponserte.

Bei Chelsea begann mit der Ankunft Abramowitschs eine neue Zeitrechnung. Der deutsche Profi Sebastian Kneißl war dabei, als der Magnat erstmals seine Neuerwerbung besichtigte: »Auf einmal fahren sechs schwarze Limousinen vor und heizen da wie die Bekloppten. Ich dachte mir: ›Ach du Scheiße, was kommt da jetzt!?« (…) Er kam auf den Platz. Es standen alle aufgereiht nebeneinander wie bei einem offiziellen Fußballspiel. Er ist jeden einzeln durchgegangen, hat jedem in die Augen geschaut, jeden begrüßt und versucht, auf Englisch ein paar Brocken zu sagen. (…) Es war schon lustig, als ich ihn zum ersten Mal sah, weil ich dachte, dass da so eine russische Kante um die Ecke kommt. So ein Bodybuilder-Typ eben. Aber dann kam Roman, der eher klein und schmal ist, und er freute sich einfach, da zu sein. Das war schon angenehm. Er schüttelt dir die Hand und wirkt wie ein Kind, das an Weihnachten sein Geschenk auspacken darf.«

Kneißl, damals 20, war drei Jahre zuvor in die Jugendakademie des Vereins gekommen, der unter Bates die Philosophie verfolgte, vielversprechende Nachwuchstalente aus aller Welt zu fördern und an den Profifußball heranzuführen. Doch damit war nun Schluss, ab jetzt regierte bei Chelsea das Scheckbuch: Von Manchester United kam der argentinische Nationalspieler Juan Sebastián Verón für 22 Millionen Euro, von Inter Mailand sein Nationalmannschaftskollege Hernán Crespo für 26 Millionen. An den AC Parma wurden für den rumänischen Stürmer Adrian Mutu 24 Millionen überwiesen, die gleiche Summe bekam Real Madrid für den französischen Nationalspieler Claude Makelele. Zusammen mit weiteren Transfers hatte Abramowitsch innerhalb weniger Wochen insgesamt 160 Millionen Euro für neue Spieler ausgegeben. Während bei der Konkurrenz ob der sommerlichen Einkaufstour alle Alarmglocken schrillten und von Wettbewerbsverzerrung die Rede war, gab sich Abramowitsch gelassen. Der »Sportinformationsdienst« zitierte ihn mit den Worten: »Ich sehe in meinen Ausgaben keine Investitionen. Ich will Spaß haben, und Spaß bedeutet für mich, Erfolg zu haben und Trophäen zu gewinnen.«

Profis wie Sebastian Kneißl blieben dabei auf der Strecke. Trainer Claudio Ranieri bat ihn und andere Spieler wenig später zu sich und erklärte ihnen: »Sorry, auch die Erwartungshaltung an mich ist gestiegen. Ich kann keine jungen Spieler mehr ausbilden. Ich muss jetzt auf einen Schlag liefern.« Für Kneißl, der drauf und dran war, seine ersten Premier-League-Spiele zu machen, war damit das Ende der Fahnenstange bei Chelsea erreicht. Der Mann, der einst als eines der größten deutschen Talente im offensiven Mittelfeld gegolten hatte, machte für die Londoner kein Spiel mehr, sondern wurde an schottische und belgische Klubs verliehen, ehe er zurück nach Deutschland ging und seine Karriere bei unterklassigen bayerischen Vereinen beendete. Ein anderer Deutscher immerhin biss sich durch: Der aus Berlin stammende Robert Huth, anderthalb Jahre jünger als Kneißl, schaffte es in der Chelsea-Weltauswahl zum Stammspieler und sogar in die deutsche Nationalmannschaft – Spitzname des 1,91 Meter großen Abwehrhünen in London: »The Berlin Wall«.

Die leidgeprüften Fans des Vereins aber, der jahrzehntelang im Schatten des Londoner Rivalen Arsenal und der Großklubs aus Manchester und Liverpool gestanden hatte, kamen sich vor wie die armen Menschen von Tschukotka, denen Abramowitsch genauso unverhofft als gute Fee erschienen war. Auf die Titelmelodie einer populären Fernsehserie ließen sie sich einen Chorus einfallen, der die gleichwohl zwiespältige Haltung zu dem unverhofften Geldsegen auf den Punkt brachte:

Wenn ihr die Besten wollt/
Dann stellt keine Fragen/
Denn Roman ist unser Mann/
Wo alles herkommt, ist ein Rätsel/
Sind es Waffen? Sind es Drogen/
Ist es Öl aus dem Meer?

Denn siehe da: Geld schoss tatsächlich Tore! Schon in Abramowitschs zweiter Saison holte man nach einem halben Jahrhun-

dert wieder den englischen Meistertitel. Ein Erfolg, den Chelsea
bis 2017 noch viermal wiederholen konnte. Neben diversen nationalen Pokaltiteln spielte der Klub auch im Europapokal groß
auf – gewann zweimal die UEFA Europa League und holte ebenfalls zweimal den Henkelpott der Champions League an die
Stamford Bridge. Der erste Titel 2012 war das berühmte »Finale
dahoam«, bei dem die »Blues« in der Münchner Allianz-Arena
glücklich im Elfmeterschießen über den FC Bayern triumphier-
ten. Chelsea gehört damit zu den nur fünf Vereinen, die alle drei
Europapokal-Trophäen im Schrank stehen haben, und ist der
einzige Klub, der alle Titel zweimal gewann. Abramowitsch saß
bei fast allen Spielen seines Vereins auf der Tribüne – oder besser: in seiner Loge. Nach den Spielen ließ er sich immer wieder
bei den Profis in der Kabine blicken. Sein Englisch sei freilich in
all den Jahren nicht besser geworden, ließen Insider verlauten –
ohne Dolmetscher lief nichts.

Zeitgleich mit seinem Einstieg bei Chelsea beginnt auch das
öffentliche Interesse an Abramowitschs Privatleben. Paparazzi
aus aller Welt versuchten, einen Blick in die abgeschirmte Welt
des scheuen Oligarchen zu erhaschen. Motive boten sich zuhauf,
vor allem durch seine Jachten: Es begann 2002 mit der »Grand
Bleu«, die er Microsoft-Mitbegründer Paul Allen abkaufte. Mit
popeligen 108 Metern wurde sie im Längenvergleich mit den
Schiffen anderer Superreicher aber bald zu klein und sukzessive
durch größere Pötte ersetzt bis hin zur »Eclipse«, die er in Hamburg bei Blohm + Voss in Auftrag gab und 2010 in Empfang
nahm. Mit 162,5 Metern war sie damals die längste Megajacht der
Welt, und auch der Kaufpreis, der sich inklusive aller Einbauten
auf bis zu 850 Millionen Euro summiert haben soll, war rekord-
verdächtig. Die Ausstattung ließ keine Wünsche offen: zwei
Hubschrauberlandeplätze, ein Riesenpool, Kinos, eine Disco,
Fitnessstudio, die Innenausstattung extravagant – mal war von
mit Leopardenfell und Reptilienleder bespanntem Mobiliar die

Rede, mal davon, dass sich ein zum Simulator umgebauter echter Formel-1-Wagen von Ferrari an Bord befinde. Genaues wusste man nicht: Alle am Bau Beteiligten hatten eine Verschwiegenheitsklausel unterzeichnen müssen. Nach außen drang aber, dass Vorrichtungen zur Installation eines Luftabwehrsystems vorgesehen wurden, die allerdings in Deutschland nicht eingebaut werden durften.

Um die weiten Entfernungen zwischen den Wohnsitzen in Moskau, London, an der Cote d'Azur und bis 2008 Tschukotka zurücklegen zu können, schaffte sich Abramowitsch auch mehrere Flugzeuge an, darunter eine Boeing 787, auch als Dreamliner bekannt. Der verschwenderische Lebensstil des Oligarchen schlug sich in einem gewaltigen CO_2-Fußabdruck nieder, der ihn freilich wenig kümmern dürfte. Eine 2019 veröffentlichte Untersuchung zweier US-Wissenschaftler ergab, dass er mit seinem Verhalten allein 2018 32 000 Tonnen CO_2-Äquivalente freigesetzt hatte – fast doppelt so viel wie der Zweitplatzierte David Geffen, ein US-amerikanischer Musik- und Filmproduzent. Im Vergleich zu Normalbürgern fiel der Vergleich noch verheerender aus: Danach verbrauchte Abramowitsch in einem Jahr so viel wie 1 000 Einwohner Katars, das Land mit dem höchsten Pro-Kopf-Ausstoß weltweit, oder wie 4 000 Deutsche oder fast 18 500 Inder.

An seiner Seite war seit 1991 seine zweite Frau Irina Malandina, eine ehemalige Stewardess der Fluggesellschaft Aeroflot. Mit ihr hat er fünf Kinder, zwei Jungen und drei Mädchen, geboren zwischen 1992 und 2003. Vier Jahre später wurde die Ehe geschieden, was Abramowitsch Schätzungen zufolge 300 Millionen Dollar gekostet haben soll. Zuvor war er bereits von 1987 bis 1989 mit Olga Lyssowa liiert gewesen, die er noch in Uchta kennengelernt hatte; die Ehe blieb kinderlos. Nach der Trennung von seiner zweiten Frau heiratete er 2008 die 15 Jahre jüngere Darja »Dascha« Schukowa, eine in den USA aufgewachsene

Tochter eines ebenfalls im Ölbusiness tätigen Oligarchen. Abramowitsch finanzierte ihr in Moskau ein Zentrum für zeitgenössische Kunst und mischte nun auch noch den Kunstmarkt auf. Für 56 Millionen Euro erwarb er ein Werk von Francis Bacon – Auktions-Rekordmarke für Nachkriegskunst. Ebenso waren die 21 Millionen Euro, die er für das voluminöse Aktgemälde »Benefits Supervisor Sleeping« von Lucian Freud zahlte, Spitzenwert für das Werk eines noch lebenden Künstlers. Das Paar hat zwei gemeinsame Kinder, geboren 2009 und 2013 in den USA, und trennte sich 2017, was Abramowitsch wiederum um 250 Millionen Euro erleichterte.

All die Ausgabenposten – Abramowitsch konnte sie sich locker leisten. Neben Beteiligung am Ölkonzern Sibneft hatte er seit dem Jahre 2000 auch in die russische Automobil-, Stahl-, Gold- und Nickelindustrie investiert. Weitere Beteiligungen an einem Aluminiumproduzenten und der Fluggesellschaft Aeroflot stieß er 2003 ab. Im Gegensatz zu Michail Chodorkowski war er außerdem klug genug, sich nicht dem Willen des Kremlherrn Putin zu widersetzen, der die Schlüsselfirmen der Rohstoffindustrie wieder unter die Kontrolle des russischen Staates bringen wollte. Obwohl Sibneft kaum weniger fragwürdige Steuersparttricks angewendet hatte wie Chodorkowskis Jukos, wurde Abramowitschs Konzern nicht wie Jukos in den Ruin getrieben und der Besitzer inhaftiert – stattdessen zeigte sich der Kreml großzügig: Im September 2005 konnte Abramowitsch sein Unternehmen an den halbstaatlichen Konzern Gazprom verkaufen – für 13 Milliarden Dollar. Eine Renationalisierung mit stattlichem Profit, schließlich hatten er und sein Partner Beresowski zehn Jahre zuvor gerade einmal 100 Millionen für den Erwerb von Sibneft aufgewendet. Beresowski meldete sich aus dem britischen Exil und erklärte, er habe keinen Zweifel daran, dass »der Gewinn aus dem Sibneft-Verkauf zwischen Abramowitsch und Putin und weiteren Leuten aufgeteilt« werde.

Beweise für diese Behauptung konnte Beresowski nicht vorlegen. Einige Jahre später versuchte er dann, seinen Anteil an dem Milliardendeal vor Gericht in London zu erstreiten. Schon seinem ehemaligen Geschäftspartner den Gerichtsbefehl zukommen zu lassen erwies sich als äußerst kompliziert. Nachdem Abramowitsch sich einem persönlichen Treffen verweigerte, sah Beresowski seine Chance unverhofft während einer Shoppingtour in der Londoner Sloane Street gekommen. Gerade als er aus dem Dolce-&-Gabbana-Geschäft kam, sah er Abramowitsch in der Hermès-Boutique verschwinden. Es folgte eine filmreife Szene, bei der es zu einer heftigen Rangelei zwischen den Personenschützern der beiden Oligarchen kam. Schließlich gelang es Beresowskis Leuten, den Weg freizukämpfen, Abramowitsch in der Schalabteilung zu stellen und ihm das Papier vor Zeugen auszuhändigen.

Es sollte freilich sein letzter Triumph bleiben. Beresowski forderte die Hälfte vom großen Reibach, also 6,5 Milliarden Dollar. Abramowitsch beteuerte, dass er Beresowski nach seinem Weggang ins Exil längst ausbezahlt habe, wogegen dieser vorbrachte, dass er zu einem Notverkauf weit unter Wert gezwungen worden sei. Bei dem fast unentwirrbaren Knäuel von Behauptungen und Gegenbehauptungen, zumal belastbare Dokumente fehlten, entschieden die Richter, dem smarten Abramowitsch eher zu glauben als dem aufbrausenden Beresowski. »Ich bin zum Schluss gekommen, dass Herr Beresowski ein unzuverlässiger Zeuge ist, der die Wahrheit für einen vergänglichen und flexiblen Begriff hält, der so geformt werden kann, dass er seinen aktuellen Interessen entspricht«, so Richterin Elizabeth Gloster im 2012 ergangenen Urteil. Nicht allein, dass Beresowskis Klage abgewiesen wurde, obendrein bekam er auch noch die Prozesskosten in Höhe von 44 Millionen Euro aufgebrummt. Kein Jahr später war Beresowski tot.

Abramowitsch machte sich in der Folgezeit noch rarer als vorher – außer in der VIP-Loge bei Chelsea-Spielen bekam man ihn nur noch selten zu Gesicht. Öffentliche Auftritte, gar Interviews gab es keine. Im Mai 2018 meldeten die Agenturen, dass sein Investoren-Visum für Großbritannien nicht verlängert worden sei. Nach dem Giftanschlag auf den russischen Ex-Agenten Sergej Skripal und seine Tochter Julia, der im ganzen Land für Entsetzen gesorgt und eine schwere diplomatische Krise zwischen Großbritannien und Russland ausgelöst hatte, änderte London erstmals seinen Kuschelkurs gegenüber den russischen Oligarchen im Land. Doch Abramowitsch hatte wieder einmal vorgesorgt. Da seine verstorbenen Eltern Juden waren, garantierte ihm das israelische Rückkehrgesetz die Staatsbürgerschaft Israels. Nur wenige Tage später hielt er den blauen Pass mit der Menora in den Händen und konnte damit sein Jetset-Leben nahezu ungehindert fortsetzen. Allerdings kühlte danach seine Liebe zu London recht schnell ab; Pläne für einen Umbau des Chelsea-Stadions wurden auf Eis gelegt. Gerüchte darüber, dass Abramowitsch den Klub verkaufen wolle, machten die Runde. 2021 erhielt er als angeblicher Nachkomme sephardischer Juden, die Ende des 15. Jahrhunderts verfolgt und von der Iberischen Halbinsel vertrieben wurden, zusätzlich die portugiesische Staatsbürgerschaft.

Der russische Überfall auf die Ukraine brachte Abramowitsch dann über Nacht zurück in die Schlagzeilen. Sofort begannen Spekulation darüber, ob der Oligarch in die Sanktionen gegen das Putin-Regime einbezogen werden sollte, auch wenn er selbst beteuerte, nichts mehr mit dem Mann im Kreml zu tun zu haben. Schon zwei Tage nach Kriegsbeginn übergab er den FC Chelsea in treuhänderische Verwaltung und kündigte dann an, ihn verkaufen und mit dem Erlös Kriegsopfer in der Ukraine unterstützen zu wollen. Dazu gehöre »die Bereitstellung lebensnotwendiger Mittel für die dringenden und unmittelbaren Bedürfnisse der Opfer sowie die Unterstützung des langfristigen Wiederaufbaus«. Er fügte hinzu: »Es tut mir weh, mich auf diese Weise vom

Klub zu trennen.« Ein eindeutiges Statement gegen den Krieg vermied er allerdings. Dies zeigte dafür seine Tochter Sofia: Die 27-Jährige, die überwiegend in London lebte, postete auf ihrem Instagram-Account ein rundes Warnschild mit einem durchgestrichenen Foto von Wladimir Putin und kommentierte: »Die größte und erfolgreichste Lüge der Kremlpropaganda ist die Aussage, dass die meisten Russen hinter Putin stehen.«

Als die britische Regierung Abramowitsch dann Mitte März tatsächlich als »prominenten kremlnahen Oligarchen« auf die Sanktionsliste setzte und sein Vermögen in Großbritannien einfror, geriet Chelsea in ernsthafte Schwierigkeiten. Der Klub konnte mit einer Sondergenehmigung zwar weiterspielen, durfte aber keine Erlöse mehr erzielen. Der Ticketverkauf wurde gestoppt, selbst der Fanklub musste schließen. Mitte Mai ging der Verein dann für 4,25 Milliarden Pfund an ein Investorenkonsortium um den US-Milliardär Todd Boehly, wobei Abramowitsch tatsächlich keinen Penny des Verkaufserlöses bekam, das Geld wurde sogleich durch die britische Regierung eingefroren. Die Ära Abramowitsch beim FC Chelsea war Geschichte.

Dann tauchte der Oligarch an gänzlich unerwarteter Stelle wieder auf. Ende März 2022 meldeten die Agenturen, dass er an den ersten direkten Friedensgesprächen zwischen Russland und der Ukraine beteiligt sei. Er sei seit Monatsanfang mehrfach zwischen den beiden Ländern und weiteren Orten, wo Verhandlungen stattfanden, hin und her gereist. Unter anderem habe er Putin eine handschriftliche Notiz von Wolodymyr Selenskyi überbracht und sei in Moskau mit dem deutschen Ex-Kanzler Gerhard Schröder zusammengetroffen. Der Kreml bestätigte diese Beteiligung Abramowitschs an den Gesprächen, allerdings sei er kein offizielles Mitglied der Delegation.

Wenig später war von Vergiftungssymptomen bei Abramowitsch und zwei Mitgliedern der ukrainischen Delegation die Rede. Anfang März hätten sie Symptome wie Hautablösungen an Gesicht und Händen wie bei einem Sonnenbrand sowie gerötete Augen, hieß es in einem Bericht der Rechercheplattform »Bellingcat«. Tief besorgt habe Abramowitsch einen zugezogenen Experten gefragt: »Werden wir überleben?« Da sich die Beschwerden schon in der darauffolgenden Nacht wieder gelegt hätten, habe man dann allerdings keine weiteren Untersuchungen vorgenommen. Die Frage, ob tatsächlich Gift im Spiel war, blieb also offen. Als die Vorgänge bekannt wurden, begannen sofort Spekulationen, ob womöglich Kreml-Hardliner die Friedensgespräche hatten sabotieren wollen. Moskau wies die Berichte umgehend zurück, diese seien unwahr und Teil eines »Informationskrieges« gegen Russland.

Ob Abramowitsch in seiner Mission als Friedensstifter erfolgreich war, muss offenbleiben. Als Präsident Selenskyi Ende März nach der Rolle des Oligarchen gefragt wurde, erklärte er, Abramowitsch habe sich bemüht zu erreichen, dass aus der belagerten Hafenstadt Mariupol Menschen evakuiert werden und von humanitären Konvois mit Hilfslieferungen versorgt werden könnten. Leider sei »nichts dabei herausgekommen«, so Selenskyi, »die humanitären Konvois wurden auseinandergeschossen«.

Seitdem ist Abramowitsch abgetaucht. Dem Vernehmen nach soll er nun wieder vor allem in Moskau leben. Wie eng sein Verhältnis zu Wladimir Putin noch ist, wissen wir nicht. Dass er mit dem Kriegsherrn im Kreml gebrochen hat, ist unwahrscheinlich. Anfang 2023 wurde bekannt, dass er wohl schon vorab über den russischen Angriff informiert war. Wie der »Guardian« unter Berufung auf gehackte Daten eines zypriotischen Finanzdienstleisters meldete, habe der Milliardär wenige Tage vor Beginn der Invasion sein Vermögen durch eine Übertragung in Milliardenhöhe zugunsten seiner sieben Kinder vor Sanktionen zu schützen versucht. Dabei sei es um Vermögenswerte in Höhe von vier Milliarden Dollar gegangen, darunter Immobilien, Luxusjachten und Privatjets.

Zufrieden sein können Abramowitsch und seinesgleichen mit dem Status quo nicht. Zwar profitieren die Oligarchen von der Kriegswirtschaft, doch die Geschäfte mit dem Westen liegen auf Eis. Ihre Milliardenvermögen im Westen sind eingefroren, die Megajachten dümpeln ungenutzt vor sich hin. Und Männer wie Jewgeni Prigoschin, Chef der berüchtigten Söldnergruppe Wagner, greifen sie öffentlich als verwöhntes Grüppchen an, das abends in ein warmes Schwimmbecken abtauchen und sich vergnügen wolle, statt sich für die Front einzusetzen. »Je schneller ihnen alles genommen wird, desto besser«, so der Scharfmacher des Kreml. Offenbar folgten den Worten auch schon Taten: Auffällig viele Männer der russischen Wirtschaft fielen in den letzten Monaten aus dem Fenster, erlitten einen plötzlichen Herzstillstand oder begingen auf die eine oder andere Weise Suizid. Ob es ausgerechnet die Oligarchen sind, die Putins Wahnsinn stoppen wollen und können? Es wäre der Welt und vor allem den Menschen in der Ukraine zu wünschen, dass Roman Abramowitsch diesen Mut aufbringt.

Der Gefolgsmann

Moskau, 12. Dezember 2008: Dmitri Medwedew, seit sieben Monaten Präsident Russlands, lädt in den Kreml, um vor 5 000 Gästen den 15. Jahrestag der russischen Verfassung zu würdigen. In feierlichen Worten spricht er über Freiheit und Demokratie, preist die unverrückbaren Werte der Verfassung und seine eigene Rolle als deren fester Garant. Da ist plötzlich aus dem Auditorium eine Stimme zu vernehmen: »Die Änderungen sind eine Schande!« Medwedews Vortrag gerät ins Stocken, er blickt irritiert in die Runde. Wenige Tage zuvor waren auf seinen Vorschlag hin längere Amtszeiten für den Präsidenten und das Parlament in den Gesetzestext geschrieben worden – ohne die Möglichkeit zu großer gesellschaftlicher Diskussion im Eiltempo durchs Parlament gepeitscht. Angeblich sei ein so großes, kompliziertes Land wie Russland dann effektiver zu regieren, so die offizielle Begründung. Als Medwedew weiterredet, springt der Zwischenrufer, ein junger Mann, plötzlich auf: »Was hört ihr ihm zu?«, ruft er in den Saal. »Er hat alle Bürger- und Menschenrechte verletzt! Im Land herrscht Zensur, es gibt keine freien Wahlen.« Weiter kommt er nicht. Schwarz gekleidete Sicherheitsbeamte stürzen herbei, halten ihm den Mund zu und zerren ihn weg. »Lasst ihn los«, ruft Medwedew großmütig, »die Verfassung wurde genau deshalb angenommen, damit jeder das Recht hat, seine Meinung zu sagen!« Doch die Männer vom Kreml-Sicherheitsdienst scheren sich nicht um die Worte ihres nominell obersten Repräsentanten – und befördern den Störer unsanft aus dem Saal.

Es war eine geradezu sinnbildliche Szene für das politische Schicksal von Dmitri Medwedew. Zwar fehlte es bei ihm nicht an wortreichen Absichtsbekundungen und hehren Zukunftsvisionen, doch die Beharrungskräfte des Ancien Régime schienen oft stärker. Von Putins Gnaden war er Präsident geworden, und jeder ahnte, dass sein Mentor weiterhin im Kreml die Fäden zog. In Moskau kursierte damals ein Witz: Putin wird gefragt, ob er sich das Konterfei des neuen Staatsoberhaupts ins Büro hängen wird. »Ach was, mir reicht das Bärenfell auf dem Fußboden«, winkt Putin ab. Eine Anspielung auf den Familiennamen Medwedews – »Medwed« heißt auf Russisch »Bär«. Der neue Mann im Kreml nur der Fußabtreter Putins? Doch war Medwedew tatsächlich nur die willenlose Marionette in Putins Händen? Oder wollte er möglicherweise heraustreten aus dem Schatten seines Förderers und ein anderes Russland schaffen – frei von Korruption und staatlicher Willkür? Was ist das Geheimnis der Beziehung dieser offensichtlich so unterschiedlichen Männer? Eines Wladimir Putin, der gerne mit freiem Oberkörper posiert und zu dessen Markenzeichen markige Kraftausdrücke gehören? Und eines Dmitri Medwedew, der sich als Professor gewählt auszudrücken verstand und so gar nicht dem russischen Idealbild eines »Muschiks«, eines echten Kerls, entsprach?

Eines haben Putin und Medwedew zumindest gemeinsam, sie stammen aus Leningrad, der Stadt an der Newa. Medwedew wurde 1965 in eine Mittelschichtfamilie hineingeboren. Die Mutter arbeitete als Lektorin an der Leningrader Pädagogischen Hochschule, der Vater war Professor für Maschinenbau. Die Familie nannte eine eigene Zweizimmerwohnung in einem neungeschossigen Plattenbau im Vorort Kuptschino ihr Eigen. So trist die Satellitensiedlung aus der Breschnewzeit sich heute auch präsentieren mag, so begehrt waren die hellen und modernen Wohnungen damals. Hier zu leben, mit Lift, Warmwasser und Fernheizung, galt in der Sowjetunion als Auszeichnung. Zentrales Möbelstück im Hause Medwedew war laut Aussage ehemaliger Nachbarn der Bücherschrank, die Eltern sollen sogar mehr Geld für Bücher als für Lebensmittel ausgegeben haben. Der kleine Dmitri wurde als Einzelkind verhätschelt, hatte sogar ein eigenes Kinderzimmer, während Vater Anatoli und Mutter Julia allabendlich mit der Klappcouch im Wohnzimmer vorliebnahmen. Als Kind der »Intelligenzija« mutierte auch »Dima« zum Bücherwurm, während Putins frühe Universität vor allem die Straße und die Hinterhöfe war, wo er sich nach eigener Aussage als Anführer gebärdete und sich oft mit Gleichaltrigen prügelte.

Putin, 13 Jahre älter als Medwedew, war das Kind einer Arbeiterfamilie. Er wuchs in beengten Verhältnissen in einer sogenannten »Kommunalka« auf, einer städtischen Altbauwohnung, die sich mehrere Mietparteien teilen mussten. Eine richtige Küche gab es nicht, im Flur standen lediglich ein Gasherd und ein Spülbecken für insgesamt acht Personen. Die Toilette war ein Provisorium, ein Badezimmer nicht vorhanden. Immerhin bewohnten die Putins das größte Zimmer in der Wohnung, besaßen einen Fernseher und sogar eine Datscha außerhalb der Stadt, die es ihnen ermöglichte, der Enge ihrer Behausung zumindest tageweise zu entfliehen.

Der Musterknabe Medwedew habe schon bei der Einschulung lesen und schreiben können, erinnerte sich eine frühere Lehrerin, und mit guten Noten geglänzt. Als Streber verschrien, habe es auch für »Dima« mitunter eine Tracht Prügel von Klassenkameraden gesetzt, so ehemalige Mitschüler. Doch das Muttersöhnchen habe sich zu wehren gewusst und mit sozialer Intelligenz wettgemacht, was ihm an Körperkraft fehlte. Um auch seinem physischen Handicap abzuhelfen, trieb er Sport, ruderte eine Zeit lang sogar täglich im Kanadier beim Sportklub

Dynamo am anderen Ende der Stadt. Der Teenager Dmitri war durchaus typisch für viele andere Jugendliche seiner sozialen Schicht und städtischer Herkunft Ende der Siebziger-, Anfang der Achtzigerjahre des letzten Jahrhunderts: Er schwamm mit der Masse und übernahm Funktionen im kommunistischen Jugendverband Komsomol, hegte gleichzeitig aber eine Vorliebe für Bluejeans und westliche Rockbands wie Led Zeppelin, Deep Purple oder von Pink Floyd.

An der juristischen Fakultät der Leningrader Universität kreuzten sich dann erstmals die Lebenswege von Medwedew und Putin, wenn auch nur indirekt. Als sich der 17-jährige Dmitri 1982 hier für ein Studium bewarb, hatte Putin die Fakultät bereits seit sieben Jahren verlassen und die ersten Karriereschritte in der Auslandsspionage des KGB hinter sich gebracht. Die »Jurfak« galt damals als Kaderschmiede des Geheimdienstes, ihre Studenten zumeist als orthodox-linientreu – auch dann noch, als 1985 unter dem neuen KPdSU-Generalsekretär Michail Gorbatschow die gesellschaftliche Stagnation in der Sowjetunion aufbrach und die Schlagworte Glasnost und Perestroika die Diskussion bestimmten. Medwedew blieb auch an der Uni ein Musterschüler, sammelte weiterhin Bestnoten und Auszeichnungen. »Er war kein Einstein, er war Pragmatiker, aber er fiel tatsächlich durch sein Wissen auf«, sagte Marina Lawrikowa, eine Kommilitonin an der »Jurfak«, später.

Damit erregte Medwedew auch die Aufmerksamkeit des Lehrkörpers der Fakultät. »Er fiel mir gleich auf, weil er sehr ausgeklügelte Fragen stellte«, so Waleri Musin, der damals Zivilrecht lehrte. Der junge Mann habe sich intellektuell vom Durchschnitt seiner Kommilitonen abgehoben. Die damalige Professorenschaft war im Allgemeinen liberaler eingestellt als die Studenten, die zumeist in den Staatsdienst strebten. »Wir haben unsere Studenten immer gelehrt, unterschiedliche wissenschaftliche Standpunkte zu tolerieren und sich selbst die Freiheit zu

»Ich scheute mich nicht, den hohen Gästen persönlich die Teller zu reichen.«
Prigoschins Weg zur Macht begann in seinem Restaurant.

Der Marsch auf Moskau war nur ein Verzweiflungsakt.
Am Ende landete Prigoschin im belarussischen Exil.

»Wer mit Lawrow nicht reden will, muß mit Schoigu reden.«
Der Verteidigungsminister scheint für Putin unentbehrlich.

Eine wahre Bromance.
Schoigu und sein Präsident machen Urlaub in Sibirien.

Der Inbegriff des Oligarchen.
»Brauchte Putin Geld, wandte er sich zuerst an Abramowitsch.«

Sein größter Erfolg.
Abramowitschs Club FC Chelsea gewinnt die Champions League.

Zerstobene Hoffnung. Als Putins Platzhalter stand Medwedjew
für die Hoffnung auf einen liberaleren Kurs.

»Radikaler als sein Herr.«
Medwedjew erweist sich als rabiater kalter Krieger.

Putins Sprachrohr macht, was man ihm sagt.
Doch insgeheim wagt er mitunter, über seinen Herrn zu spotten.

»Russland wird die Ukraine niemals angreifen.«
Sergej Lawrow hält den Preis für institutionelles Lügen.

»Putins Herrschaft ist ein Wunder Gottes.«
Auf Kyrill I. kann Putin sich verlassen.

»Acht Milliarden Euro auf dem Konto«.
Der fromme Patriarch ist ein steinreicher Mann.

»Der Westen krepiert, die Russen kommen in den Himmel.«
Wladimir Solowjow malt den Atomkrieg an die Wand.

Für Putin unverzichtbar:
Wladimir Solowjow, Einpeitscher des Kreml.

»Verteidiger des Vaterlandes.«
Der schöne Schein des 9. Mai in Moskau.

»Wir sind die zweitgrößte Atommacht.«
Doch an Land hat die russische Armee unvermutete Schwächen.

nehmen, ihren eigenen Standpunkt zu vertreten«, betonte Wladimir Popondopulo, ein weiterer Professor Medwedews.

Unumstrittener Star unter den Lehrkräften war damals Anatoli Sobtschak, Inhaber des Lehrstuhls für Zivilrecht, wortgewandter Redner und vehementer Unterstützer des gorbatschowschen Reformkurses. Der Legende nach sollen sich Sobtschak und Medwedew beim obligatorischen Ernteeinsatz der Fakultät in einer Kartoffelkolchose nähergekommen sein. Nach seinem Diplomabschluss 1987 blieb Medwedew als Doktorand an Sobtschaks Seite, promovierte drei Jahre später in Zivilrecht und schlug danach seinerseits die Hochschullaufbahn ein.

Inzwischen hatte es in der Sowjetunion gewaltige Umwälzungen gegeben. Noch vor dem Fall der Berliner Mauer und dem Zusammenbruch des gesamten Ostblocks war ein neues Wahlgesetz in Kraft getreten, durch das zumindest einige Delegierte des sowjetischen Parlaments frei gewählt werden durften. Auch Sobtschak zog im März 1989 als unabhängiger Kandidat in den reformierten Volksdeputiertenkongress ein. Im Mai 1990 übernahm er dann zusätzlich den Vorsitz des neu gewählten Leningrader Stadtsowjets und wurde wiederum ein Jahr später, am 12. Juni 1991, mit einer überwältigenden Mehrheit von fast 80 Prozent zum Oberbürgermeister der zur gleichen Zeit wieder in St. Petersburg zurückbenannten Stadt gewählt. Sobtschak hatte hochfliegende Pläne, wollte die Metropole zu einem Leuchtturm für den Umbau der sowjetischen Kommando- zur westlichen Marktwirtschaft machen. Der stets tadellos gekleidete und elegant auftretende Professor war eine durchaus widersprüchliche Erscheinung. »Er sagte schöne Worte über Demokratie. Aber eigentlich war er gegen parlamentarische Kontrolle, entschied vieles lieber per Dekret«, erinnerte sich Michail Amosow, der damals für die liberale »Jabloko«-Partei im Petersburger Stadtparlament saß. Sobtschak sah sich als Boss, der von oben »durchregierte«.

Als Anfang 1990 Sobtschaks Stern in der Leningrader Lokal-
politik aufging, kehrte noch jemand in die Stadt zurück. Er hatte
die Jahre ab 1985 als KGB-Offizier in der DDR verbracht und 1989
den Umbruch im Osten Deutschlands miterlebt und -erlitten:
Wladimir Putin. Vor allem die Erstürmung der Dresdner Stasi-
Zentrale Anfang Dezember 1989 war für ihn zur traumatischen
Erfahrung geworden: Einige Demonstranten hatten damals versucht, auch in das nahe gelegene KGB-Dienstgebäude zu gelangen, was nur durch die Androhung von Waffengewalt verhindert werden konnte. Putin empfand sich wie niemals zuvor auf
verlorenem Posten, er fühlte sich im Stich gelassen von seinem
Land. Als er sich den Stasibesetzern gegenübergesehen hatte,
habe er militärischen Schutz für seine Dienststelle verlangt,
doch die Militärs hätten diesen abgelehnt, weil es keine Order
aus Moskau gegeben habe. Das habe er nicht verwinden können,
erklärte er später: »Moskau schweigt. Ich begriff, dass die Sowjetunion krank war. Es war eine tödliche Krankheit namens Lähmung. Eine Lähmung der Macht.«

Die Rückkehr in seine Heimatstadt hatte für ihn den faden
Beigeschmack der Niederlage. Wie ihm erging es damals zahlreichen Tschekisten, die zwischen Baum und Borke steckten
und für die der KGB erst einmal keine direkte Verwendung mehr
hatte. Was sollte jetzt mit ihm geschehen? Angeblich habe er in
dieser Situation sogar daran gedacht, den Dienst zu quittieren,
behauptete er später. Stattdessen wurde er Teil der »aktiven Re-
serve« – das waren seit jeher Agenten, die unter Anwendung
von mehr oder weniger fingierten Lebensläufen in zivile sowjetische Institutionen eingeschleust wurden und dort ein wach-
sames Auge auf die täglichen Abläufe und die Stimmung in der
Bevölkerung hatten. Putin trat einen solchen Posten an der
Leningrader Uni an, avancierte aber nur wenig später zum
wichtigsten Mitarbeiter Anatoli Sobtschaks.

Dass dieser seinen ehemaligen Studenten zufällig auf dem

Flur getroffen und ihn gebeten habe, für ihn zu arbeiten, darf nach Lage der Dinge wohl ins Reich der Legende verwiesen werden. Vielmehr scheint Putin vom KGB bewusst im Umfeld des prominentesten Vertreters der Leningrader Demokratiebewegung platziert worden zu sein. Auch Sobtschak dürfte klar gewesen sein, mit wem er sich da einließ. Aber im Gegensatz zu den bärtigen, Pullover tragenden Bürgerrechtlern, die ihn mit ihren basisdemokratischen Flausen nervten, seien Männer wie Putin eher nach seinem Geschmack gewesen, so die Autorin Masha Gessen: »Zuverlässig, aber nicht herausragend, nach außen hin nicht ambitioniert und immer die Befehlskette im Blick.« Zudem hatte Putin den Vorteil, dass er im Ausland gelebt hatte und zumindest eine Fremdprache beherrschte. Und auf ausländische Hilfe würde die Stadt, das wusste Sobtschak, in der Folgezeit angewiesen sein.

Unabhängig davon kam zu dieser Zeit auch Dmitri Medwedew zu Sobtschak. Bereits 1989 hatte er seinen Professor im Wahlkampf für den Volksdeputiertenkongress unterstützt – er soll damals am Kopierer gestanden und Wahlplakate vervielfältigt haben. Nun avancierte er neben seiner Dozententätigkeit auch zum juristischen Berater des neuen Oberbürgermeisters und machte erstmals auch mit Wladimir Putin Bekanntschaft. Der Petersburger Smolny, wo Lenin 1917 die Sowjetrepublik proklamiert hatte, mutierte so zur Keimzelle des späteren Putin-Staates: Neben Medwedew arbeiteten hier unter anderem der spätere Gazprom-Chef Alexei Miller oder der langjährige Finanzminister Alexei Kudrin.

Was genau Putin in der Petersburger Stadtverwaltung machte, liegt bis heute weitgehend im Dunkeln. Offiziell leitete er das »Komitee für internationale Angelegenheiten«, 1994 wurde er außerdem zum Ersten Vizebürgermeister ernannt. Doch damalige Mitarbeiter berichten von einem einsamen Mann in einem leeren Büro – abgesehen von einem Aschenbecher auf dem Schreibtisch. Offenbar vergab Putin lukrative Exportlizenzen nach eigenem Gutdünken und wirtschaftete dabei kräftig in die eigene Tasche, mutmaßlich assistiert von seinem juristischen Sachverständigen Dmitri Medwedew. Der war nach Aussagen damaliger Kollegen zwar ein fleißiger und effizienter Manager, dem es aber an Entschlossenheit mangelte. Er habe einen starken, entscheidungsfreudigen Vorgesetzen gebraucht, dem er zuarbeiten konnte – wie eben Putin. Waleri Mussin, der damals ebenfalls als Jurist im Stab Sobtschaks tätig war, erklärte später: »Putin hat Medwedew herangezogen. Medwedew hat immer zu Putin aufgesehen; er betrachtete ihn als jemand, von dem er lernen konnte.« Bei allen Verhandlungen saß Medwedew mit am Tisch, führte das Protokoll und kontrollierte laut einer anonymen Quelle der »New York Times« auch die Geldflüsse. Laut der Autorin Catherine Belton schuf sich Putin in diesen Jahren ein Netzwerk aus alten KGB-Seilschaften und der St. Petersburger Mafia.

Viele der Lebensmittel aus dem Ausland, die laut den von Putin und Medwedew abgeschlossenen Verträgen in die Stadt hätten geliefert werden sollen, kamen nie in Petersburg an. Die Folgen waren dramatisch: Viele Industriebetriebe, die die Menschen zu Sowjetzeiten in Lohn und Brot gebracht hatten, hatten nach dem Ende des Sozialismus dichtmachen müssen. Drei Viertel der Stadtbevölkerung lebten in Armut, viele Menschen hungerten. Zwar gab es vor Ort Aktivisten, die Beweise für Putins Unterschlagungen sammelten, doch mächtige Gönner hielten ihre schützende Hand über ihn: Die Korruptionsermittlungen verliefen im Sande.

Derweil gab Anatoli Sobtschak weiter das weltoffene, demokratische Stadtoberhaupt und merkte nicht, wie sehr sich der Wind an der Basis drehte. 1996 scheiterte seine Wiederwahl zum Bürgermeister krachend. Wladimir Putin verabschiedete sich daraufhin nach Moskau, wo er zunächst Leiter der Liegenschaftsverwaltung des Kreml wurde. Dmitri Medwedew kehrte an die »Jurfak« zurück und gründete eine eigene Anwaltskanzlei in Petersburg, die sich – was Wunder – auf Wirtschafts- und Unternehmensrecht spezialisierte. Schon zuvor war er auch ins Holzgeschäft eingestiegen.

Der starke Mann in Russland hieß damals Boris Jelzin. Sein Stern war aufgegangen, als er sich im August 1991 in Moskau mutig dem Putschversuch von Militärs und orthodoxen Kommunisten entgegengestellt hatte. Doch danach begann der erst schleichende, dann immer rasantere Abstieg des russischen Präsidenten. Rätselhafte öffentliche Auftritte nährten Gerüchte über eine Alkoholkrankheit. Er erlitt mehrere Herzinfarkte, musste sich einer Operation am offenen Herzen unterziehen und war zunehmend von körperlichem Verfall gezeichnet. Derweil brach die Weltmacht Sowjetunion auseinander, und in der Folge vollzog sich in Russland ein gewaltiger Umverteilungsprozess: Während große Teile der Bevölkerung dramatisch verarmten, machten korrupte Bürokraten und skrupellose Oligarchen bei der Privatisierung der Planwirtschaft obszön hohe Gewinne. Die Folge war eine Ungleichheit von bislang ungekanntem Ausmaß, was den einfachen Russen auch die neue demokratische Staatsform nachhaltig diskreditierte. Zwar gab es jetzt freie Wahlen, eine freie Presse und die Freiheit zu reisen, doch ein Großteil der Bevölkerung verlor alle Ersparnisse und lebte von der Hand in den Mund. Je näher die Jahrtausendwende und damit das Ende von Jelzins zweiter Amtszeit rückten, desto mehr rutschten die Beliebtheitswerte des Präsidenten in den Keller. Im Jelzins Umgebung begann man sich Sorgen zu machen: Nach einem Regimewechsel könnten die Kommunisten wieder an die Macht gelangen und die neuen Kremlherrscher versucht sein, sich auf Kosten des Vorgängers zu profilieren, indem sie die Ära Jelzin öffentlichkeitswirksam juristisch aufarbeiten ließen.

Die Suche der Jelzin-»Familie« nach einem verlässlichen Nachfolger begann. Doch die Kandidatenkür gestaltete sich alles andere als einfach, da sich der scheidende Präsident im Lauf der Jahre mit allen einigermaßen fähigen politischen Köpfen Russlands überworfen hatte und diese nun mehr oder weniger offen gegen ihn arbeiteten. Auch die Wirtschaft, etwa die zwei größten russischen Erdölfirmen Lukoil und Yukos, unterstützten seine Gegner. Der Oligarch Boris Beresowski, der im Autohandel reich geworden war und sich dann beim russischen Fernsehen eingekauft hatte, war einer der Letzten, die Jelzin unerschütterlich die Treue hielten. Nach eigener Aussage sei er es gewesen, der damals den Namen eines Mannes ins Spiel brachte, den er seit den frühen Neunzigerjahren aus Leningrad kannte: Wladimir Putin. Angeblich sei dieser Mann der einzige Beamte gewesen, der damals kein Schmiergeld angenommen habe, behauptete Beresowski, das habe ihm imponiert. Auch andere Mitglieder des inneren Zirkels um Jelzin haben später die zweifelhafte Ehre beansprucht, »Entdecker« Putins gewesen zu sein, so der Bankier Sergej Pugatschew, Chef der mächtigen Meschprombank.

Putin war inzwischen weiter die Karriereleiter nach oben geklettert und amtierte seit 1998 als Chef des Inlandsgeheimdienstes und KGB-Nachfolgers FSB, war einer breiten Öffentlichkeit aber weiter völlig unbekannt. Wie schon zuvor Sobtschak ließ sich nun auch Beresowski von Putins zur Schau getragener Dienstbeflissenheit und offensichtlicher Servilität blenden. Der Oligarch hielt den farblosen Putin für ebenso unambitioniert wie leicht manipulierbar – ein fataler Irrtum. Am 9. August 1999 wurde Putin von Jelzin in einem ersten Schritt zum russischen Ministerpräsidenten ernannt. Was zunächst aussah wie eine von vielen unter Jelzin vollzogenen Personalrochaden im Kreml, sollte die neuere Geschichte Russlands und seiner Nachbarn jedoch nachhaltig verändern.

Nur drei Wochen nach Putins Amtsantritt als Ministerpräsident erschütterte eine beispiellose Serie von Bombenanschlägen Moskau und andere russische Städte, bei denen mehr als 200 Menschen starben und Tausende schwer verletzt wurden. Die vermeintlich Schuldigen standen rasch am Pranger – laut Kreml sollten tschetschenische Terroristen für die Anschläge verantwortlich sein. Wladimir Putin absolvierte seine ersten TV-Auftritte, in denen er den Attentätern Vergeltung androhte: »Wir werden sie zur Strecke bringen«, verkündete er. »Und wenn wir sie auf dem Klo erwischen, dann radieren wir sie eben auf dem Scheißhaus aus.« Putins derbe Haudrauf-Rhetorik kam beim Volk an, sofort schnellten seine Popularitätswerte in die Höhe. Bis heute gibt es Indizien, dass die Bomben vom FSB selbst platziert worden waren, um den neuen Mann im Kreml zu stärken, der sich nun als entschlossener Mann der Tat präsentieren konnte.

Denn schon wenige Tage später marschierten russische Truppen in die Kaukasus-Republik Tschetschenien ein, wo es bereits von 1994 bis 1996 Krieg gegeben hatte. Dieser erste Waffengang war mit einem Patt zu Ende gegangen, doch islamistische Separatisten trachteten weiterhin danach, das Land von der Russischen Föderation zu lösen und einen islamischen Gottesstaat zu errichten. Nun erfolgte der massive Gegenschlag des Kreml. Das entschlossene Vorgehen Putins gegen den äußeren Feind einte das Land hinter dem neuen Regierungschef und lenkte von den übrigen Problemen, wie der am Boden liegenden Wirtschaft, ab. Dass die russischen Truppen im Kaukasus mit erbarmungsloser Brutalität auch gegen die Zivilbevölkerung vorgingen, wurde von den meisten Russen verdrängt. Im offiziellen Sprachgebrauch war auch nicht von einem »Krieg« die Rede, sondern von einer »Antiterrorkampagne« – die Parallelen zur »Militärischen Spezialoperation« gegen die Ukraine 23 Jahre danach sind offensichtlich.

Das erste Etappenziel Putins auf dem Weg in den Präsidentensessel war fünf Tage vor Heiligabend 1999 erreicht: Bei der Parlamentswahl holte die innerhalb weniger Wochen aus dem Boden gestampfte Partei »Jedinstwo« (Einheit) mit Putin im Hintergrund und dem ähnlich resolut auftretenden Katastrophenschutzminister Sergej Schoigu an der Spitze 23 Prozent der Stimmen – ein schwerer Schlag für das Anti-Jelzin-Lager. Der nächste folgte am Silvesterabend. Völlig überraschend erklärte Jelzin seinen sofortigen Rücktritt – damit war Ministerpräsident Putin amtierender Staatspräsident, und die für Juni 2000 vorgesehenen Wahlen mussten drei Monate früher stattfinden, was der Opposition kostbare Vorbereitungszeit raubte. Putin dagegen konnte darauf verzichten, einen klassischen Wahlkampf zu führen, in dem es um politische Inhalte gegangen wäre. Es reichte, wenn er sich der Öffentlichkeit so präsentierte, wie ihn das Publikum sehen wollte. Aus dieser Zeit stammen die ersten ikonografischen Bilder des »starken Mannes« Putin – so landete er als Copilot eines Kampfflugzeugs in Grosny. Im Westen belächelt, kam der Auftritt in Russland selbst ausnehmend gut an. Am 26. März 2000 hatte Putin sein Ziel erreicht: Mit 52,5 Prozent der Stimmen wurde er bereits im ersten Wahlgang zum neuen russischen Präsidenten gewählt.

Putins altem Mentor Anatoli Sobtschak blieb es versagt, den Triumph seines ehemaligen Untergebenen mitzuerleben. Mit Putins Hilfe war der einstige Reformpolitiker 1997 nach Paris emigriert, um den Ermittlungen der Petersburger Justiz wegen Korruptionsvorwürfen zu entgehen. Nach dem Amtsantritt Putins als Ministerpräsident kehrte Sobtschak im Sommer 1999 nach Russland zurück und war bereit, wieder eine gewichtige politische Rolle zu spielen. Jedem Journalisten, der es hören wollte, erzählte er zudem seine Version vom Aufstieg seines Schützlings, die in einigen Punkten der vom Kreml verbreiteten offiziellen Version widersprach. Im Februar 2000 schickte Putin

Sobtschak nach Kaliningrad, das ehemalige Königsberg, um für ihn Wahlkampf zu betreiben. Völlig überraschend starb der 62-jährige Sobtschak dort – nach offiziellen Angaben an einem Herzinfarkt. Merkwürdig war, dass seine zwei Begleiter Vergiftungserscheinungen aufwiesen, doch weiterverfolgt wurde diese Spur nie. Es war der erste in einer ganzen Reihe von mysteriösen Todesfällen, die in den darauffolgenden Jahren Personen heimsuchen sollten, die Putin in irgendeiner Weise gefährlich wurden oder auch nur hätten werden können.

Auch Boris Beresowski sollte sein Engagement für Wladimir Putin bald bedauern. Schon wenige Monate nach dem Amtsantritt Putins legte er sein Abgeordnetenmandat, das er ein Jahr zuvor errungen hatte, nieder und schrieb dem Präsidenten einen offenen Brief: »Lassen Sie den Geist der grenzenlosen Macht nicht aus der Flasche, der unser Land über 70 Jahre lang verwüstet hat. Sie bekommen ihn nicht in den Griff. Er wird das Land und auch Sie zugrunde richten.« Kurze Zeit später emigrierte er nach Großbritannien und betätigte sich von dort aus als erbitterter Kritiker Putins, während die russische Justiz immer neue Anklagen gegen ihn erhob. Im März 2013 wurde er tot in seinem Haus in Ascot aufgefunden – alle Anzeichen deuteten auf Selbstmord durch Erhängen hin. Doch auch hier gab es Ungereimtheiten, sodass der Todesfall bis heute offiziell als »open verdict«, als ungeklärt gilt.

Kaum im Amt, zog Putin einige Getreue seines Petersburger Klüngels nach. Die meisten von ihnen gehörten der Kaste der »Silowiki« an – so nennt man, abgeleitet vom russischen Wort für »Kraft« oder »Stärke«, in Russland im allgemeinen Sprachgebrauch die Vertreter des Militär- und Sicherheitsapparats. Auch einige wenige Zivilisten kamen mit nach Moskau, darunter auch Dmitri Medwedew, der in Putins Wahlkampfteam mitarbeitete und dann einer von drei Stellvertretern des Leiters der Präsidialadministration im Kreml wurde. Warum Medwedew?

Offenbar schätzte Putin an seinem ehemaligen Mitarbeiter die absolute Loyalität und Ergebenheit, gepaart mit einem Mangel an Selbstbewusstsein und persönlichem Ehrgeiz, der Putin hätte gefährlich werden können. Medwedew habe ursprünglich nie die Absicht gehabt, in die Politik zu gehen, berichten Vertraute. Doch dem Ruf Putins habe er sich nicht entziehen können.

In dessen Auftrag saß Medwedew ab Juni 2000 auch im Aufsichtsrat des weltgrößten Erdgaskonzerns Gazprom und war von 2002 bis 2008 sogar Chef des Gremiums. Doch Insidern zufolge beschränkte sich Medwedew auf eine rein dekorative Rolle. Die Zügel hielt auch hier fest Putin in der Hand, der Gazprom zum Vehikel seiner Politik machte. Der aus dem Ministerium für Erdöl- und Gaswirtschaft der Sowjetunion hervorgegangene Konzern war schon damals das größte Erdgasförderunternehmen der Welt und verfügte über die meisten natürlichen Gasreserven. Der staatliche Einfluss war durch eine Aktienmehrheit von 50 Prozent plus einer Aktie und durch die Mehrheit der Sitze im Aufsichtsrat garantiert. »Bei Unternehmen, die strategisch wichtige Ressourcen besitzen und von denen viele Menschen abhängen, ist staatliches Engagement unabdingbar«, erklärte Medwedew 2007. »Das ganze Land mit seinen Menschen hängt von Gazprom ab. Wir wollen keinen wirtschaftlichen und politischen Kollaps riskieren, indem wir das Unternehmen an ein Dutzend Privateigentümer verkaufen.« Doch mit Medwedew an der Spitze exerzierte der Konzern auch vor, wie sich Gas als Waffe einsetzen ließ – wie Ende 2005, als man der Ukraine nach der vom Kreml als bedrohlich eingeschätzten »Orangenen Revolution« erstmals den Gashahn zudrehte.

2003 löste Medwedew dann den noch von Jelzin übernommenen Alexander Woloschin an der Spitze der Kremladministration ab. Damit wurde er zum einflussreichsten Beamten Russlands, was ihm bald den Spitznamen »Wesir« einbrachte. Er scheute nicht davor zurück, Vertraute wie einstige Kommilitonen der »Jurfak« in einflussreiche Positionen zu hieven. Als Behördenchef setzte er eigene Akzente, die aber vor allem kosmetischer Natur waren. Er schlug Putin eine Strukturreform des Amtes vor, wobei eigentlich alles beim Alten blieb und sich nur die Bezeichnungen der Spitzenbeamten änderten. So gab es jetzt statt Stellvertretern Assistenten, weil Medwedew bei Auslandsbesuchen offenbar das Gefühl gehabt hatte, nicht ernst genug genommen worden zu sein: »Ich bin als stellvertretender Chef der Administration zum Beispiel nach Amerika gefahren. Dort habe ich überhaupt keinen Eindruck auf die Leute gemacht, die die Büroklammern verwalten. Aber was ein Assistent ist, verstehen sie.« Von ähnlicher Natur war auch ein allgemeines Beamtengesetz, das Medwedew verfasste und durchsetzte. In der Folge wuchs der ohnehin schon aufgeblähte russische Staatsapparat noch weiter, um das Dreieinhalbfache innerhalb eines Jahrzehnts.

Medwedews Hauptaufgabe an der Spitze der Kremladministration war es, die Wiederwahl Wladimir Putins für eine zweite Amtszeit zu sichern. Das gelang nahezu mühelos, im März 2004 erhielt dieser 71 Prozent der Stimmen. Neben seinem Image als starker Anführer hatte Putin auch von einer positiven Wirtschaftsentwicklung profitieren können. Die hohen Wachstumsraten waren freilich weniger die Folge einer besonders weitsichtigen Politik als vielmehr von steigenden Preisen für Öl und Gas auf dem Weltmarkt. In den Jahren ab 2000 sprudelten die Petrodollars nur so: Sie machten die Oligarchen noch reicher, die sich mit Jachten und Privatflugzeugen gegenseitig zu übertreffen versuchten. Ein paar Prozente sickerten aber auch bis zum gemeinen Volk durch, das zum ersten Mal so etwas wie Wohlstand erleben durfte. Die Bürgerinnen und Bürger Russlands steigerten sich in einen regelrechten Kaufrausch: Autos und Flachbildfernseher, Geschirrspüler und Staubsauger, Computer und iPhones gingen weg wie warme Semmeln. Es gab jetzt riesige

Supermärkte, Multiplex-Kinos und Bowlingbahnen. Viele einfache Russinnen und Russen konnten zum ersten Mal im Ausland Urlaub machen. Obwohl Putin zu dieser Entwicklung kaum etwas beigetragen hatte, hielten ihm viele Russinnen und Russen den Aufschwung zugute. Noch dazu, weil er das Chaos der 1990er-Jahre beendet hatte. Dass dabei die mühsam errungenen demokratischen Freiheiten wieder kassiert wurden, dass Korruption und Willkür herrschten, kümmerte viele Bürger nicht, solange sie ihr Auskommen hatten.

Im November 2005 konnte Medwedew den nächsten Karriereschritt verbuchen, als ihn Putin zum Ersten Stellvertretenden Ministerpräsidenten ernannte. Dies geschah bereits im Hinblick auf das »Problem 2008«, wie es kremlintern genannt wurde. Laut russischer Verfassung durfte Wladimir Putin dann nämlich nicht mehr für eine dritte Amtszeit kandidieren. Viele Potentaten anderer ehemaliger Sowjetrepubliken wie Alexander Lukaschenko in Belarus oder Islam Karimow in Usbekistan scherten sich nicht um solche demokratischen Kinkerlitzchen und blieben – von zweifelhaften Referenden bestätigt – einfach weiter im Amt. Doch dem Juristen Putin missfielen zumindest damals noch solche diktatorischen Anwandlungen. Bei ihm sollte es »sauber« zugehen. Trotzdem wollte er natürlich auf Nummer sicher gehen, dass die Politik Russlands weiterhin in seinem Sinne gestaltet werden würde. Gesucht wurde also ein treuer und zuverlässiger Nachfolger.

In seinem neuen Amt erhielt Medwedew die Verfügungsgewalt über einen milliardenschweren Sonderfonds, aus dem fortan Projekte aus den Bereichen Infrastruktur, Gesundheitswesen und Bildung finanziert wurden. Die Wähler sollten diese Wohltaten dann nach dem Willen Putins mit dem noch immer weitgehend unbekannten Bürokraten Medwedew verbinden. Doch ausschließlich auf »Dima« festlegen wollte sich Putin nicht. Gleichzeitig mit Medwedew wurde auch Verteidigungsminister Sergej Iwanow zum Stellvertreter des Regierungschefs befördert. Iwanow war einer der ältesten Freunde Putins, beide hatten sich schon in den Siebzigerjahren des letzten Jahrhunderts beim Leningrader KGB kennengelernt. Als Putin 1998 FSB-Chef wurde, holte er Iwanow als Stellvertreter an seine Seite und machte ihn drei Jahre später in seiner ersten Amtsperiode als Präsident zum Verteidigungsminister. Die Ernennungen Medwedews und Iwanows wurden allgemein als Start der Kandidatenkür für den Präsidentensessel angesehen. Das letzte Wort in dieser Sache aber behielt sich Putin vor.

Die nächsten anderthalb Jahre tourten Medwedew und Iwanow durchs Land: Während Ersterer die blühenden Landschaften besuchte, die das Geld aus seinem Sonderfonds wachsen ließ, war Letzterer meist beim Militär und in Betrieben der Rüstungsindustrie zu finden. Medwedew wirkte bei seinen Auftritten meist blass und unsicher, obwohl er Gestus und Aussprache seines Lehrmeisters Putin nachzuahmen versuchte, allerdings ohne, wie dieser, permanent Zoten zu reißen. »Er ahmte Putins roboterhafte Aussprache nach, mit dem Unterschied, dass Medwedew an Stellen, wo Putin jede Silbe drohend klingen ließ, eher wie ein Stimmsynthesizer klang«, schrieb die russisch-amerikanische Publizistin Masha Gessen in ihrer Putin-Biografie »Der Mann ohne Gesicht«. Iwanow dagegen trat selbstbewusst auf und spielte die patriotische Karte, was gut beim Publikum ankam. Unmerklich schien das Pendel in seine Richtung auszuschlagen. Doch offenbar übertrieb es Iwanow nach Meinung Putins, und sein Stern geriet in einen jähen Sinkflug.

Im Dezember 2007 übertrug das russische Fernsehen ein Treffen Putins mit den Führern der vier kremltreuen Parteien in der Duma, die dem Präsidenten »vorschlugen«, Dmitri Medwedew als Präsidentschaftskandidaten zu nominieren. Ganz im Stile der russischen Zaren gab Putin der seltsamen Prozedur seinen Segen: Er unterstütze diesen Vorschlag vollkommen, erklärte er. Die politische Schmierenkomödie wurde auf die Spitze getrieben, indem Medwedew Putin postwendend bat, im Falle seiner Wahl unter ihm Ministerpräsident zu werden. »Auf die Filmwelt übertragen ist es so, als würde der kleinwüchsige Danny DeVito als allmächtiger Boss besetzt und der Machtcharakter Robert De Niro als willfähriger Assistent ihm zur Seite gestellt«, ätzte die »Süddeutsche Zeitung« damals.

Die Ankündigung der Kandidatur Medwedews weckte im In- und Ausland gleichwohl große Hoffnungen. Noch war er ein weitgehend unbeschriebenes Blatt, und niemand wusste, wofür er stehen würde. Als er bei einem »Bürgerforum« Anfang 2008 in Moskau erklärte, Machtausübung sei für ihn kein Selbstzweck, sondern habe den Interessen der Bürger zu dienen, horchte man allerorten auf. Weniger Korruption, die Überwindung des in Russland herrschenden »Rechtsnihilismus«, die Entwicklung einer starken Zivilgesellschaft, unabhängige und freie Medien – all das, was Medwedew hier sagte und als seine Ziele ausgab, forderten oppositionelle Kräfte in Russland seit Langem. Zum ersten Mal seit Jahren wehte wieder ein Hauch von Glasnost und Perestroika durch das Riesenreich. »Freiheit ist besser als Unfreiheit« wurde Medwedews Credo, das er laufend wiederholte. Doch konnte man ihm trauen? Schließlich war er jahrelang Teil des Systems gewesen, das er nun so heftig kritisierte. Er sei fest davon überzeugt, dass Medwedew Erfolg haben werde, meinte Michail Gorbatschow. »Man muss ihn unterstützen«, erklärte auch die langjährige Menschenrechtsaktivistin Ljudmila Alexejewa. »Schlimmstenfalls irren wir uns, und es stellt sich heraus, dass er auch nicht besser ist als Putin. Aber wenn wir gar nichts tun, dann bleibt Putin.« Andere Oppositionelle waren weniger optimistisch, das böse Wort vom »Liliputin« machte die Runde – schließlich war Medwedew mit wohlwollend geschätzten 1,63 Metern noch etwas kleiner als sein Mentor.

Auch im westlichen Ausland nahm man die Ankündigungen des designierten Putin-Nachfolgers mit Interesse zur Kenntnis und war bereit, ihm einen Vertrauensvorschuss einzuräumen, war Medwedew von allen Kandidaten doch der einzige ohne direkte Verbindung zu den Geheimdiensten. Frank-Walter Steinmeier, damals Bundesaußenminister, war in seiner Zeit als Kanzleramtsminister mehrfach mit Medwedew zusammengetroffen. Dieser stehe »am stärksten für eine westliche Orientierung und wirtschaftliche Modernisierung Russlands«, erklärte er im Dezember 2007. »Insofern ist Hoffnung berechtigt.« Hoffnung auf einen Modernisierungsschub im Inneren und eine erneute Annäherung im Äußeren.

Einen regelrechten Wahlkampf musste auch Medwedew nicht führen, hatten doch bereits vor der Verkündung eines offiziellen Kandidaten 40 Prozent der Russen erklärt, sie würden auf jeden Fall für den von Wladimir Putin vorgeschlagenen Mann votieren. Es genügten ein paar punktuelle Informationen – zum Beispiel zum Privatleben. Mit seiner gleichaltrigen Ehefrau Swetlana sei er bereits seit der Schulzeit zusammen, erfuhr die Öffentlichkeit nun aus offizieller Quelle. 1989 wurde geheiratet, und als 1996 Sohn Ilja zur Welt kam, sei Swetlana zu Hause geblieben und habe sich um die Erziehung gekümmert, so Medwedew in einem Interview: »Es ist die normale Logik eines Mannes, der sich in seinem Rücken eine starke und verlässliche Stütze wünscht.« Eine Aussage, die das konservative Familienbild vieler Russen bestätigen und wohl davon ablenken sollte, dass die studierte Finanzökonomin durchaus ihren eigenen Kopf hatte und selbstbewusst in der Öffentlichkeit auftrat. Dass sie sich gerne auf Partys, Bällen und Modenschauen tummelte, erinnerte viele unangenehm an die im Ausland zwar gefeierte, zu Hause aber ungeliebte Raissa Gorbatschowa.

Mit den Auftritten in der High Society war nun Schluss: Statt im figurbetonten kleinen Schwarzen zeigte sich Swetlana Medwedewa nun hochgeschlossen, das Haar bedeckt, in der Hand Blumen oder Kerzen, bevorzugt bei Gottesdiensten oder kirchlichen Audienzen. Betont wurde ihr Einsatz für russische Kultur im Ausland, ihr Engagement für Waisenkinder oder ihre Funktion im Beirat eines patriotisch-kirchlichen Programms für »Geistlich-sittliche Kultur der nachwachsenden Generation Russlands«, das unter anderem die Einführung eines entsprechenden Schulfachs betrieb. Zu so viel Selbstlosigkeit passte, was die Medwedews im Vorfeld der Wahl über ihre finanziellen Verhältnisse offenlegten: Demnach hatte Swetlana damals nur 380 Rubel auf der hohen Kante, gut 10,50 Euro, und fuhr einen neun Jahre alten VW Golf.

Es war wenig überraschend, dass Medwedew bei der Präsidentschaftswahl am 2. März 2008 bereits im ersten Wahlgang 70 Prozent der Stimmen auf sich vereinen konnte. Obwohl der Urnengang keinen westlichen Standards entsprach – Oppositionspolitikern wurde die Teilnahme unter fadenscheinigen Begründungen verwehrt, die verbliebenen Gegenkandidaten von den Staatsmedien lächerlich gemacht –, war der Machtwechsel von Putin zu Medwedew dennoch der demokratischste der sowjetisch-russischen Geschichte, wo man sonst meist durch Tod oder Umsturz aus dem Amt schied.

Als sich am Wahlabend kurz vor Mitternacht die schweren Tore des Kreml öffneten, wurde das Bild gesetzt, das den Russen in den kommenden Wochen und Monaten äußerst vertraut werden sollte. Als »Tandem« stapften der alte und der neue Präsident durch den Schneematsch über den Roten Platz und ließen sich von extra herbeigeschafften Jugendlichen feiern. Locker in Lederjacke und Jeans gewandet, hatte Medwedew Mühe, mit dem Marschtritt Putins mitzuhalten. Die Welt rätselte: War das nur dem schlüpfrigen Geläuf geschuldet, oder wollte Putin damit ein wohlinszeniertes Zeichen setzen: Seht her, ich bin weiter derjenige, der den Takt vorgibt? Ungeniert hatte Putin in den letzten Monaten seiner Präsidentschaft wesentliche Kompetenzen des Staatsoberhaupts an das Amt des Regierungschefs übertragen lassen, darunter auch im außen- und sicherheitspolitischen Bereich. Als das Fernsehen nach dem Amtsantritt Medwedews das erste offizielle Treffen zwischen neuem Präsidenten und Premierminister übertrug, nahm Putin wie selbstverständlich auf dem Präsidentenstuhl Platz, und Medwedew lauschte wie eh und je den Ausführungen seines Herrn. Ein symbolträchtiges Bild.

Nach seinem Amtsantritt führte ihn seine erste Reise in den Westen im Juni 2008 nach Deutschland. Nach einem Treffen mit Bundeskanzlerin Angela Merkel hielt er vor Vertretern der deutschen Wirtschaft seine erste große Rede im Ausland. Wie schon im Wahlkampf gab er sich als Liberaler und betonte einmal mehr auch in Berlin seinen Modernisierungswillen: Die Korruption in Russland müsse bekämpft, Zivilgesellschaft, Rechtsstaat und Mittelstand gestärkt, westliche Investoren ins Land geholt werden. Die Zuhörer vernahmen es mit Wohlwollen, wenn auch die drängenden Fragen nach dem Wie und Wann unbeantwortet blieben. Weniger Applaus erntete der russische Präsident für seine Vorschläge einer neuen europäischen Sicherheitsstruktur. Ähnlich, nur in weit weniger versöhnlichem Ton, hatte sich ein Jahr zuvor bereits Putin auf der Münchner Sicherheitskonferenz geäußert. Die NATO habe sich überlebt, so Medwedew, stattdessen solle die Rolle der »Organisation für Sicherheit und Zusammenarbeit in Europa« (OSZE) gestärkt und ein neuer gesamteuropäischer »Vertrag über kollektive Sicherheit« ausgearbeitet werden. Zwischen Russland und dem Westen könne es so zu einem »ewigen Frieden« kommen, erklärte ein Mitarbeiter später die Ziele Medwedews. Naturgemäß reagierte der Westen auf solche Ideen weiterhin eher zurückhaltend.

Medwedews selbst gewähltes Image als Friedensengel bekam einen empfindlichen Dämpfer, als wenig später einer jener »eingefrorenen Konflikte« wieder aufbrach, die nach dem Ende der Sowjetunion zwischen Russland und seinen unabhängig gewordenen Nachbarstaaten ungelöst geblieben waren. In diesem Falle ging es um das Gebiet Südossetien, das völkerrechtlich zu Georgien gehörte, sich aber bereits seit 1990 dem Einfluss der Zentralregierung in Tiflis entzog. Bereits mehrfach war es in der Vergangenheit hier im Kaukasus zu offenen Kampfhandlungen gekommen. Der brüchige Waffenstillstand wurde von einer Friedenstruppe überwacht, der Russen, Georgier und Osseten angehörten, die allerdings allesamt eigene Interessen verfolgten. Besondere Brisanz bekam der Konflikt auch dadurch, dass der georgische Präsident Michail Saakaschwili sein Land in die NATO führen wollte, bekanntermaßen ein rotes Tuch für Moskau. Bereits im Verlauf des Juli 2008 kam es immer wieder zu kleineren Scharmützeln an der Grenze, dann spitzte sich die Lage weiter zu.

Gerade als in Peking die Eröffnungsfeier der Olympischen Spiele stattfand, griff die georgische Armee am 8. August 2008 die südossetische Hauptstadt Zchinwali an – vermeintlich provoziert durch russische Truppenbewegungen. Putin weilte zu dieser Stunde in Peking, und Medwedew musste eine Entscheidung treffen – er entschied sich für die militärische Option. Doch noch in der Nacht jettete Putin nach Russland zurück und inszenierte sich im Fernsehen, als sei er weiterhin der Oberbefehlshaber und nicht Medwedew. Russische Truppen gingen in die Offensive, vertrieben die georgischen Soldaten zunächst aus Südossetien und drangen anschließend ins georgische Kernland vor, wo sie große Teile der militärischen Infrastruktur zerstörten. Nach fünf Tagen verkündete Medwedew, die Operation »Zwang zum Frieden« habe ihre Ziele erreicht und könne beendet werden – allerdings ohne dass ein für Russland wünschenswerter Regimewechsel in Tiflis herbeigeführt worden war. Der französische Präsident und amtierende EU-

Ratsvorsitzende Nicolas Sarkozy vermittelte daraufhin einen Waffenstillstand, bei dessen Verhandlung auf russischer Seite einmal mehr auch weiterhin Putin mit am Tisch saß. Wenige Tage später erkannte Medwedew einseitig die Unabhängigkeit Südossetiens und des ebenfalls von Georgien abtrünnigen Abchasiens an.

Für Medwedew stellte der Kaukasuskrieg ein doppeltes Problem dar: Im Ausland konterkarierte er sein Bemühen, als eigenständiger Kopf und potenzieller Friedensstifter zwischen Russland und dem Westen wahrgenommen zu werden, schien auch er doch bei erstbester Gelegenheit in alte militärische Muster russischer Großmachtpolitik zu verfallen. Im Inland jedoch mussten genau diese harte Haltung und Entschlusskraft herausgestellt werden, um im Vergleich mit Putin punkten zu können. Für Medwedew geriet diese Diskrepanz zur Quadratur des Kreises.

Es blieb die Hoffnung, mit seinem Programm der »vier I« bei den Russen punkten zu können: Institutionen, Infrastruktur, Investitionen, Innovation. Wirtschaft und Gesellschaft sollten modernisiert und ins 21. Jahrhundert geholt werden. Die Abhängigkeit des Riesenreichs von Energieexporten sollte verringert, stattdessen in Hochtechnologie investiert werden. Symbol dafür war Medwedews Lieblingsprojekt, das Innovationszentrum Skolkowo am Rande Moskaus, aus dem nach dem Willen des Präsidenten innerhalb weniger Jahre ein russisches Silicon Valley werden sollte. Ein »Innograd« mit Wohnanlagen für 30 000 Menschen, Parks, Restaurants, Schulen und Krankenhäuser, mit eigenen liberalen Steuerregeln und Gesetzen. »Es ist wichtig, dass Russland neue Spielregeln entwickelt: für die Wirtschaft und für die Lebensbedingungen«, so Medwedew damals. Investiert werden sollte auch in die marode Infrastruktur, in Telekommunikation und Logistik sowie in Bildung und Gesundheitswesen.

Ein »Korruptionsbekämpfungsrat« wurde geschaffen, auf dessen erster Tagung im September 2008 Medwedew erklärte: »Ich werde eine einfache, aber sehr schmerzhafte Sache wiederholen. Die Korruption in unserem Land ist weit verbreitet. Sie ist alltäglich geworden und prägt das Leben der russischen Gesellschaft.« Die Korruption sei eine Bedrohung für jeden Staat und untergrabe das Vertrauen der Bürger in die Regierung. Sie deutlich zu verringern sei eine strategische Aufgabe. Auf dem Korruptionsindex von Transparency International belegte Russland damals Platz 147 von 180 berücksichtigten Staaten. Medwedew plädierte unter anderem für eine Dezentralisierung von Verwaltungsstrukturen, eine Stärkung der Unabhängigkeit der Medien und der Kontrolle durch das Parlament. Auch erneuerte er den Präsidentenrat für Zivilgesellschaft und Menschenrechte als Brücke zwischen Kreml und Nichtregierungsorganisationen und sagte zu, die lange aufgeschobenen Pläne für ein Nationalmuseum zum Gedenken der Opfer des stalinistischen Terrors zu genehmigen.

Seine erste große Rede zur Lage der Nation vor beiden Kammern des Parlaments am 5. November 2008 war durchzogen vom Versuch, alle widerstreitenden Elemente seiner Politik unter einen Hut zu bringen. Wieder einmal sang Medwedew sein Hohelied auf Zivilgesellschaft und Innovation, kritisierte die Staatsbürokratie und die Justiz heftig. Für die militärischen Hardliner hatte er die Nachricht im Gepäck, dass als Antwort auf den geplanten amerikanischen Raketenabwehrschild in Polen und Tschechien taktische Kurzstreckenraketen vom Typ Iskander im Gebiet Königsberg (Kaliningrad) stationiert würden, deren Atomsprengköpfe sich auf Ziele in Europa richteten. Zu guter Letzt schlug er vor, die Legislaturperiode des Parlaments von vier auf fünf Jahre und die Amtszeit des Präsidenten von vier auf sechs Jahre zu verlängern, um Reformen besser durchsetzen zu können. In- und ausländische Beobachter rätselten: War ihm das ein echtes Anliegen oder vielmehr von Putin in den Block diktiert worden? »Initiator derartiger Veränderungen war natürlich nicht Medwedew, sondern Wladimir Putin«, so der russische Journalist Michail Sygar. »Der hatte die jelzinsche Verfassung nicht angetastet und keine dritte Amtszeit angestrebt. Nun sorgte er dafür, dass sein Nachfolger diesen Text bei der ersten Möglichkeit korrigierte.«

Liebesgrüße aus Moskau, genau an dem Tag, da in Amerika Barack Obama zum US-Präsidenten gewählt wurde. Der charismatische Senator aus Illinois hatte das Land und die ganze Welt mit seinen eingängigen Parolen vom gesellschaftlichen Wandel in seinen Bann genommen. Obama verstand es meisterhaft, auf der Klaviatur der neuen sozialen Medien zu spielen und die Menschen für seine Ziele zu begeistern. »Dem Präsidenten gefiel sein amerikanischer Kollege«, so Sygar. »Ohne das zuzugeben, nicht einmal im engsten Kreis, wäre er ganz offensichtlich gerne ein wenig wie dieser gewesen.« Allein – ihm fehlte es dazu ganz eindeutig an Charisma. Sogar bei Gelegenheiten, die eine Steilvorlage für einen lockeren Auftritt boten, wie zum Beispiel dem Empfang der russischen Fußballnationalmannschaft nach dem unerwarteten Erreichen des Halbfinales bei der Europameisterschaft im Sommer 2008, las er seinen Text steif vom Blatt ab. Besonders deutlich wurden Medwedews Defizite beim direkten Aufeinandertreffen mit seinem US-amerikanischen Kollegen. Wo sich Obama jovial und selbstsicher gab, wirkte Medwedew bemüht und angespannt, etwa als er im Juni 2010 nach Washington kam und Obama ihn in das beliebte Fast-Food-Restaurant Ray's Hell Burger einlud.

Blieb die Simulation von Volksnähe via soziale Medien: Die Kremlaministration ließ iPhones und iPads anschaffen, Benutzerkonten bei Twitter und Facebook wurden eingerichtet, wo der Präsident bald außerordentlich aktiv war und irgendwann sogar die sprichwörtlichen Katzenfotos teilte. Auf der Webseite des Kreml gab es nun einen Videoblog, in dem der Präsident mal über Sport, mal über Auslandsreisen und mal darüber plauderte, wie schwierig es sei, eine wichtige Rede vorzubereiten. Doch außerhalb des jungen städtischen Klientels machte das wenig Eindruck. In den Weiten Russlands informierten sich die Menschen weiterhin über den nahezu vollständig gleichgeschalteten Rundfunk. »Die Menschen in Russland urteilen im Wesentlichen nach der Bildschirmpräsenz im Fernsehen«, erklärte Denis Wolkow, ein russischer Meinungsforscher, 2008. »Medwedew kommt gemäßigt daher, ist vorsichtiger in seinen Äußerungen. Putin dagegen beherrscht stets die Situation und drückt sich schon mal deftig aus.« Im TV dominierte Putin eindeutig: beim Regieren und Administrieren; aber auch als Judoka, beim Tiefseetauchen oder als Holzfäller in den Weiten Sibiriens.

Es war ein offenes Geheimnis, dass die Rollen im »Tandem« eindeutig verteilt waren: »Auch wenn bei dieser Art von Fahrrad zwei Menschen strampeln, sitzt doch nur einer am Lenker – und das ist nicht Medwedew«, urteilte Michail Gorbatschow. Medwedew dagegen beharrte öffentlich darauf, dass das »Tandem« reibungslos funktioniere. »Und das, obwohl es viele Vorhersagen gab, wonach wir uns bald zerstreiten könnten. Natürlich hat jeder von uns seine eigenen Vorstellungen und seinen eigenen Stil«, erklärte er 2009. Es klang wie das Pfeifen im Walde.

Die große Frage, die sich alle stellten, lautete natürlich: Was würde nach Ablauf seiner Amtszeit passieren – würde Medwedew seinen Posten klaglos wieder räumen? Die Mutmaßungen, dass er von Putin nur als Platzhalter installiert worden sei, hielten sich von Anfang an so hartnäckig, wie sie von den Beteiligten dementiert wurden. Tatsächlich schien es zu diesem Thema eine klare Aussage Putins Medwedew gegenüber nicht gegeben zu haben. Man werde das zu gegebener Zeit je nach Lage entscheiden, zitierten Vertraute die unverbindliche Absprache der beiden Männer. Der deutsche Journalist Hubert Seipel, der Putin verschiedentlich traf, meinte sogar, es habe folgendes Agreement gegeben: Wer einige Zeit vor dem Urnengang die besseren Umfragewerte aufweise, der dürfe für die nächste Präsidentenwahl antreten. Dies wäre freilich eine Wette gewesen, die Putin angesichts seiner phänomenalen Zustimmungswerte kaum verlieren konnte – so als würde man drauf tippen, dass der Papst auch in vier Jahren noch immer Katholik sei.

Medwedew aber schien tatsächlich an seine Chance zu glauben. Schon Ende 2010 hieß es gerüchteweise aus dem Kreml, dass er plane, noch einmal anzutreten. Für Putin werde sich schon ein Job finden – IOC-Präsident beispielsweise oder UNO-Generalsekretär. Aufmerksame Beobachter registrierten, dass das »Tandem« jetzt immer seltener gemeinsam auftrat. Medwedew suchte sogar den Schulterschluss mit den »Silowiki«. Er versprach Verteidigungsminister Anatoli Serdjukow eine gewaltige Erhöhung des Militärhaushalts und den Angehörigen von Armee, Polizei und Geheimdiensten höhere Löhne.

Hinter den Kulissen wurde zudem von Vertrauten aus der Administration die Gründung einer rechtsliberalen Partei vorbereitet. Diese sollte der neuen russischen Mittelschicht eine politische Heimat bieten und Medwedew als Gegengewicht zu Putins Partei »Einiges Russland« eine Massenbasis schaffen. Als Parteiführer selbst in Erscheinung treten konnte Medwedew natürlich nicht – es musste eine Figur her, die bei liberalen Wählergruppen Vertrauen genoss und für eine zweite Amtszeit Medwedews den Boden bereiten sollte. Doch kein einigermaßen prominenter Politiker von Format mochte sich als Zugpferd zur Verfügung stellen. Auch der Oligarch Michail Prochorow, den man schließlich gewinnen konnte, war ein alles andere als idealer Kandidat – war er doch einige Jahre zuvor in Frankreich unter dem Verdacht der Zuhälterei verhaftet worden. Als sich Prochorow im September 2011 dann auch noch mit den »Spin

Doctors« aus dem Kreml zerstritt, war das ganze Projekt krachend gescheitert.

Inzwischen war die Messe ohnehin gelesen. Im August 2011 hatten sich Putin und Medwedew in der Nähe von Astrachan zu einem dreitägigen Angelausflug auf der Wolga getroffen. Am letzten Tag, so berichten Vertraute, habe Putin Medwedew beiläufig mitgeteilt, es sei aufgrund der »komplizierten Lage in der Welt« besser, wenn dieser ihm das Präsidentenamt wieder überlasse. Auf Medwedews zaghafte Einwände hin erklärte Putin, er habe nach wie vor die höheren Zustimmungswerte und sei deshalb der geeignetere Kandidat. Medwedew solle Ministerpräsident werden und könne ihm dann irgendwann ja immer noch nachfolgen, schließlich sei er einige Jahre jünger. Medwedew war überrumpelt und akzeptierte zähneknirschend.

Verkündet wurde die Entscheidung dann in typischer Weise auf dem Parteitag von »Einiges Russland« Ende September 2011. Als Erster trat Putin vor die 11 000 Delegierten und verkündete, dass Dmitri Medwedew die Liste der Partei bei der Dumawahl im darauffolgenden Jahr anführen werde. Im Anschluss ging Medwedew zum Pult und hielt eine lange Rede, die ein bisschen Bilanz seiner Amtszeit als Präsident und ein bisschen Regierungsprogramm des zukünftigen Ministerpräsidenten in einem war. Ihr Höhepunkt bestand darin, Wladimir Putin für das Präsidentenamt vorzuschlagen. Im Saal brandete minutenlanger Jubel auf, in dem fast unterging, was Medwedew danach erklärte: Die neue Variante des »Tandems« sei schon seit der Zeit zwischen ihm und Putin besprochen gewesen, »als unser kameradschaftliches Bündnis entstand«. Aus taktischen Gründen habe man das nicht früher publik machen können. Eine Behauptung aus Selbstschutz? Komplettiert wurde die Demütigung Medwedews dadurch, dass er, der eben noch eine eigene Partei gründen wollte, nunmehr von Putin zum neuen Vorsitzenden von »Einiges Russland« bestimmt wurde. Und das, obwohl er zuvor auch oft Kritik an dieser Partei von Claqueuren geäußert hatte.

Es war auch der Frust über den »Verrat« Medwedews, der dafür sorgte, dass der Protest gegen die offensichtlich manipulierten Parlamentswahlen wenige Wochen später heftiger als sonst ausfiel und Zehntausende Bürger auf die Straße trieb. Allein in Moskau demonstrierten am 10. Dezember über 30 000 Menschen, so viele wie seit zwei Jahrzehnten nicht mehr. Vier Jahre zuvor habe er noch für Medwedew gestimmt, erklärte einer der Demonstranten. »Ich hoffte damals, dass es nun eine Alternative geben würde zu Putin. Jetzt ist klar, es gibt sie nicht.« Vor allem viele junge, gut ausgebildete Russen, die zu seinen Anhängern gezählt hatten, waren schwer enttäuscht von Medwedew. Der Oppositionelle und Blogger Alexej Nawalny, der »Einiges Russland« den Stempel »Partei der Gauner und Diebe« verpasst hatte und in dessen Posts Medwedew unter dem Hashtag »Der Erbärmliche« firmierte, nahm diesen später gleichwohl in Schutz. Medwedew habe geglaubt, das Richtige zu tun. »Er war schwach, feige und lächerlich, aber was er tat, ging in die richtige Richtung, zum Beispiel seine Justizreform.«

Auch Michail Gorbatschow bedauerte die vertane Chance. Medwedew hätte »auf sechs Jahre im Präsidentenamt hoffen können – eine ausreichende Zeitspanne, um die Bedingungen für ernsthafte Schritte in Richtung einer realen Demokratie zu schaffen«, so der Friedensnobelpreisträger. »Mir schien, dass Dmitri Medwedew sich das gewünscht hätte. Aber ich war nicht überzeugt, dass er dafür genug Willenskraft, Durchhaltevermögen und Selbstständigkeit besaß.« Der Ökonom Igor Jürgens, der Medwedew immer wieder zu weiteren Reformschritten gedrängt hatte, beklagte, dass rückwärtsgewandte Kräfte die von Medwedew angeregte Modernisierung immer wieder torpediert hätten, um den für sie bequemen Status quo bewahren zu können: namentlich die staatliche Rüstungs- und Energiewirtschaft, die Streitkräfte und die Agrarindustrie.

Wie aber fiel die Bilanz des Interimspräsidenten Medwedew aus? Von seinen 14 wichtigsten Versprechen habe er nur sechs halten können, analysierte die Zeitung »Kommersant« kurz vor seinem Abgang aus dem Amt mit leicht ironischem Unterton. Unter anderem habe er das Ende der Zeitumstellungen durchgesetzt und Energiesparlampen eingeführt. Die Hürde für Parteien bei der Parlamentswahl sei von sieben auf fünf Prozent gesenkt, die Bedingungen für Investitionen erleichtert worden. Bei seinen großen strategischen Zielen sah es dagegen mau aus. Das Rechtssystem wurde nicht so umfassend modernisiert, dass es das Vertrauen der Bürger gewinnen konnte. Der ehemalige Oligarch und Kremlgegner Michail Chodorkowski saß nach wie vor aus politischen Gründen im Straflager. Auch in Sachen Korruption landete Medwedew, als Tiger gestartet, als Bettvorleger. Kaum etwas von seinen hochfliegenden Plänen wurde umgesetzt. »Seien wir mal objektiv, wir müssen zugeben, dass es nur wenige Erfolge gab«, erklärte er der Nachrichtenagentur RIA Nowosti zufolge kleinlaut. Die Wirtschaft wies zwar Wachstumsraten um vier Prozent auf, doch das war viel zu wenig, um die großen Lücken zu den USA, Europa und China zu schließen. »Er betete das Mantra einer Modernisierung herunter und erweckte damit Hoffnungen auf Veränderung – bei gleichzeitiger totaler Untätigkeit«, erklärte Lilija Schewzowa vom Carnegie-Zentrum im Moskau dem »Spiegel«. Eine Ironie der Geschichte: »Ein Politiker, der wie ein Reformer aussieht, kann den Fortschritt mehr aufhalten als ein offener Traditionalist.«

Der Einzige, der voll und ganz mit Medwedew zufrieden sein konnte, war Wladimir Putin. Trotz einiger Irritationen hatte »Dima« seine Loyalität bewiesen und seinen Platz klaglos wieder geräumt. Nach der Präsidentschaftswahl vom 4. März

2012, die Putin mit 64 Prozent der Stimmen gewann, ernannte er seinen Vorgänger wie abgesprochen zum Regierungschef. Doch die Zeit des »Tandems« war nun endgültig vorbei. Jetzt bestimmte Putin wieder allein, und zwar so, dass ehemalige Angehörige der Administration bald von einer regelrechten »Entmedwedifizierung« sprachen. Diverse Gesetze aus der Medwedew-Ära wurden einfach rückgängig gemacht. Andere wurden beschlossen, wie 2013 das Gesetz gegen »Gay Propaganda«, von dem Ministerpräsident Medwedew noch wenige Wochen zuvor erklärt hatte, das Parlament solle sich nicht ins Privatleben der Bürger einmischen und sich mit ernsthaften Problemen befassen. Gleichzeitig erfolgte die Säuberung des Apparats von tatsächlichen oder vermeintlichen Medwedew-Vertrauten. Der Ex-Präsident rührte für sie keinen Finger.

Als Regierungschef sank Medwedews Ansehen weiter. Alles, was schieflief im Land, wurde ihm als Prügelknabe der Nation angelastet und nicht dem »guten Zaren« Putin. Medwedew wirkte zunehmend überfordert. Als er 2016 beim Besuch einer Schule von Lehrern gefragt wurde, warum die Gehälter so niedrig seien, beschied er sie mit der Auskunft: Wer gutes Geld verdienen wolle, müsse halt in die Wirtschaft gehen. Als wenig später auf der Krim aufgebrachte Pensionäre wissen wollten, warum man die Renten nicht erhöhe, erwiderte er: »Es ist leider kein Geld da! Aber halten Sie durch! Ich wünsche Ihnen alles Gute!« – und war verschwunden.

Während der Zeit seiner Präsidentschaft hatte sich Medwedew bekanntermaßen die Bekämpfung der in Russland grassierenden Korruption auf die Fahnen geschrieben. 2017 brachten Recherchen des Teams um Alexej Nawalny dann ans Licht, was ohnehin die Spatzen von den Dächern pfiffen: Auch Medwedew war tief in den Korruptionssumpf verstrickt. Auf die Spur des Ex-Präsidenten führten Nawalnys Leute paradoxerweise ein

Paar Turnschuhe. 2014 hatte Anonymous International ein Handy gehackt, das Medwedew zugeordnet werden konnte. Es enthielt Mails mit Rechnungen für ebenjene Sneaker, aber auch andere Kleidungsstücke wie zum Beispiel auffällige Oberhemden. Sachen, die später Dmitri Medwedew getragen hatte, wie dessen eigene Postings in den sozialen Medien bewiesen. Über die Rechnungsadressen konnten Nawalnys Rechercheure schließlich ein ganzes Netzwerk von vermeintlich wohltätigen Stiftungen aufdecken, die allesamt von ehemaligen Studienkollegen und engen Vertrauensleuten Medwedews geführt worden. Schlüsselfigur war Medwedews »Jurfak«-Kommilitone Ilja Jelisejew, mit dem er schon seit den 1990er-Jahren geschäftlich liiert war und den er nach seinem Wechsel nach Moskau dann in den Vorstand der Gazprombank geholt hatte.

Diese Organisationen mit so wohlklingenden Namen wie »Stiftung für sozial bedeutsame Staatsprojekte« unterhielten mehrere riesige Paläste, die zumindest zeitweise von Medwedew genutzt wurden. Unter ihnen waren ein schickes Anwesen bei Moskau sowie das ehemalige Adelsgut Milowka am Rande des malerischen Künstlerstädtchens Pljos an der Wolga, etwa 600 Kilometer nordöstlich der Hauptstadt. Hinter einem streng bewachten grünen Zaun bekam Medwedew hier Nawalny zufolge eine Residenz der Superlative hingestellt: Auf einem Grundstück von 80 Hektar befinden sich nicht nur ein luxuriöses Herrenhaus, sondern auch allerlei Extravaganzen wie drei Hubschrauberlandeplätze, ein eigener Ski-Hang samt Schlepplift, diverse Gästehäuser, Schwimmbäder, Tennisplätze, ein Fußballplatz und eine private Jacht-Anlegestelle an der Wolga. Ebenfalls geklotzt und nicht gekleckert wurde beim Bau der Residenz Pschako beim Wintersportort Krasnaja Poljana in der Nähe von Sotschi, wo 2014 die Olympischen Spiele stattfanden. Allein der Bäder- und Saunakomplex der Anlage soll 1 000 Quadratmeter umfassen.

Dazu weiter im Portfolio des Stiftungsgeflechts: eine Residenz im Dörfchen Mansurowo in den Weiten der Oblast Kursk, 850 Kilometer südlich von Moskau. Hier wurde im Stile russischer Adliger offenbar eine Art medwedewscher Familiensitz installiert, stammten doch seine Vorfahren väterlicherseits von dort. An der Stelle, wo einst das Haus seines Großvaters gestanden hatte, stiftete Medwedew eine Kapelle. Dazu wurde ein Kirchenneubau errichtet, dessen Hauptglocke »Ilja« genannt wurde. Man könne nur raten, ob dies zu Ehren von einem von Medwedews Kompagnons, Ilja Jelisejew, oder seines Sohnes Ilja erfolgt sei, bemerkte Nawalny süffisant. Zur Residenz Mansurowo gehören ausgedehnte Ländereien, auf denen unter anderem Rinderzucht betrieben wird – übrigens mit Tieren, die aus den USA importiert wurden. Aber auch ein Weingut nennt Medwedew Nawalny zufolge sein Eigen, in Anapa am Schwarzen Meer.

Finanziert wurden die Stiftungen durch Zuwendungen verschiedener Oligarchen, darunter Alischer Usmanow, der im Metallgeschäft reich geworden war. Offiziell gab es natürlich keine direkten Verbindungen zu Medwedew. Doch mitunter verriet dieser sich selbst – wieder einmal spielte ihm sein Faible für Social Media einen Streich. Verschiedene Postings auf seinen Kanälen bewiesen seine Anwesenheit in den verschiedenen Residenzen. Offiziell waren das alles natürlich kein Thema: Anstatt auf die Vorwürfe einzugehen und sie möglicherweise mit Fakten zu entkräften, unterstellte Medwedews Sprecherin Natalja Timakowa Nawalny, eine bezahlte politische Kampagne zu fahren. Die Enthüllungen führten dennoch zu einer neuerlichen Welle von Protesten in Russland, deren Erkennungszeichen gelbe Quietscheentchen wurden – hatten Drohnenaufnahmen doch in einem der Anwesen einen Teich mit einem pompösen Entenhaus aufgedeckt. Dennoch hielt sich Medwedew über sieben Jahre als russischer Ministerpräsident, ehe er Anfang 2020 seinen Rücktritt erklärte. Seitdem amtiert er als Vizechef des Nationalen Sicherheitsrates Russlands, ein wohlklingender, aber weitgehend einflussloser Posten. Taktgeber ist auch hier Wladimir Putin.

Seit dem Beginn des russischen Angriffskrieges am 24. Februar 2022 profilierte sich der einst so betont aufgeklärt und zivilisiert auftretende Medwedew als großrussischer Hardliner und Apologet des Krieges. Statt wie zuvor gelegentlich Frühstücksbilder und Fotos von seinen Freizeitaktivitäten auf Facebook zu posten, polterte er nun in den sozialen Medien ungeniert gegen die Ukraine und den Westen. Seine Wortmeldungen fanden sich jetzt fast täglich bei Twitter und vor allem beim Messengerdienst Telegram, wo er über eine Million Abonnenten hat. Sie schafften das Kunststück, im unappetitlichen Propagandasumpf des Kreml noch durch eine besonders abscheuerregende Note hervorzustechen. Den ukrainischen Präsidenten Wolodymyr Selenskyi verunglimpfte er mal als »alberne Operettenfigur im grünen fettigen T-Shirt«, mal als »Zirkushund an der Leine des Westens«, dann wieder als »irrer Clown an der Spitze einer Nazibande«. Die Ukrainer seien »Bastarde und Degenerierte«, die das »Jüngste Gericht« zu erwarten hätten.

In grotesker Umkehrung von Ursache und Wirkung wetterte er Ende Mai gegen die westlichen Wirtschaftssanktionen, die nach Kriegsbeginn gegen Russland verhängt wurden. Grund dafür sei allein der Hass auf Russland: »Sie hassen uns alle! Im Mittelpunkt der Sanktionen steht der Hass auf Russland – auf die Russen, auf alle seine Einwohner. Sie hassen unsere Kultur. Daher die Streichung von Tolstoi, Tschechow, Tschaikowsky und Schostakowitsch. … Und so war es fast immer. Auch in der Zeit von Alexander Newski. Und während des Vaterländischen Krieges von 1812. Und natürlich im 20. Jahrhundert, als die UdSSR ständig unter zahlreichen Sanktionen lebte. … Dieser Hass ist widerlich und irrational. Das heißt aber nicht, dass wir uns damit abfinden müssen. Sie müssen nur alle notwendigen Schlüsse für die Zukunft ziehen. Erinnere dich an ihre Einstellung uns gegenüber. Und vergib denen nicht, die uns hassen. Niemals.«

Den Hass, den er der anderen Seite unterstellte, verbreitete er freilich zuallererst selbst. Am 7. Juni 2022 schrieb er beispielsweise: »Ich werde oft gefragt, warum meine Telegram-Posts so hart sind. Die Antwort ist: Weil ich sie hasse. Sie sind Bastarde und Abschaum. Sie wollen unseren Tod, den Tod Russlands. Und solange ich lebe, werde ich alles tun, um sie verschwinden zu lassen.« Wen er mit »sie« meinte, blieb offen: Die Ukrainer, die NATO, den ganzen Westen? Selbst für Drohungen mit dem Einsatz von Atomwaffen war er sich nicht zu schade.

Seine immer markigeren Töne verrieten freilich auch eine zunehmende Verunsicherung. Im Herbst 2022 hatte er sich noch über den ungleichen Kampf des Westens mit »dem russischen Bären und General Frost« lustig gemacht und wegen der hohen Energiepreise einen Zusammenbruch der europäischen Wirtschaft prophezeit. Die Europäer, so Medwedew, sollten sich rechtzeitig »mit Schnaps, Bettdecken und Wasserkochern eindecken«. Dass der Zusammenbruch des Westens ausblieb und dieser stattdessen schweres Kriegsgerät an die Ukraine lieferte, führte zu einer weiteren Verschärfung des Tonfalls. Als die Ukrainer die von Moskau vorgeschlagene Waffenruhe während des orthodoxen Weihnachtsfests ablehnten, hieß es: »Schweine haben keinen Glauben und kein angeborenes Dankbarkeitsgefühl. Sie verstehen nur rohe Gewalt.«

Mit solchen Rüpeleien wolle Medwedew, der sich seit 2020 nur noch am Rande der russischen Politik befand, wieder in den innersten Zirkel der Macht zurückkehren, mutmaßen Beobachter, sich womöglich sogar als erneuter Nachfolger Putins empfehlen. Ob das gelingen kann, bleibt zweifelhaft. Und es gibt ein weiteres Motiv für Medwedews öffentlich demonstrierten Eifer:

All seine Privilegien, sein ganzes materielles Wohlergehen hängt wie bei den anderen Mitgliedern von Putins innerstem Zirkel allein vom Wohlwollen des Präsidenten ab. Ein Ausscheren würde von Putin als Verrat betrachtet und – solange dieser sich an der Macht befindet – entsprechend geahndet werden. Auch seine Familie hätte dann empfindliche Sanktionen zu befürchten, diesmal nicht durch den Westen, sondern von den eigenen Leuten.

Allen wortreichen Klagen über den dekadenten Westen zum Trotz schätzten auch die Medwedews den westlichen Lebensstil. Ehefrau Swetlana flog gerne zum Shopping nach London. Sohn Ilja arbeitete nach seinem Abschluss am Moskauer »Staatlichen Institut für Internationale Beziehungen« (MGIMO) in verschiedenen Internetfirmen und besaß ein Arbeitsvisum für die USA. Dass er auch US-Staatsbürger wurde und eine Tankstellen- und Supermarktkette betreibt, wie verschiedene Medien meldeten, dürfte aber ins Reich der Fabel gehören. Im Juni 2022 musste er die Vereinigten Staaten verlassen. Wenige Wochen später tauchte er in Moskau wieder auf, wo er öffentlichkeitswirksam seinen Eintritt in die Kremlpartei »Einiges Russland« vollzog.

Wie geht es weiter? Manchmal wirke Dmitri Medwedew wie ein eifriger Student, so Michail Sygar: »Wenn er zum Beispiel Dinge sagt, an die er selbst nicht glaubt, die er aber sagen muss. Dann hat er etwas von einem Klassenbesten, der seine Antwort auswendig gelernt hat. … Er bleibt der Klassenbeste. Daher muss er durchhalten, auch wenn er sich dabei manchmal gar nicht wohlfühlt. Aber er glaubt offenbar daran, dass er länger durchhält als alle anderen.« Umfragen zufolge gefielen 45 Prozent der Nutzer seine Posts, sein Telegram-Kanal ist einer der meistgelesenen in Russland. Bei vielen einstigen Unterstützern verspielte er jedoch mit seinem Verbalradikalismus die letzten Sympathien: Je lauter Medwedew werde, desto armseliger wirke er, so der russische Politologe Dmitri Oreschkin.

Es bleibt die Hoffnung auf eine unerwartete Wendung der Geschichte. »Wer wen im Kreml beim Kampf um Putins Thron überlisten wird? Ist Medwedew fähig, die Rolle Chruschtschows nach Stalins Tod zu spielen und Russland ein Tauwetter zu bescheren, den Hunderttausenden, die aus Putins Machtbereich geflohen sind, die Möglichkeit zur Heimkehr zu geben?«, fragt der Schriftsteller Viktor Jerofejew, der seit dem Frühjahr 2022 im deutschen Exil lebt. »Wieso nicht? War Chruschtschow etwa zu Stalins Lebzeiten dessen Opponent? Absolut nicht, er war ein politischer Lakai! Meiner Ansicht nach könnte Medwedew einen gar nicht so üblen neuen Chruschtschow abgeben, trotz seines derzeitigen Geknurres und schrecklichen Gebells als Kettenhund.«

Das Sprachrohr

Es war ein Zeichen dafür, wie tief der einst weltweit hoch geachtete Chefdiplomat Russlands inzwischen gesunken war. Neun Wochen nach Beginn der russischen Invasion in der Ukraine, 1. Mai 2022: Außenminister Sergej Lawrow hatte als erstem westlichem Medium nach Kriegsbeginn dem italienischen Sender »Rete 4« ein Interview gegeben, einem Kanal aus dem TV-Imperium des einstigen Ministerpräsidenten Silvio Berlusconi, einer der engsten Vertrauten Wladimir Putins im Westen. Eingeladen hatte die Talkshow »Zona Bianca«, deren Moderator Giuseppe Brindisi nicht unbedingt als Kenner der internationalen Politik gilt. Lawrow war aus Moskau zugeschaltet und konnte nahezu unwidersprochen seine Sicht der Dinge verbreiten, fast eine Dreiviertelstunde lang: Er monologisierte über den angeblichen Staatsstreich in der Ukraine nach den Protesten des »Euromaidan« und der Absetzung des russlandnahen Präsidenten Wiktor Janukowytsch 2014, über die vorgeblich von fremden Mächten gesteuerte Wahl von dessen Nach-Nachfolger Wolodimir Selenskyi 2019, über die Gräueltaten von Butscha, die keinesfalls von russischen Truppen verübt, sondern von den Ukrainern inszeniert worden seien, und natürlich über die angebliche »Nazifizierung« der Ukraine.

Da es der Moderator nicht tat, stellte sich Lawrow auch die entscheidende Frage gleich selbst: Wie könne es im Nachbarland diese Nazifizierung geben, da doch der ukrainische Präsident Selenskyi selbst jüdische Wurzeln habe? »Dass Selenskyi Jude ist, will nichts heißen«, erklärte Sergej Lawrow daraufhin in der für ihn typischen sonoren Stimmlage. »Wenn ich nicht irre, hatte Hitler auch jüdisches Blut, das bedeutet also nichts. Das weise jüdische Volk sagt von sich, dass die Juden selbst oft die größten Antisemiten sind.« Während der Moderator nur kurz die Stirn in Falten legte und diese Ungeheuerlichkeit sonst unkommentiert ließ, war der Aufschrei in aller Welt groß, vor allem in Israel. Lawrows israelischer Amtskollege Jair Lapid sprach von einer »unverzeihlichen, skandalösen Äußerung, einem schrecklichen historischen Fehler«, und forderte eine Entschuldigung. »Meinen Großvater haben nicht Juden umgebracht, sondern Nazis«, so Lapid, und empfahl Lawrow, in ein Geschichtsbuch zu schauen. »Die Ukrainer sind keine Nazis. Nur die Nazis waren Nazis. Nur sie haben die systematische Vernichtung der Juden vorgenommen.«

Der Leiter der Holocaust-Gedenkstätte Yad Vashem, Dani Dajan, nannte Lawrows Äußerungen »absurd, wahnhaft, gefährlich und verachtenswert«. Auch in anderen westlichen Ländern sorgten Lawrows Äußerungen für Empörung. Der Sprecher des US-Außenministeriums, Ned Price, erklärte: »Es war die niedrigste Form von Propaganda, es war die niedrigste Form einer heimtückischen Lüge.« Der Exekutiv-Vizepräsident des Internationalen Auschwitz Komitees, Christoph Heubner, verurteilte Lawrows Ausführungen als »schäbig«. Mit seinen historischen Unwahrheiten und absurden Nazivergleichen erweise sich Lawrow »erneut als zynischer Gefolgsmann von Herrn Putin, dessen Lügen er in die Welt trägt«.

Wie konnte es so weit kommen? Wie konnte ein in aller Welt geachteter und anerkannter Diplomat sich in einen Rüpel verwandeln, der sich widerspruchslos vor den Karren der Kremlpropaganda spannen lässt? Der wider besseres Wissen Lügen und Falschmeldungen verbreitet? Der sich nicht einmal zu schade ist, das Menschheitsverbrechen des Holocaust für seine Zwecke zu instrumentalisieren? Jahrelang hatte der stets mürrisch dreinblickende Lawrow im Westen zwar als harter, doch ebenso verlässlicher Verhandler gegolten. Doch nun verspielt er Woche für Woche mehr von dem Ansehen, das er sich in fast 20 Jahren im Amt erworben hat – selbst wenn es auch zuvor immer wieder vermeintliche »Ausrutscher« Lawrows gegeben hatte.

Sergej Lawrow wurde im März 1950 in Moskau geboren und ist Russe – so heißt es jedenfalls in allen offiziellen Dokumenten. Doch so selbstverständlich wie es scheint, ist die Sache nicht. Offenbar hat Lawrow bereits beim eigenen Lebenslauf vorsätzlich getrickst und getäuscht. Wie eine Zeitung berichtete, hatte er 2005 vor armenischen Studenten in Jerewan erstmals zugegeben, dass »armenisches Blut« in seinen Adern fließe. Tatsächlich war sein Vater ein Armenier, der im georgischen Tiflis lebte, seine Mutter Russin. Der Nachname seines Vaters – und damit auch Lawrows eigentlicher Name – habe Kalantaryan beziehungsweise in russifizierter Form Kalantarow gelautet, hieß es, auch sei Lawrow in Tiflis geboren und habe dort bis zum Vorschulalter gelebt. Darüber, wie er zu seinem jetzigen Nachnamen kam, schweigt sich Lawrow bis heute aus. Einige Quellen berichten, dass Lawrow der Name seines Stiefvaters gewesen sei, andere, dass es sich um den Mädchennamen der Mutter gehandelt habe, den der junge Sergej mit Bedacht angenommen habe: Er war ein außergewöhnlich guter Schüler und wollte Karriere machen – und dafür war es schon zu Sowjetzeiten besser, Russe zu sein oder zumindest als solcher zu erscheinen und nicht einer der anderen Nationalitäten im Vielvölkerstaat UdSSR anzugehören. Manche halten Lawrow sogar für einen selbst erfundenen, »sprechenden« Namen: Wie einst Stalin, eigentlich Josef Dschugaschwili, als Kampfnamen der »Stählerne« wählte, so habe sich Lawrow das russische Wort für Lorbeer, »Lawr«, ausgesucht. Offenbar, so die Deutung, habe sich Lawrow früh zu Höherem bestimmt gesehen.

Da er sehr gute Leistungen in Physik vorweisen konnte, wollte Lawrow eigentlich dieses Fach studieren, entschied sich dann jedoch für das Staatliche Moskauer Institut für Internationale Beziehungen (MGIMO), die Kaderschmiede der sowjetischen Außenpolitik. Dass er an der legendären Institution überhaupt zugelassen wurde, hatte nicht nur mit seinen ausgezeichneten Englischnoten zu tun, sondern auch mit guten Beziehungen. Seine Mutter war im sowjetischen Außenhandelsministerium tätig und konnte mutmaßlich an entscheidender Stelle ein Wort für ihren Sohn einlegen. Die Studienplätze am MGIMO waren begehrt, und auch für Lawrow schien wohl die Aussicht auf einen Einsatz im Ausland allemal verlockender als auf ein Leben als Wissenschaftler in der Sowjetunion. Der Diplomatie haftete im Roten Reich seit jeher etwas äußerst Elitäres an. Die Beschäftigung im Auswärtigen Dienst verlieh ihrem Träger ein fast schon halbgottähnliches Ansehen; war er doch einer der wenigen Auserwählten, denen es möglich war, das Land zu verlassen und die Luft der großen weiten Welt zu schnuppern. Dieses aristokratische Selbstverständnis wiederum wurde im MGIMO und im sowjetischen Außenministerium in Habitus und Auftreten bewusst gepflegt und kultiviert.

Einige Beobachter halten Lawrow bis heute in dieser Prägung gefangen. Im März 2022 verfasste ein ukrainischer Schriftsteller unter dem Pseudonym Severyn Korab einen Gastbeitrag in der »Neuen Zürcher Zeitung«: »All diese Maßanzüge, Manschettenknöpfe, diese nasale Aussprache des Lawrow, seine sonoren Stimmmodulationen, die er sichtlich liebend zelebriert. Aber auch diese unglaubliche Arroganz des Pseudo-Aristokraten, die Überheblichkeit, die Bereitschaft, sich über die vermeintlich schlechten Manieren des Gegenübers auszulassen, die in Wirklichkeit darin bestehen, dass man unbequeme Fragen stellt. Damit verbunden ist die abstruse Überzeugung, die eigenen Manieren seien die auserlesensten der Welt, einschließlich des Moscow Royal English. Nur schlecht kaschiert sich darin die Dialektik von Verachtung gegenüber dem Westen und dem sklavischen Nacheifern in äußeren Formen.«

Während seines Studiums der internationalen Beziehungen spezialisierte sich Lawrow auf den südasiatischen Raum und lernte das in Sri Lanka gesprochene Singhalesisch sowie Dhivehi, die Amtssprache der Malediven. Personen, die ihn aus dieser Zeit kannten, beschreiben ihn als einen Bonvivant, der Gedichte verfasste, in nächtlichen Runden Lieder zur Gitarre sang und als Kulturorganisator seiner Studiengruppe sogenannte »Kapustniks« vorbereitete; gesellige Abende, bei denen populäre Lieder umgedichtet und kleine Sketche aufgeführt wurden, die in humorvoller Form die Anwesenden oder die allgemeine Lage im Land aufs Korn nahmen. Seine Leidenschaft für die Lyrik habe im Alter von 15 Jahren begonnen, erzählte Lawrow viele Jahre später bei einem Auftritt vor Moskauer Schülern. »Es entstanden Gesänge, die bestimmten Ecken unseres riesigen Mutterlandes gewidmet waren.« Dabei schreibe er keine Gedichte, diese »passierten« ihm einfach, erläuterte er seinen verblüfften jugendlichen Zuhörern.

Bei selber Gelegenheit benannte Lawrow auf Nachfrage auch sein Lieblingsbuch: den Roman »Der Meister und Margarita« von Michail Bulgakow, eine während der Stalinzeit entstandene Variation des Faust-Motivs und bitterböse Abrechnung mit dem bürokratischen Terror- und Überwachungsstaat sowjetisch-stalinistischer Prägung. Das Buch konnte in der UdSSR erst zweieinhalb Jahrzehnte nach dem Tod des Autors erscheinen, eine zensierte Fassung wurde ab 1966 als Fortsetzungsroman in einer Literaturzeitschrift abgedruckt. Diese war zu der Zeit stets innerhalb weniger Stunden ausverkauft und ging danach von Hand zu Hand. Die von der Zensur herausgekürzten Teile wurden mit Schreibmaschine vervielfältigt und heimlich verbreitet. Die Veröffentlichung des Romans, der heute zum Kanon der

Weltliteratur gerechnet wird, war ein erster wichtiger Schritt, mit dem die Verbrechen des Stalinismus in der Sowjetunion zumindest literarisch benannt werden konnten. Die historische Beleuchtung der Stalinzeit begann dann erst zwei Jahrzehnte später unter Michail Gorbatschow. Diese Aufarbeitung wurde freilich in den Jahren von Putins Präsidentschaft immer mehr zurückgefahren, Menschenrechtsorganisationen wie »Memorial«, die an die Opfer des Stalinismus erinnerten, immer weiter behindert und schließlich ganz verboten. Nach dem Beginn des Angriffskrieges gegen die Ukraine sah sich Lawrows Sprecherin Maria Sacharowa genötigt, auch »Der Meister und Margarita« umzudeuten: Dessen Impetus sei nicht antisowjetisch, sondern antiamerikanisch – der Teufel sei bei Bulgakow ja schließlich Ausländer und komme aus dem Westen.

Lawrows damalige Kommilitonen am MGIMO bekleiden heute allesamt hohe Ämter in der russischen Außenpolitik oder Wirtschaft. Mit einigen von ihnen unternimmt der Minister jährlich im Sommer noch immer ausgedehnte Touren durch die Weiten des sibirischen Altai-Gebirges, bei denen Lawrow auch seinem Hobby Wildwasserrafting nachgeht. Angeblich, so wird berichtet, gebe es in der Gruppe eine althergebrachte Aufgabenteilung. Lawrow sammle und hacke Holz und sorge dafür, dass ständig Feuer unter dem Kessel sei. Bei einer dieser Wanderungen dichtete Lawrow ein dem Institut gewidmetes Lied, in dem von der »schönsten aller irdischen Dynastien« die Rede ist und von »warmen Herzen«, die über die ganze Welt verstreut seien, und das seit 1999 die offizielle Hymne des MGIMO ist.

Nach dem Studienabschluss wurde Lawrow 1972 an die sowjetische Botschaft in Sri Lanka geschickt, wo er sich die ersten Sporen im diplomatischen Dienst verdiente, bevor er nach vier Jahren in die Zentrale zurückkehrte und in der Abteilung für internationale Organisationen tätig war. 1981 erfolgte dann der erste Ritterschlag – die Versetzung zur Ständigen Vertretung der

Sowjetunion bei den Vereinten Nationen nach New York. Seinem Staat hatte Lawrow zu dieser Zeit schon eine düstere Prognose gestellt. Es war die Endphase der Breschnew-Ära, als das Sowjetsystem zunehmend in Erstarrung verfiel und sich der Afghanistankrieg zu einer militärischen Katastrophe entwickelte. In einem 2017 veröffentlichten Gedicht, in dem er auf das Jahr 1980 zurückblickte, schrieb er: »Das ganze Land versteckte sich vor Angst, in der Erwartung, dass es wieder keine Siege geben wird, sondern Zusammenbruch und Fiasko, nicht Fortschritt, sondern Rückschritt.« Nacheinander hätten Dichter, Sänger, Präsidenten, Premierminister und Hausmeister aufgegeben. Es habe kein Brot und keine Kartoffeln gegeben. Das Einzige, was habe gesteigert werden können, seien die Auslandsschulden.

Von den Sorgen und Nöten des sowjetischen Alltags war Lawrow in New York weit entfernt. Dort lernte er nicht nur die Tricks und Kniffe der hohen Diplomatie, sondern auch den westlichen Lebensstil kennen und schätzen. Vor allem der Whisky und feine Zigarren sollen es ihm angetan haben. Als er dann 1988 routinemäßig in die Heimat zurückkehrte, hatte sich aber nicht nur er, sondern auch sein Land verändert. Nach den drei siechen KPdSU-Generalsekretären Breschnew, Andropow und Tschernenko, die kurz nacheinander das Zeitliche segneten, war nun Michail Gorbatschow im Amt, der das rote Riesenreich mit seiner Reformpolitik vor dem Untergang retten wollte. Auch außenpolitisch setzte er neue Akzente, ging mit Gesprächsangeboten auf den Westen zu und warf die sogenannte Breschnew-Doktrin für den Ostblock über Bord.

Lawrow erlebte den Wandel als Abteilungsleiter im sowjetischen Außenministerium in Moskau und musste von dort aus auch den endgültigen Fall des Sowjetreichs mitansehen. Ob er die Meinung Wladimir Putins teilt, der den Zusammenbruch der Sowjetunion als die »größte geopolitische Katastrophe des 20. Jahrhunderts« nannte, wissen wir nicht. In ihren Memoiren schilderte Condoleezza Rice ein Gespräch mit Lawrow, in dem er sich an den Dezember 1991 erinnerte, als die rote Fahne über dem Kreml eingeholt wurde: »Er sagte, er wusste nicht mehr, welches Land er eigentlich vertritt.« Seiner Karriere schadete das Ende der UdSSR jedenfalls nicht. Nach der Überführung der Strukturen des sowjetischen in das russische Außenministerium wurde er 1992 stellvertretender Außenminister und kehrte zwei Jahre später als UN-Botschafter Russlands nach New York zurück.

Die geschwundene Rolle der ehemaligen Supermacht auf dem internationalen Parkett bekam Lawrow nun jedoch deutlich zu spüren. Zwar hatte Russland das Vetorecht der Sowjetunion im UN-Sicherheitsrat übernommen, doch ein ums andere Mal fühlten sich die Russen jetzt von Westen hintergangen – sei es im Konflikt um den Kosovo 1999, als die NATO-Staaten unter Verweis auf eine humanitäre Notlage und das Selbstbestimmungsrecht der Völker ohne UNO-Mandat Serbien bombardierten. Ein Präzedenzfall, der den Russen in den folgenden Jahrzehnten noch mehrfach als Begründung eigener Militäraktionen dienen sollte. Oder vier Jahre später, als die USA und ihre Verbündeten unter Zuhilfenahme fadenscheiniger Begründungen Saddam Husseins Regime im Irak angriffen. Da half es nichts, dass sich Lawrow einen Namen als »Mister Njet« machte, so wie einst sein legendärer sowjetischer Amtsvorgänger Andrej Gromyko – was zugleich Anerkennung und Unmut seiner Verhandlungspartner im Westen ausdrückte.

Schlagzeilen jenseits des diplomatischen Tagesgeschäfts machte Lawrow 2003, als Generalsekretär Kofi Annan vorschlug, im UNO-Hauptquartier am East River ein allgemeines Rauchverbot einzuführen, was dem Kettenraucher Lawrow gar nicht schmeckte – verließ er doch langwierige Sitzungen des Weltsicherheitsrats gerne für eine ausgedehnte Zigarettenpause, oft in Verbindung mit einem Glas Scotch. »Dieses Haus gehört allen Mitgliedern der UNO«, polterte Lawrow, »ihr Generalsekretär ist nur der Verwalter« – und weigerte sich, dem Verbot nachzukommen. »Der Generalsekretär kann gerne seinen Angestellten Anweisungen erteilen, aber sicher nicht den Angehörigen der diplomatischen Missionen«, legte Lawrow nach und paffte vorerst weiter. Die Moskauer Presse jubelte, dass sich Russlands Mann in New York nicht hatte unterkriegen lassen. Sieben Jahre später aber geriet Lawrow aus den eigenen Reihen unter Beschuss, als Putin auch in Russland schärfere Nichtrauchergesetze durchsetzen und das Rauchen an öffentlichen Orten verbieten lassen wollte. Bei einem vom Fernsehen übertragenen Ministertreffen im Oktober 2010 nahm der Präsident aus heiterem Himmel die Raucher unter den Regierungsmitgliedern aufs Korn. Diese sollten »mit dem Rauchen aufhören und im Kampf gegen die Tabaksucht mit gutem Beispiel vorangehen«. Ob sich Lawrow tatsächlich fügte, ist nicht bekannt. Auf einen lautstark vorgetragenen öffentlichen Protest verzichtete er diesmal jedoch wohlweislich.

Putin und sein zukünftiger Außenminister waren sich nach dem Amtsantritt des Präsidenten im Jahre 2000 zum ersten Mal persönlich begegnet. Immer wieder hatte es danach Gerüchte gegeben, dass Putin den noch aus der Jelzin-Ära übernommenen Außenamtschef Igor Iwanow durch den fünf Jahre jüngeren Lawrow ersetzen könnte. Doch erst bei einer Regierungsumbildung kurz vor Beginn seiner zweiten Amtszeit im Frühjahr 2004 war es dann so weit: Sergej Lawrow verließ New York und wurde von Putin zum neuen Außenminister der Russischen Föderation ernannt. In den westlichen Hauptstädten nahm man den Wechsel durchaus mit Wohlwollen auf. Der deutsche UN-Botschafter Gunter Pleuger nannte Lawrow eine »ausgezeichnete Wahl für Europa und auch gut für Deutschland«. Auch Lawrow selbst betonte, seine Ernennung bedeute »kein Signal der Veränderung in der russischen Außenpolitik«. In Interviews und Gastbeiträgen für westliche Medien gab er sich handzahm: »Unsere Außenpolitik ist weder prowestlich noch antiwestlich«, erklärte er im Juni 2004. »Es ist eine Politik im Interesse Russlands, die wir fest und konsequent verfolgen, aber ohne Konfrontation, über Dialog und Partnerschaft.«

Mitunter bemühte er sich jetzt sogar, seine humorvolle Seite zu zeigen. Beim Regionaltreffen der ASEAN-Staaten in Laos im Juli 2005 trat er während des traditionellen bunten Abends als Darth Vader auf – mit Cape und fast echtem Lichtschwert, wie die Agenturen meldeten. Nur den rasselnden Atem des gefallenen Jedi-Ritters habe er »mangels ausgefeilter Technik nicht überzeugend umsetzen« können. Dennoch waren die Delegierten begeistert. Ein Krieger des Lichts, verführt von der dunklen Seite der Macht – ein Schelm, wer Böses dabei dachte.

Dass der Amtsantritt tatsächlich einen Wendepunkt markierte, wurde erst viel später deutlich. Es war das Ende eines versuchten Ausgleichs mit dem Westen, der Putins erste Amtszeit gekennzeichnet hatte. Nach den Anschlägen auf das World Trade Center hatte sich Russland umgehend an die Seite der USA gestellt – Putin war weltweit der erste führende Staatsmann, der George W. Bush nach den Anschlägen telefonisch seine vorbehaltlose Unterstützung zusicherte: ein Moment seltener Eintracht zwischen Russland und den USA. Moskau beteiligte sich bereitwillig am amerikanischen Kampf gegen den islamistischen Terrorismus, bot dieser doch die Aussicht, die unruhige russische Südflanke im Mittelasien zu stabilisieren. Hier drohten die afghanischen Taliban auch in muslimisch dominierten ehemaligen sowjetischen Teilrepubliken wie Tadschikistan und Usbekistan einzusickern und den Dschihad an und über die russischen Grenzen zu tragen. Auch der fortdauernde brutale Krieg in Tschetschenien ließ sich als Teil des internationalen Kampfs gegen den Terrorismus viel besser verkaufen.

Putin akzeptierte die Entsendung von amerikanischen Militärberatern nach Georgien und räumte Washington die Möglichkeit ein, zeitweise Truppen in Kirgisien zu stationieren, wo auch Russland eine Militärbasis unterhielt. Auch die einseitige Kündigung des ABM-Abrüstungsvertrags durch die USA im Juni 2002 nahm Moskau stillschweigend hin. Selbst die zweite NATO-Osterweiterung, mit der die Allianz im Frühjahr 2004 durch die Aufnahme der baltischen Staaten Estland, Lettland und Litauen unmittelbar an die russische Grenze heranrückte, war Putin damals nur eine Protokollbemerkung wert. Russland fürchte die NATO-Erweiterung nicht, sagte er nach einem Treffen mit Bundeskanzler Gerhard Schröder. Heute gilt sie in Russland freilich als unverzeihlicher aggressiver Akt des Westens.

Doch die Entfremdung hatte längt begonnen. Als Kreml-Stabschef Alexander Woloschin Ende 2002 nachfragte, wann die USA ihren Luftwaffenstützpunkt in Kirgisien wieder schließen würden, erhielt er von Condoleezza Rice den Bescheid, dass dieser nun »für immer« gebraucht werde. Für weitere Missstimmung sorgten der Irakkrieg und dessen fragwürdige Rechtfertigung mit einem angeblichen Bedrohungspotenzial durch chemische und biologische Waffen in den Händen von Saddam Hussein. Putin fühlte sich von den Amerikanern betrogen und witterte nun bei jedem Schritt Washingtons eine weitere Finte, um Russland zu schwächen. Seine fixe Idee von der befürchteten amerikanischen Einkreisung Russlands, die fortan die weiteren Beziehungen bestimmte, nahm langsam Gestalt an. Es war »der Moment, da Russland es aufgab, als entfernter Planet im Sonnensystem des Westens zu kreisen«, so die »Berliner Zeitung« 2013. »Es wollte fortan eine Sonne für sich sein.«

In dieser Situation schien Lawrow für Putin der richtige Mann im Außenamt zu sein. Zum einen war Lawrow mit allen Wassern der sowjetischen Diplomatenschule gewaschen, zum anderen hatte er lange im Westen gelebt und sich bei der UNO ein gewisses Standing erarbeitet. Besonders wichtig für Putin war jedoch, dass Lawrow trotz seiner Erfahrung auf dem politischen Parkett keinen Ehrgeiz entwickelte, eine eigenständige Rolle in der russischen Außenpolitik spielen zu wollen. Dass die nicht allein im Ministerium am Gartenring – einem von sieben Moskauer Wolkenkratzern im Zuckerbäckerstil des »sozialistischen Klassizismus« – gemacht wurde, sondern vor allem im Kreml, akzeptierte Lawrow klaglos. »Wenn er überhaupt Überzeugungen hat, dann spielen sie keine Rolle«, so ein Moskauer Insider. »Er tut, was man ihm sagt. Wenn die Beziehungen zum Westen verbessert werden sollen, dann verbessert er sie. Wenn sie verschlechtert werden sollen, verschlechtert er sie.« Mit dieser Taktik schaffte er es, sich das unbedingte Vertrauen Putins zu erarbeiten – eine Gunst, der sich sonst nahezu ausschließlich Vertraute aus Leningrader KGB-Zeiten erfreuen durften. »Lawrow braucht keine Anweisungen von Putin, er weiß selbst, was er tun muss«, urteilte der russische Journalist Fjodor Lukjanow, langjähriger Chefredakteur der Zeitschrift »Russia in Global Affairs«.

Dass Russland seinen Glanz und seine Größe zurückgewinnen müsse, mit dieser Meinung stimmte Lawrow zweifellos mit Putin überein. Vor allem auf die Idee, dass Russland endlich als gleichwertig mit den Vereinigten Staaten angesehen würde, war auch Lawrow fixiert. Die Weltordnung nach dem Ende des Kalten Krieges mit der USA als einziger Supermacht sollte endgültig der Vergangenheit angehören. Stattdessen sollte auch Russland wieder ganz oben mitspielen und aus Interessenkonflikten zwischen USA, Europa und China das Maximum herausholen. »Wir müssen endlich Schluss machen mit der Denkweise des Kalten Krieges«, erklärte er. »Möglicherweise hatten wir Russen es leichter, die Stereotypen der Vergangenheit zu überwinden, als manche Partner im Westen, die noch immer befangen sind von der fixen Idee, sie hätten im Kalten Krieg gesiegt. Diese Siegermentalität verführt zu der Vorstellung, sie könnten uns jetzt die Spielregeln diktieren.«

So gut wie keine Einflussmöglichkeiten hatte Lawrow auf die Beziehungen zwischen Russland und dem »nahen Ausland«, den einstigen Sowjetrepubliken, die nach dem Zerfall der UdSSR selbstständig geworden waren. Einst hatten diese dem ZK der KPdSU unterstanden und wurden nun von der passenderweise im selben Gebäude residierenden Präsidialadministration wahrgenommen. Vor allem den Beziehungen zur Ukraine kam dabei aus historischen und ökonomischen Gründen eine besondere Bedeutung zu. Als im Herbst 2004 im Nachbarland Präsidentschaftswahlen stattfanden, mischte sich der Kreml ganz selbstverständlich in den Wahlkampf ein und protegierte den moskautreuen Kandidaten Wiktor Janukowitsch. Doch nach offensichtlichen Ungereimtheiten und Fälschungen bei der Wahl brach eine Protestwelle los, die unter dem Namen »Orange Revolution« bekannt werden sollte – die Demonstranten trugen als Erkennungszeichen orangefarbige Schals und Tücher. Auf dem Maidan, dem zentralen Platz Kiews, versammelten sich Hunderttausende und verlangten eine Überprüfung der Ergebnisse. Tatsächlich triumphierte zum Entsetzen Putins schließlich der prowestliche Wiktor Juschtschenko in einer neu angesetzten Stichwahl über Janukowitsch. Was im Westen als Sieg der Demokratie gefeiert wurde, ließ im Kreml alle Alarmglocken schrillen und befeuerte Putins Einkreisungsängste, nach denen es der Westen unter dem Vorwand der Verbreitung von Freiheit und Demokratie darauf abgesehen hatte, Russland Souveränität zu untergraben.

Dass US-Präsident George W. Bush bei der Rede zu Beginn seiner zweiten Amtszeit im Januar 2005 noch einmal die sogenannte »Bush-Doktrin« bekräftigte, nach der die USA überall auf der Welt »Keime demokratischer Bewegungen finden und unterstützen« und »der Tyrannei ein Ende setzen« wolle, verstärkte die Ängste vor weiteren, vermeintlich vom Westen angezettelten »Farbenrevolutionen« im Umfeld Russlands und möglicherweise sogar in Russland selbst. »Nach den Regeln der Neurose zog die Katastrophe in der Ukraine immer weitere Kreise – von der Außenpolitik griff sie bald auf die Innenpolitik über«, konstatierte einer der Spin-Doktoren des Kreml, Gleb Pawlowski. »Uns ging nur noch im Kopf herum, dass wir auf eine Farbenrevolution nicht vorbereitet waren.« In Russland habe nun eine neue Epoche begonnen, so der Journalist Michail Sygar: »Die Integration mit dem Westen, die Freundschaft mit europäischen Politikern, die Debatten über die europäischen Werte – all das war Vergangenheit. Der mittelalterliche Moskauer Kreml, den seit Jahrhunderten niemand belagert hatte, erweckte plötzlich den Eindruck einer belagerten Festung.«

Lawrow vollzog den Kurswechsel widerspruchslos mit. So beschuldigte er in einem Ende 2005 auf der Webseite seines Ministeriums veröffentlichten Artikel den Westen, sich in die inneren Angelegenheiten der Staaten im russischen Einflussbereich einzumischen. »Jeder Versuch, den natürlichen gesellschaftlichen Prozess zu beschleunigen, insbesondere von außen, führt zur Destabilisierung und macht den Weg zur Demokratie nicht ebener«, schrieb Lawrow. Als US-Vizepräsident Dick Cheney dann im Frühjahr 2006 verschiedene ehemalige Sowjetrepubliken besuchte und bei einer Rede in Vilnius der russischen Führung vorwarf, sich im Inneren von der Demokratie abgekehrt zu haben und gegenüber seinen Nachbarstaaten seine Energiemacht zur »Erpressung« zu nutzen, hatte das eine erneute Eiszeit zwischen Moskau und Washington zur Folge.

Endgültig offenbar wurde der Bruch dann im Februar 2007 auf der Münchner Sicherheitskonferenz. Putin hielt hier eine Rede, die im Nachhinein als Beginn eines neuen Kalten Krieges gewertet wurde. All die in den vorangegangenen Jahren angestauten Kränkungen, die er meinte, von den USA und vom Westen erfahren zu haben, brachen hier aus ihm heraus: Eine unipolare Welt mit einer einzigen Supermacht, wie sie die USA anstrebe, habe nichts mit Demokratie gemein. Die Vereinigten Staaten stülpten ihre Normen anderen Staaten mit Gewalt über. Dies hätte die Welt aber nicht sicherer, sondern unsicherer gemacht.

Russland lehre man ständig Demokratie. »Nur die, die uns lehren, haben selbst aus irgendeinem Grund keine rechte Lust zu lernen«, stieß Putin erregt hervor. Ebenso heftige Kritik übte er am Irak-Krieg, an erneuten Erweiterungsplänen der NATO, die Georgien und die Ukraine betrafen, und an Plänen der USA, in Osteuropa ein System zur Raketenabwehr aufzubauen. Die Zuhörer waren von Putins Philippika schockiert, während sich Lawrow beeilte, seine ausdrückliche Zustimmung zur Rede seines Präsidenten zu erklären. Es sei an der Zeit, »eine offene und öffentliche Unterredung« mit Washington zu führen, sagte Lawrow zehn Tage später vor Studenten in Moskau. Es sei notwendig, das Erbe des Kalten Krieges hinter sich zu lassen, »einschließlich ideologischer Stereotype und einer von zweierlei Maß bestimmten Politik«.

Was sie dem Westen vorwarf, betrieb die russische Administration freilich selbst: die Einmischung in innere Angelegenheiten fremder Staaten. Im Frühjahr 2007 traf es Estland, weil dort die sterblichen Überreste sowjetischer Soldaten umgebettet und ein sowjetisches Siegesdenkmal von einem zentralen Platz Tallins entfernt werden sollten. Sofort befeuerte die russische Propaganda die Proteste der russischstämmigen Minderheit in Estland und organisierte die Belagerung der estnischen Botschaft in Moskau durch die kremlnahe Jugendorganisation »Naschi« (Die Unsrigen). Zum ersten Mal tauchte hier ein Narrativ auf, das einige Jahre später von Moskau bis zum Überdruss strapaziert werden sollte – der Vorwurf, dass hier neue »Nazis« am Werk seien. Lawrow erklärte umgehend, Estland betreibe eine »Politik der Aufforderung zur Heroisierung der Nazis und ihrer Verbündeten«. Die estnische Regierung habe, so Lawrow wörtlich, auf die Gräber der Gefallenen gespuckt. Der Vorgang sei »eine frevlerische Handlung, die im heutigen Europa inakzeptabel ist« und Konsequenzen haben müsse. Später dehnte er die Vorwürfe auf die ganze EU und NATO aus. Der Westen betrachte es mit Nachsicht, dass »Versuche, die Geschichte zu verhöhnen, ein Element und Instrument der Außenpolitik bestimmter Staaten geworden sind«, sagte er anlässlich einer Gedenkveranstaltung für im Zweiten Weltkrieg gefallene sowjetische Diplomaten. Diese Länder wollten das Andenken an die Opfer des Zweiten Weltkriegs lächerlich machen und dessen Geschichte umschreiben.

Der Vorgang zeigte, dass Lawrow den Boden der seriösen Außenpolitik mehr und mehr verließ und auf den Pfad der Irreführung und Propaganda einschwenkte. Dies wurde auch im darauffolgenden Jahr beim Konflikt um Georgien deutlich, selbst wenn der Präsident zu dieser Zeit Dmitri Medwedew hieß. Die Streitigkeiten entzündeten sich einerseits an der georgischen Anwartschaft auf die NATO-Mitgliedschaft und amerikanischer Militärhilfe für den Kaukasusstaat, zum anderen an den Auseinandersetzungen zwischen der georgischen Zentralregierung und ihrer abtrünnigen Provinz Südossetien. Als georgische Truppen am 8. August 2008, dem Eröffnungstag der Olympischen Spiele in Peking, einen Vorstoß Richtung der südossetischen Hauptstadt Zchinwali unternahmen, reagierte Moskau mit einem massiven Militärschlag gegen Georgien. Zwei Tage später rief Lawrow bei US-Außenministerin Condoleezza Rice an und forderte als Voraussetzung für einen Waffenstillstand »ganz unter uns« die Absetzung des georgischen Präsidenten Michail Saakaschwili – eine Forderung, die er im umgekehrten Fall sicherlich lautstark als Einmischung in innere Angelegenheiten gegeißelt hätte. Als Rice das Telefonat öffentlich machte, reagierte Lawrow erzürnt. Den britischen Außenminister David Miliband, der sich als Vermittler einschaltete, brüllte er am Telefon ganz undiplomatisch an: »Who are you to fucking lecture me?«

Auch der französische Präsident und amtierende EU-Ratsvorsitzende Nicolas Sarkozy geriet mit Lawrow aneinander, als er in diesen Wochen zwischen Paris, Moskau und Tiflis pendelte und im Auftrag der EU und mit Wissen der Amerikaner Krisendiplomatie betrieb. Eine bereits im August 2008 durch

Sarkozy ausgehandelte Waffenstillstandsvereinbarung, die unter anderem einen russischen Truppenabzug aus Südossetien vorsah, wurde von Moskau aber dergestalt ausgehebelt, dass der Kreml umgehend die südossetische Unabhängigkeit anerkannte und mit den Separatisten eilig Verträge über die Stationierung von Truppen abschloss. Als Sarkozy Anfang September 2008 erneut auf Lawrow traf, habe dieser mit Häme auf die Rückzugsforderungen des Franzosen reagiert, heißt es in einem Papier, das die Enthüllungsplattform Wikileaks zwei Jahre später öffentlich machte. Die russischen Soldaten seien auf der Grundlage von Verträgen zwischen souveränen Staaten in Südossetien, die Waffenstillstandsvereinbarungen seien von der Geschichte überholt. Sarkozy soll den russischen Außenminister daraufhin »am Revers seines Jacketts gepackt und ihn einen Lügner genannt« haben. Auch die US-Außenministerin Condoleezza Rice geriet angesichts der Regelüberschreitungen Lawrows mitunter aus der Fassung, wie Rice-Biograf Glenn Kessler schrieb. Einen Mitarbeiter der Ministerin zitiert er mit den Worten: »Lawrow wusste genau, welche Knöpfe er drücken musste, um sie zu ärgern.«

Wenige Wochen nach dem Beginn der Präsidentschaft Barack Obamas traf Lawrow Anfang März 2009 erstmals mit der neuen US-Außenministerin Hillary Clinton zusammen. Als Zeichen des guten Willens überreichte diese ihm bei einem Treffen in Genf eine grüne Schachtel mit einer Schleife – darin ein roter Plastikknopf, den sie beide drücken sollten. Der Knopf trug auf Englisch die Aufschrift »Reset«, dazu die vermeintliche Übersetzung auf Russisch. Doch Clintons Leuten war ein Fehler unterlaufen – statt wie gewünscht »Neustart« stand dort auf Russisch wörtlich »Überlastung«. Lawrow zeigte sich ausnahmsweise mal wieder von seiner humorvollen Seite und erklärte, er werde sich »bemühen, keine Überlastung in den russisch-amerikanischen Beziehungen zuzulassen«, und drückte gemeinsam mit Hillary Clinton auf den Knopf. Doch der holprige »Reset« wurde zum

Omen – der Riss zwischen Moskau und Washington war nicht mehr zu kitten. Als Wladimir Putin dann 2012 nach dem Medwedew-Intermezzo ins Präsidentenamt zurückkehrte, wurde der Antiamerikanismus ohnehin zur Staatsräson.

Dies machte auch der Streit um den »Magnitsky Act« deutlich. Dabei handelte es sich um ein im Dezember 2012 von US-Präsident Obama unterzeichnetes Gesetz, das russische Funktionsträger mit Sanktionen und Einreiseverboten in die Vereinigten Staaten belegte. Der russische Anwalt und Wirtschaftsprüfer Sergej Magnitsky hatte für das Investmentunternehmen »Hermitage Capital« mit Sitz in Guernsey gearbeitet und war 2008 Korruptionsfällen im russischen Innenministerium auf die Spur gekommen, die zulasten seines Arbeitgebers gingen. Wenig später wurde er verhaftet und geriet damit in die Hände genau jener Beamten, deren schmutzige Geschäfte er aufgedeckt hatte. Magnitsky wurde unter menschenunwürdigen Bedingungen in zwei Moskauer Gefängnissen festgehalten, musste bei Verhören Misshandlungen der Vernehmer erdulden, jegliche medizinische Behandlung wurde ihm verweigert. Nach fast genau einem Jahr in Untersuchungshaft starb er, ohne dass eine Anklage erhoben worden wäre. Mutmaßlich wurde er von seinen Wärtern zu Tode geprügelt. Andere Quellen sprechen von einer Vergiftung.

Als der Fall im Westen bekannt wurde, forderte US-Außenministerin Clinton Aufklärung und eine Bestrafung der Schuldigen. Doch die russische Seite mauerte, und außer einigen niedrigen Chargen wurde keiner der für den Tod Magnitskys Verantwortlichen jemals belangt. Die Amerikaner reagierten daraufhin mit Sanktionen gegen 15 Personen, die verdächtigt wurden, für den Tod Magnitskys verantwortlich zu sein. Der »Magnitsky Act« rief in Russland sofort die altbekannten antiamerikanischen Reflexe hervor, Hardliner forderten, es den USA mit gleicher Münze heimzuzahlen. Da Einreise- oder Vermögenssperren in Russland US-Bürger kaum treffen konnten, verfiel man zur Vergeltung auf eine krude Idee: Amerikaner durften fortan keine russischen Kinder mehr adoptieren – das sogenannte »Dima-Jakowlew-Gesetz«, benannt nach einem russischen Waisenjungen, der in den USA zu Tode gekommen war, weil sein Adoptivvater ihn bei starker Hitze im Auto vergessen hatte.

Es war einer der seltenen Fälle, in denen sich Lawrow mehrfach öffentlich gegen ein von Wladimir Putin unterstütztes Vorhaben aussprach. Lawrows Ministerium hatte gerade erst in langwierigen Verhandlungen ein neuen Adoptionsabkommen mit den USA ausgehandelt. Sollte dieses aufgekündigt werden, entziehe man auch bereits adoptierten Kindern den Schutz, so seine Argumentation. In den vorangegangenen 20 Jahren waren etwa 60 000 Kinder aus Russland von Amerikanern adoptiert worden. Ein grundsätzliches Verbot von Adoptionen sei »nicht richtig«. Doch gegen den ausdrücklichen Willen Putins konnte auch Lawrow nichts ausrichten, zudem leiteten ihn bei seinen Einsprüchen ohnehin weniger moralische Bedenken als vielmehr politisch-praktische Gründe. Und Lawrow wäre nicht Lawrow, wenn er das Adoptionsverbot dann nicht ausdrücklich verteidigt und zu seiner Umsetzung beigetragen hätte.

Zu dieser Zeit hielt seit einem Jahr der grausame Bürgerkrieg in Syrien die Welt in Atem. Mehrere Rebellengruppen kämpften gegen das Regime von Baschar al-Assad, darunter auch al-Qaida. Moskau gehörte zu den wenigen verbliebenen Unterstützern des Diktators und wollte unbedingt verhindern, dass Assad gestürzt wurde, war Syrien doch der letzte Brückenkopf Russlands im Nahen Osten. Und so lieferten die Russen Waffen an Assad, blockierten mit ihrer Vetomacht im UN-Sicherheitsrat Sanktionen gegen das Regime und sorgten dafür, dass das blutige Gemetzel weiterging – wobei dies alles von Lawrow mit unbewegter Miene als Beitrag zu einer »politischen Lösung« des Konflikts verkauft wurde. Interventionen westlicher Diplomaten prallten an ihm ab, und wenn er es für nötig hielt, stellte er diese auch bloß, wie beim Besuch des damaligen deutschen Außenministers Guido Westerwelle in Moskau im Juli 2012. Als er auf der Pressekonferenz gefragt wurde, ob Russland Assad im Zweifelsfall auch Asyl gewähren würde, erzählte er – »Ich hoffe, ich verrate da jetzt kein Geheimnis« –, dass ihm die deutsche Seite genau diese Frage auch gestellt habe. Er habe das als Witz aufgefasst und geantwortet: »Nehmt ihr ihn doch.« Nicht nur, dass Lawrow einfach so vertrauliche Gespräche mit der Bundesregierung ausplauderte – er machte sich auch noch über sie lustig.

Als das Regime im August 2013 Giftgas gegen das eigene Volk einsetzte und US-Präsident Obama mit einem Militärschlag gegen Damaskus drohte, war es wieder einmal Lawrow, der mit seinem diplomatischen Geschick Assad den Kopf rettete. Als US-Außenminister Kerry am 9. September 2013 in London gefragt wurde, ob das syrische Regime die als Gegenreaktion geplanten Luftschläge der US Air Force noch abwenden könne, äußerte er, kaum wirklich ernst gemeint: Nur, wenn Syrien alle Chemiewaffen abgebe – eine Forderung, die das Regime bislang immer kategorisch zurückgewiesen hatte. In Moskau hatte Lawrow an diesem Tag den syrischen Außenminister Walid al-Muallem zu Gast. Wenige Minuten nach Kerrys Worten ließ er die Medien zusammenrufen und gab ein Statement von nicht einmal zwei Minuten ab: Sein Motto sei diskutieren statt bombardieren, und wenn sich ein Militärschlag abwenden ließe, fordere Russland die syrische Regierung auf, seine Chemiewaffen unter internationale Kontrolle zu stellen und zu vernichten. Muallem nickte und lobte »die Weisheit der russischen Führung«. Man sei bereit mitzugehen. Tatsächlich trat Syrien nun der internationalen Chemiewaffenkonvention bei und ließ Inspektoren ins Land, die bis 2016 die Vernichtung des Waffenarsenals überwachten.

Inzwischen hatte sich der Fokus der russischen Politik wieder in die Ukraine verlagert. Der nach der »Orangenen Revolution« 2005 ins Amt gekommene ukrainische Präsident Wiktor Juschtschenko hatte bei der Wahl 2010 sein Amt an den damaligen Wahlverlierer abgeben müssen. Janukowitsch, eigentlich ein Mann Moskaus, bereitete dennoch ein Assoziierungsabkommen mit der EU vor – ein Schritt, der im ganzen Land breite Unterstützung fand. Doch natürlich nicht in Moskau. Aus Anlass des 1 025. Jahrestags der Christianisierung Russlands kam Putin im Juli 2013 nach Kiew und erklärte: »Wir, Russland und die Ukraine, waren immer vereint, und in dieser Einheit liegt unsere Zukunft.« Bald folgten auf die Worte Taten, und der Kreml erhöhte den Druck auf Janukowitsch, von der Unterzeichnung des Abkommens abzusehen. Tatsächlich vollzog der ukrainische Präsident im November 2013 die Kehrtwende und nahm von der EU-Integration Abstand. Dieser Schritt rief in der Ukraine sofort eine neue Protestwelle hervor. Wieder versammelten sich auf dem Kiewer Maidan-Platz Zehntausende Menschen und forderten eine Rückkehr zum proeuropäischen Kurs. Als sich die Proteste in den darauffolgenden Tagen und Wochen immer mehr ausweiteten, reagierte die Staatsmacht mit Gewalt. Spezialeinheiten der Polizei und Heckenschützen des Innenministeriums töteten fast 100 Menschen, weitere 300 wurden zum Teil schwer verletzt.

Für Wladimir Putin war dieser »Euromaidan« einmal mehr eine von den USA inszenierte Operation mit dem Ziel der Abspaltung der Ukraine von Russland. »Wenn wir nicht aufpassen, verlieren wir die Ukraine«, erklärte er immer wieder. Ende Februar 2014, gerade als im russischen Sotschi die Olympischen Winterspiele stattfanden, spitzte sich die Lage in Kiew weiter zu. Am 21. Februar unterzeichnete Janukowitsch ein unter Vermittlung der Außenminister Deutschlands, Frankreichs und Polens ausgehandeltes Abkommen mit der Opposition, das Verfassungsänderungen und vorgezogene Präsidentschaftswahlen im Dezember 2014 vorsah. Doch die auf dem Maidan versammelte oppositionelle Basis lehnte das Verhandlungsergebnis ab und forderte den sofortigen Rücktritt Janukowitschs. Dass sich unter den Protestlern auch ultranationalistische Gruppen befanden, die sich auf Stepan Bandera, einen ukrainischen NS-Kollaborateur aus dem Zweiten Weltkrieg, beriefen, befeuerte fortan die russische Propaganda. Denn völlig unerwartet floh Janukowitsch am nächsten Morgen aus der Ukraine nach Russland, offenbar getrieben aus Sorge um seine persönliche Sicherheit, da sich um ihn herum die Strukturen aufzulösen begannen. Schon in den Tagen zuvor hatte er damit begonnen, sein Vermögen in Sicherheit zu bringen. Doch nach russischer Lesart hatte damit eine »faschistische Junta« in Kiew einen Staatsstreich unternommen. Dies sei, so erklärte Kreml-Pressesprecher Dmitri Peskow, »eine direkte Bedrohung Russlands«.

Vom 22. auf den 23. Februar 2014 – in Sotschi stand die Abschlussfeier bevor – verbrachte Wladimir Putin eine schlaflose Nacht. »Ich habe allen meinen Kollegen – es waren vier – gesagt, die Situation in der Ukraine entwickelt sich derart, dass wir gezwungen sind, mit der Rückführung der Krim in den Bestand Russlands zu beginnen«, erklärte er später in einem russischen Dokumentarfilm. »Wir können dieses Gebiet samt den Menschen, die dort leben, nicht ihrem Schicksal überlassen, nicht der Walze der Nationalisten ausliefern.« Gegen sieben Uhr morgens sei dann der Entschluss gefasst worden, die Krim »zurückzuholen«. Bei den vier »Kollegen« handelte es sich um Verteidigungsminister Schoigu, den Sekretär des Sicherheitsrates Patruschew sowie um FSB-Chef Bortnikow und Präsidialamtschef Iwanow. Außenminister Lawrow war bezeichnenderweise nicht dabei. Wie interne Quellen enthüllen, legte Putin nun immer weniger Wert auf dessen Rat. Die Zeit der Diplomatie war vorbei, Putin setzte jetzt auf offene militärische Gewalt. Doch auch dann fügte sich Lawrow wieder klaglos in seine neue Rolle ein.

Drei Tage später kam es in den Hafenstädten der Krim zu Unruhen, gleichzeitig besetzten nicht gekennzeichnete Milizionäre – von der Bevölkerung rasch als »grüne Männchen« bezeichnet – öffentliche Gebäude auf der ganzen Halbinsel. Auf Anraten der USA blieben die ukrainischen Truppen in ihren Kasernen, um Russland nicht zu provozieren, das freilich erklärte, mit den Verbänden nichts zu tun zu haben. Dann ging alles ganz schnell: Unter russischem Druck wählte das Regionalparlament einen neuen Regierungschef, bereits für Mitte März wurde ein Referendum angesetzt, bei dem sich nach offiziellen Angaben 96 Prozent der Wähler für den Beitritt der Krim zu Russland aussprachen. Unabhängig überprüfen ließen sich diese Werte nicht. Am 18. März 2014 verkündete Putin im Kreml unter dem tosenden Beifall seiner Anhänger die »Wiedervereinigung« der Krim mit Russland.

Die internationale Gemeinschaft war schockiert und uneins, wie sie auf die russische Annexion reagieren sollte, da tat sich unversehens schon das nächste Konfliktfeld auf. Die »grünen Männlein«, von denen Putin später zugab, dass es sich um russische Militärangehörige handelte, zogen weiter und sickerten in die mehrheitlich von ethnischen Russen bewohnten Gebiete in der Südostukraine um Donezk und Luhansk ein. Nach dem Muster der Krim kam es hier zu antiukrainischen Kundgebungen, dem sogenannten »Antimaidan«, und die Separatisten besetzten öffentliche Gebäude in der von Moskau bald als »Neurussland« bezeichneten Region. Anders als auf der Krim kam es hier jedoch zu Kämpfen mit der ukrainischen Armee, in die bald auch reguläre russische Einheiten eingriffen. Trotz mehrerer Waffenstillstandsvereinbarungen zogen sich die Kämpfe im Donbass jahrelang hin.

Obwohl Lawrow in die Entscheidungsprozesse nicht einbezogen war, sah er es als seine Pflicht an, die völkerrechtswidrigen Vorgänge öffentlich zu legitimieren. Lawrow verhalte sich wie ein Soldat, so ein Beobachter. Die Befehle kämen von oben, er führe sie aus. Wider besseres Wissen stritt auch er die Verbindung der »grünen Männchen« zu Russland ab und sprach von einem drohenden »Genozid« an der russischsprachigen Bevölkerung im Donbass. Wenn der Westen den Maidan anerkannt habe, habe er keine andere Wahl, als auch »die Realität der Wiedervereinigung der Krim mit Russland anzuerkennen«, erklärte er Ende März 2014 in einem Interview des russischen Fernsehens. So spontan und von verfassungsrechtlichen Regeln losgelöst die Demonstrationen in Kiew stattgefunden hätten, so habe sich auch die Stimmung auf der Krim zum Referendum und zur Loslösung von der Ukraine entwickelt. An anderer Stelle verwies er auf das Selbstbestimmungsrecht der Völker und einmal mehr auf den Präzedenzfall Kosovo. Damals, so Lawrow, habe der Westen die Unabhängigkeit der serbischen Provinz unterstützt und wolle nun den Einwohnern der Krim dieses Recht verweigern.

Auch auf der Münchner Sicherheitskonferenz Anfang 2015 betete er die übliche Litanei mit den Vorwürfen Moskaus an den Westen herunter – vom Kosovo und vom Irak bis Libyen; von der NATO-Erweiterung bis hin zum von den USA angezettelten Arabischen Frühling, der den Nahen Osten ins Chaos gestürzt habe; von der vom Westen ausgehenden Spaltung Europas bis hin zur »Nazijunta« in Kiew. Als er dann auch noch behauptete, die Annexion der Krim sei durch die UN-Charta gedeckt – auf der Krim habe es zumindest ein Referendum gegeben, anders als bei der deutschen Wiedervereinigung –, kam es zum Eklat. Einige Zuhörer riefen empört dazwischen, andere lachten höhnisch. »Vielleicht finden Sie das komisch«, raunzte Lawrow daraufhin in den Saal. »Ich fand auch einiges komisch, aber ich habe mich zurückgehalten.« Seine Übellaunigkeit kaum mehr zu verbergen und sogar bewusst gegen alle diplomatische Etikette zu verstoßen wurde mehr und mehr zum neuen Markenzeichen. So murmelte er bei einem Besuch des saudischen Außenministers Adel al-Dschubeir im August 2015 »verdammte Idioten« vor sich hin, als Dschubeir auf einer Pressekonferenz gerade über die Position seines Landes im Syrien-Konflikt sprach. Sein Ausbruch habe nichts mit den Aussagen seines Amtskollegen zu tun gehabt, rechtfertigte er sich später, er sei lediglich über die anwesenden Fotografen verärgert gewesen.

Wenige Wochen später zeigte sich, wie sich Lawrows Motto von 2013, diskutieren sei besser als bombardieren, inzwischen überlebt hatte, als die russische Luftwaffe direkt in den syrischen Bürgerkrieg eingriff. Es war der erste Kampfeinsatz für die Truppe außerhalb des Gebiets der früheren Sowjetunion, seitdem die Sowjetarmee 1989 Afghanistan verlassen hatte. Obwohl man vorgab, hauptsächlich gegen die Terrormilizen des Islamischen Staates vorzugehen, bekämpften die Russen tatsächlich alle Gegner Assads, die von ihnen ebenfalls pauschal als »Terroristen« bezeichnet wurden. Wichtigstes Ziel Russlands blieb weiterhin, den Diktator in Damaskus im Amt zu halten. Doch ebenso wertvoll war die Möglichkeit, die eigenen Streitkräfte und Waffensysteme unter Kampfbedingungen zu erproben. Noch ahnte im Westen niemand, was Putin mit seiner Armee noch vorhaben sollte.

Ab 2014 habe Russlands Außenpolitik nicht mehr auf Fakten aufgebaut, so der frühere russische Diplomat und Außenpolitikexperte Wladimir Frolow, sie habe sich stattdessen ihre eigene Realität geschaffen. Alles sei erlaubt, solange es nützlich scheine: »Man verlangt von Kiew, die Aufständischen nicht zu bombardieren, und unterstützt im nächsten Moment Assad in Syrien genau dabei.« Die Politik ziehe ihre Wirkung aus ihrer Unberechenbarkeit, nicht aus Prinzipien. Dies hätte es nicht einmal in der sowjetischen Diplomatie gegeben, so der Osteuropa-Historiker Karl Schlögel. Zwar habe diese auch eine eigene Weltsicht gehabt, aber man habe bestimmte Formen eingehalten: »Die haben zwar auch nicht immer die Wahrheit gesagt, aber sie haben sich keinen demagogischen Ton erlaubt.« Lawrow aber spiele permanent mit Regelüberschreitungen.

Dies bemerkte spätestens 2016 auch die deutsche Öffentlichkeit. Das russische Eingreifen in den syrischen Bürgerkrieg hatte

Millionen Menschen zur Flucht gezwungen, die seit Frühjahr 2015 Zuflucht in der EU suchten – für den Kreml ebenfalls ein durchaus willkommener Nebeneffekt des Einsatzes in Syrien, sorgten die große Anzahl von Flüchtlingen und der Streit um die Aufnahme der Migranten doch für Spannungen unter den Ländern der EU und eine zunehmende Polarisierung vor allem der deutschen Öffentlichkeit. Waren die Ersten, die Zuflucht suchten, von vielen noch begeistert willkommen geheißen worden, so gewannen bald migrationsfeindliche Strömungen wie »Pegida« und Parteien wie die AfD Zulauf, und der Rückhalt für den Kurs von Kanzlerin Angela Merkel und ihr Mantra »Wir schaffen das« schwand in Teilen der Gesellschaft.

In dieser Situation verschwand im Januar 2016 Lisa, ein russischstämmiges 13-jähriges Mädchen aus Berlin-Marzahn. Als sie nach 30 Stunden wieder auftauchte, behauptete sie, von südländisch aussehenden Männern entführt und vergewaltigt worden zu sein. Die Polizei ermittelte und fand durch die Auswertung ihrer Handydaten rasch heraus, dass Lisa die Geschichte erfunden hatte. Wegen Problemen in der Schule hatte sie sich nicht nach Hause getraut und bei einem 19-jährigen Bekannten übernachtet. Dessen Mutter, die sich auch in der Wohnung befand, hatte ihr Einverständnis dazu gegeben. Hinweise auf eine Sexualstraftat oder einen sexuellen Kontakt des Mannes zu dem Mädchen gab es nicht. Zwar konnte die Polizei tatsächlich ermitteln, dass das Mädchen intime Beziehungen mit zwei türkischstämmigen Männern hatte, doch dies Monate zuvor und vollkommen unabhängig von ihrem Verschwinden. Gegen die zwei Männer wurde Anzeige wegen Kindesmissbrauchs erstattet. Doch bevor die Berliner Polizei den Fall zu den Akten legen konnte, brach ein regelrechter russischer Propaganda-Tsunami über sie und die gesamte Bundesregierung herein. Ganz vorne dabei: Sergej Lawrow.

Nachdem bereits seit Tagen russische Medien groß über den Fall berichtet und in Berlin mehrere Demonstrationen stattgefunden hatten – davon eine vor dem Kanzleramt –, trat Lawrow in Moskau vor die TV-Kameras. Er warf den deutschen Behörden Vertuschung vor und forderte eine lückenlose Aufklärung über das Schicksal von »unserem Mädchen Lisa«. Er wünsche Deutschland viel Erfolg bei der Lösung der Probleme mit Migranten, so Lawrow. Er hoffe, dass »diese Migrationsprobleme nicht zum Versuch führen, die Wirklichkeit aus irgendwelchen innenpolitischen Gründen politisch korrekt zu übermalen, das wäre falsch«. Das Muster ähnelte vorangegangenen Aktionen: Erst verbreiteten die Staatsmedien erfundene oder halbwahre Schreckensmeldungen aus dem Ausland, dann forderte das Außenministerium offiziell Aufklärung. In ähnlicher Weise wurde die russische Öffentlichkeit auch beim Militäreinsatz im Donbass bearbeitet: Angebliche ukrainische Gräueltaten dienten als Rechtfertigung für die Verteidigung der russischen »Landsleute« in der Ostukraine. Das Bild »von einem schwachen Europa, in das barbarische Horden einfallen und friedliche Bürger angreifen«, wie der unabhängige Moskauer Journalist Alexej Kowaljow es nannte, gehörte ebenfalls bereits seit Längerem zum Standardarsenal der russischen Propaganda.

Lügen wie die von der angeblich vertuschten Vergewaltigung des Mädchens Lisa erfüllten dabei gleich mehrere Funktionen – nach innen und nach außen: Zum einen eigneten sie sich für die eigenen Bürger als willkommene Ablenkung von den Problemen im Land selbst. Zum anderen wirkten sie auch in die deutsche Gesellschaft, stifteten hierzulande Unruhe und schwächten den demokratischen Konsens in Deutschland. Und sie festigten die Rolle des Kreml als selbst ernannter Schutzherr aller russischstämmigen Personen, auch derer, die außerhalb der Grenzen Russlands lebten. Offiziellen Statistiken zufolge leben derzeit etwa 2,5 Millionen Russlanddeutsche in der Bundesrepublik. Vielfach sind es Menschen, die in ihrer neuen Heimat unter sich bleiben und sich oftmals als Bürger zweiter Klasse fühlen, was sie anfällig macht für die Propaganda aus Moskau, zumal viele sich weiterhin in russischsprachigen Medien informieren. »Russki mir« (Russische Welt) hieß das dahinterstehende Konzept, das von Putin offensiv vertreten wurde – als universeller Anspruch auf Vertretung aller Menschen, die Russisch sprechen und sich der russischen Kultur zugehörig fühlen. Vorgebliche Sorge um die Landsleute der »russischen Welt« lieferte dann immer wieder die Begründung für eine russische Einflussnahme im Ausland, bis hin zu militärischen Operationen.

Der »Fall Lisa« war aber auch ein Musterbeispiel dafür, wie leicht sich die sozialen Medien instrumentalisieren ließen und welche Wellen die dort verbreiteten »Fake News« schlugen. Die Lüge, dass Lisa von Migranten vergewaltigt worden sei, hatte sich zuerst im Netz verbreitet. Später wurden dann Demonstrationen gegen die angebliche Vertuschung der Tat durch deutsche Behörden via Facebook und Co orchestriert.

In Moskau hatte man längst die neue Macht von Social Media erkannt und nutzte ihr Potenzial für die eigene »hybride« Kriegsführung gegen den Westen. Zum ersten Mal deutlich wurde das während des US-Präsidentschaftswahlkampfs 2016, als russische Troll-Fabriken das Internet mit gezielter Meinungsmache fluteten. Ein Bericht amerikanischer Geheimdienste von Januar 2017 fasste es folgendermaßen zusammen: »Wir kommen zu dem Schluss, dass der russische Präsident Wladimir Putin eine (…) Beeinflussungskampagne angeordnet hat. Die Ziele Russlands waren es, das öffentliche Vertrauen in den demokratischen Prozess in den USA zu untergraben, Hillary Clinton zu verunglimpfen und ihren Wahlchancen sowie ihrer potenziellen Präsidentschaft Schaden zuzufügen. Wir kommen weiter zu dem Schluss, dass Putin und die russische Regierung eine klare Präferenz für den designierten Präsidenten Trump entwickelten.«

Da im Herbst 2017 in Deutschland Bundestagswahlen anstanden, mehrten sich die Stimmen in der deutschen Öffentlichkeit, dass russische Hacker auch dann versuchen würden, Einfluss auf den Wahlkampf und die durch die Flüchtlingskrise 2015 aufgewühlte Gesellschaft zu nehmen. Auch Sergej Lawrow spielte wieder seine Rolle in diesem Spiel und tat, was er am besten konnte: abwiegeln und die Vorwürfe ins Lächerliche ziehen. Russland habe nicht die Absicht, die Wahl zu beeinflussen, erklärte er bei einer Veranstaltung im Juli 2017 in Berlin. Zwar schmeichle es seinem Land, wenn man ihm zutraue, die Wahlen in so großen Ländern wie Deutschland oder den USA manipulieren zu können. Doch wenn Russland diese Macht hätte, so fügte er mit ironischem Unterton hinzu, dann müssten doch auch die Regierungen der osteuropäischen Länder viel positiver gegenüber Moskau eingestellt sein. Womöglich, so Lawrow mit unbewegter Miene, hätte es dann auch gar keine Ukrainekrise gegeben. »Machen Sie sich keine Sorgen«, schloss Lawrow seine Ausführungen. Ein Dreivierteljahr später wurde bekannt, dass mutmaßlich russische Hacker just zu dieser Zeit damit begonnen hatten, das Datennetzwerk des Bundes zu attackieren.

In den folgenden Jahren und Monaten gab sich Lawrow immer weniger Mühe, sich an normale diplomatische Umgangsformen zu halten. Wenn er auftrat, leierte er die altbekannten Vorwürfe Moskaus an den Westen herunter: Moskau habe im Gegensatz zu den Vereinigten Staaten und ihren Verbündeten nach dem Ende des Kalten Krieges mit offenen Karten gespielt und ein Konzept der unteilbaren Sicherheit angestrebt, doch der Westen habe verdeckt dagegen gearbeitet und die Staaten Osteuropas in die NATO gezwungen. Westliche Vorwürfe an die Adresse Moskaus schmetterte er dagegen stets mit starken Worten ab: Der Giftanschlag auf den Ex-Doppelagenten Sergej Skripal in Großbritannien 2018? Damit habe Russland nichts zu tun, das Gift stamme aus Beständen westlicher Geheimdienste. Die Vorwürfe des systematischen Dopings russischer Spitzensportler? Von den USA inszeniert, weil »sie uns nicht mit fairen Mitteln schlagen können«. Der Fall des russischen Oppositionspolitikers Alexej Nawalny, auf den im August 2020 ebenfalls ein Giftanschlag verübt wurde und der danach in Berlin behandelt wurde? Es handele sich um »grundlose Anschuldigungen«. Der Fall Nawalny sei vom Westen erfunden worden, um neue Sanktionen gegen Russland zu legitimieren.

Mitunter brüskierte er seine westlichen Gesprächspartner auch offen, vor allem, wenn er sie für politische Leichtgewichte hielt, wie etwa Bundesaußenminister Heiko Maas oder den EU-Außenbeauftragten Josep Borrell. Dieser kam im Februar 2021 zu Gesprächen mit Lawrow nach Moskau und forderte die Freilassung Nawalnys, der nach seiner Genesung nach Russland zurückgekehrt und noch am Flughafen verhaftet worden war. Auf offener Bühne kanzelte Lawrow Borrell ab und griff die EU an. Sie sei ein unzuverlässiger Partner, die Beziehungen seien auf einem Tiefpunkt angekommen. Doch damit nicht genug – noch während Lawrow und Borrell miteinander sprachen, verkündete das Außenministerium die Ausweisung von drei Diplomaten aus Deutschland, Schweden und Polen, die in Moskau und St. Petersburg an »illegalen Protesten« gegen die Inhaftierung Nawalnys teilgenommen hätten. Borrell erfuhr davon erst nach der gemeinsamen Pressekonferenz – und war blamiert.

Hofiert wurden dagegen die Vertreter rechtspopulistischer Parteien aus dem Westen wie etwa der AfD. Als im Dezember 2020 Parteichef Tino Chrupalla und der außenpolitische Sprecher der AfD-Fraktion, Armin-Paul Hampel, nach Moskau kamen, wurden sie fast schon wie Staatsgäste empfangen. Lawrow hieß die Delegation in der Duma willkommen und betonte nach einem gemeinsamen Mittagessen die Bedeutung des Besuchs als Beitrag »für die Unterstützung unserer Beziehungen, die ein Überdenken und vielleicht, wie es heute heißt, einen Neustart brauchen«, und schloss gleich noch Vorwürfe gegen die Bundesregierung an: Das »offizielle Berlin« habe versucht, »die Reise zu behindern«, behauptete er. In Berlin habe es eine »hysterische Diskussion« um die Reise gegeben. Doch wenn deutsche Regierungsvertreter bei Moskau-Besuchen mit Vertretern von »möglichst radikalen« Oppositionsgruppen sprächen, dann habe Russland das Recht, dies auch tun.

Die Initiative zu diesem Treffen sei freilich nicht vom Außenministerium selbst ausgegangen, so die russische Politologin Tatjana Stanowaja, die für das Moskauer Carnegie Center arbeitete und seit 2010 in Frankreich lebt. Viele Diplomaten aus Lawrows Haus seien überrascht gewesen. Noch wenige Wochen zuvor habe Lawrow einen Bericht über neonazistische Tendenzen in politischen Parteien und Bewegungen in Europa vorgelegt, in dem auch die AfD als Beispiel genannt wurde. Dass Lawrow dann die Delegation dennoch empfangen habe, zeige, dass das Außenministerium zu einem ausführenden Organ des Kreml verkommen sei. »Es verwandelt sich allmählich in Russlands Pressestelle«, so Stanowaja. Und diese äußere sich weit schärfer als der Kreml selbst.

Lawrow und mit ihm das ganze Außenministerium sei »zu stummen Vollstreckern jeder Laune des Kreml geworden«, urteilt der Journalist Michail Sygar. Die Gründe dafür sieht er vor allem darin, dass das Außenministerium zur »Agentur einer Generation« geworden sei; einer Generation, die noch zu Sowjetzeiten erzogen wurde, in den Neunzigerjahren des letzten Jahrhunderts Karriere gemacht und in den Nullerjahren die Spitzenpositionen besetzt und diese bis heute innehabe. »In ihrer sowjetischen Jugend haben sie gelernt, still und geduldig zu sein; als Putin an Statur gewann, haben sie gelernt, was ein sicheres und bequemes Leben bedeutet. Sie sind unfähig, Rebellion oder Ungehorsam auch nur in Erwägung zu ziehen.«

Auch Sergej Lawrow persönlich war tief im mafiösen »System Putin« gefangen. So konnten Investigativjournalisten dem Außenminister 2020 Immobilien im Wert von mehr als acht

Millionen Dollar zuordnen, eine Zahl, die sich schwerlich mit dem offiziellen Jahreseinkommen des Ministers von umgerechnet 100 000 bis 136 000 Dollar in Übereinstimmung bringen ließ. Bei der Suche nach den Quellen von Lawrows Vermögen deckten sie eine enge Beziehung zu dem im Aluminiumgeschäft reich gewordenen Oligarchen Oleg Deripaska auf. Immer wieder habe Lawrow Objekte des Milliardärs genutzt und im Gegenzug für diesen Lobbyarbeit betrieben. Unter anderem soll er sich dafür eingesetzt haben, dass Deripaska die US-Staatsbürgerschaft erhält.

Die Journalisten der Investigativplattform »Waschnyje Istorii« (Wichtige Geschichten) und die Mitarbeiter von Nawalnys Anti-Korruptionsstiftung stießen 2021 bei ihrer Recherche aber auch auf interessante Erkenntnisse über Lawrows Privatleben. Offiziell ist der Außenminister seit Anfang der Siebzigerjahre des letzten Jahrhunderts mit der Sprachwissenschaftlerin Maria Alexandrowna verheiratet. Die gemeinsame Tochter Jekaterina kam 1982 in New York zur Welt, studierte später in Amerika sowie in London und heiratete 2008 den russischen Finanzinvestor Alexander Winokurow (nicht zu verwechseln mit dem gleichnamigen Radrennfahrer), einen Absolventen der Universität Cambridge. Die beiden haben drei Kinder und leben seit 2014 wieder in Moskau, wo Jekaterina die russische Niederlassung des Auktionshauses »Christie's« leitete.

Doch offenbar führte Lawrow auch ein geheimes Doppelleben. Immer wieder, so fanden die Journalisten heraus, war im Umfeld Lawrows eine Frau namens Swetlana Poljakowa aufgetaucht. Mehr als sechzigmal hatte sie ihn auf Staatskosten auf seinen Auslandsreisen begleitet, ohne dass sie eine offizielle Funktion gehabt habe. Die Rede war von einer »langjährigen und sehr engen Beziehung zu dem 20 Jahre älteren Lawrow«. Von Mitarbeitern im Ministerium sei sie bereits Swetlana Lawrowa genannt worden. Auch konnten ihr Luxuswohnungen in

Moskau, Sotschi sowie Großbritannien im Wert von über 13 Millionen Dollar zugeordnet werden, dazu teure Autos, alles erworben offenbar ebenfalls mit freundlicher Finanzhilfe Deripaskas. Poljakowa und ihre Tochter aus erster Ehe, Polina, waren außerdem mehrfach zu Gast in Villen und Hotels des Magnaten, unter anderem in Montenegro, und machten vor der türkischen Küste Urlaub auf einer seiner Jachten. Luxus-Lifestyle, dokumentiert durch den Instagram-Account von Tochter Polina, der nach den Enthüllungen umgehend gelöscht wurde. Zumindest bei dem Türkei-Trip war offenbar auch Lawrow mit von der Partie. Eine Sprecherin des Ministeriums beeilte sich, die Enthüllungen umgehend zu dementieren, und sprach von aus dem Ausland gesteuerten »Pseudorecherchen«, die das Ziel verfolgten, »zu vernichten und zu zerstören«. Es handele sich um eine Kampagne von Feinden Russlands. »An Lawrows Professionalität zweifeln nicht einmal die bösartigsten Gegner.«

Die Enthüllungen kamen zur Unzeit, war Lawrow doch gerade Spitzenkandidat der Regierungspartei »Einiges Russland« für die Dumawahlen. Politische Beobachter rätselten, ob Lawrow, der Putin bereits mehrfach um seinen Rücktritt gebeten hatte, tatsächlich vorhatte, sich aufs politische Altenteil zurückzuziehen. Andere gingen davon aus, dass der im Land beliebte Lawrow lediglich als Zugpferd gebraucht wurde, um den schleppenden Wahlkampf aufzumischen und die schlechten Umfragewerte der Kremlpartei zu verbessern. Tatsächlich fielen die Verluste am Wahlabend dann vergleichsweise glimpflich aus. Und wenig verwunderlich verzichtete Lawrow dann wie viele andere prominente Gesichter auf die Annahme seines Mandats.

Zu Beginn des Jahres 2022 richtete sich der Fokus dann wieder auf die Ukraine. Beim Antrittsbesuch der neuen deutschen Außenministerin Annalena Baerbock in Moskau Mitte Januar herrschte eine äußerst frostige Atmosphäre. Seit dem Herbst 2021 war es zu einem gewaltigen russischen Truppenaufmarsch an der Grenze zur Ukraine gekommen. Wie solle man eine solche Konzentration von Soldaten und Gerät anders verstehen als eine militärische Drohung, so fragte Baerbock. Einmal mehr wiegelte Lawrow wortreich ab, sprach vom Recht jeden Landes, seine Truppen dort zu stationieren, wo es das für richtig halte. Man könne keine Forderungen akzeptieren, die militärische Verbände auf russischem Staatgebiet beträfen. Offenbar aber glaubte Lawrow selbst, dass die militärischen Drohgebärden gegenüber dem westlichen Nachbarland nur ein Bluff Putins waren, so berichteten es jedenfalls Insider. Noch Mitte Februar 2022 zeigte das Staatsfernsehen Bilder des Kremlherrschers und seines Außenministers am langen Tisch, in dem dieser beteuerte, dass die diplomatischen Möglichkeiten noch nicht ausgeschöpft seien. Doch auf den Rat Lawrows in dieser Angelegenheit habe der russische Präsident keinen Wert mehr gelegt. Er hatte seine Entscheidung getroffen.

Vom Beginn des Einmarschs habe Lawrow dann auch nicht von Putin erfahren, sondern aus den Fernsehnachrichten, so Quellen aus dem Außenministerium. Fast jedem dort sei klar, dass das Land auf einen Abgrund zusteuere, doch niemand leiste Widerstand. »Alle sind deprimiert, versuchen sich ruhig zu verhalten, sabotieren nur sachte«, so gab Michail Sygar Ende 2022 Eindrücke eines pensionierten Diplomaten wieder. »Alle träumen davon, zu kündigen, aber sie wissen, dass niemand sie gehen lassen wird. Jetzt aus dem System auszusteigen, glauben sie, bedeute, alles zu verlieren. Der Gedanke, dass sie bereits mit dem Beginn des Krieges alles verloren haben, wird entweder nicht diskutiert oder kommt niemandem in den Sinn.«

So tat auch Lawrow klaglos wieder das, was er glaubte, dass dies von ihm erwartet wurde: Er bog die Wirklichkeit im Sinne Putins zurecht. Russland habe die Ukraine nicht überfallen, erklärte er beim ersten Treffen mit seinem ukrainischen Amtskollegen Dmytro Kuleba zwei Wochen nach Kriegsbeginn im türkischen Antalya. Sein Land sei durch den Nachbarstaat militärisch bedroht gewesen und habe deshalb eine »militärische Spezial-operation« durchführen müssen. Ohne den Vorwurf in irgend-einer Weise belegen zu können, behauptete er, Kiew habe mit amerikanischer Hilfe in geheimen Laboren chemische und bio-logische Waffen entwickelt. Beweise musste er schuldig bleiben – schließlich handele es sich, so Lawrow mit unbewegter Miene, um ein Geheimprogramm. Auch der Wink mit der Nazi-Keule durfte nicht fehlen: Russland habe auch handeln müssen auf-grund der »Tendenz, in der Ukraine einen Neonazi-Staat mit Neonazi-Traditionen zu schaffen«. Mit den westlichen Waffen-lieferungen an Kiew gieße die NATO Öl ins Feuer, damit steige auch das Risiko einer atomaren Konfrontation, gar eines dritten Weltkriegs. Russland habe dem Westen nicht die Tür zugeschla-gen, sondern umgekehrt. Man werde sich nur noch auf sich selbst und Verbündete wie China, Indien oder Brasilien verlassen.

Zwischen diesen Polen bewegte sich fortan die Diplomatie des Sergej Lawrow, unterbrochen von schrilleren Tönen wie dem absurden Vergleich von Hitler und Selenskyi und der Be-hauptung, dass bekanntermaßen »die Juden die größten Antise-miten« seien. Die darauffolgende Empörung vor allem in Israel, einem Land, das sich bis dahin nicht eindeutig gegen den russi-schen Aggressor ausgesprochen hatte, war Anlass, dass Putin zum Telefonhörer griff und den damaligen israelischen Minis-terpräsidenten Naftali Bennett anrief. Der russische Präsident habe sich für die Aussagen seines Außenministers entschuldigt, ließ Bennetts Büro anschließend mitteilen. Davon war in der offiziellen Erklärung von russischer Seite jedoch nicht die Rede: Vielmehr habe Putin zum israelischen Unabhängigkeitstag gra-tuliert und die weitere Entwicklung freundschaftlicher Bezie-hungen besprochen. Dennoch griff Lawrow auch weiterhin in die Schublade mit den Nazivergleichen: Die USA versuchten, Europa zu unterjochen, um Russland zu zerstören, sagte Lawrow Anfang 2023 auf einer Pressekonferenz in Moskau. Mit der Ukraine als Stellvertreter führten sie »einen Krieg gegen unser Land mit der gleichen Aufgabe: die ›Endlösung‹ der russischen Frage«, so Lawrow. »Genauso wie Hitler eine ›Endlösung der jüdischen Frage‹ wollte, sagen westliche Politiker jetzt ganz klar, dass Russland eine strategische Niederlage erleiden muss.«

Seit Kriegsbeginn ist die Welt des einstigen Vielfliegers kleiner geworden. Als Privatmann ist er wie seine Angehörigen und die Familie seiner mutmaßlichen Lebensgefährtin Swetlana Poljakowa von den westlichen Sanktionen betroffen. Doch auch in dienstlicher Mission hatte er Rückschläge einzustecken: So musste ein geplanter Besuch in Serbien abgesagt werden, weil alle Transitländer die Überflugrechte verweigerten. Und selbst dort, wo man ihn noch willkommen hieß, hatte er mit Gegenwind zu rechnen. Als er bei einer Konferenz in Indien Anfang März 2023 in altbekannter Weise die Kremlpropaganda referierte und vom »Krieg, den wir zu stoppen versuchen und der gegen uns angezettelt wurde, indem man die Ukraine benutzt«, sprach, lachte ihn das Publikum aus. Die Szene ging in den sozialen Netzwerken sofort viral. Obwohl es nicht so scheine, sei Lawrow dennoch eine Gefahr für Putin, so der im litauischen Exil lebende Nawalny-Vertraute Leonid Wolkow. Vor dem Krieg seien Lawrow und andere russische Spitzenpolitiker oft im Westen gewesen, hätten das Luxusleben dort genossen. »Sie waren ihres Lebens froh, und Putin hat es zerstört.« Doch ob Lawrow tatsächlich die Kraft aufbringt, sich gegen den Diktator im Kreml aufzulehnen, und ob er überhaupt noch die Macht dazu hat, bleibt zweifelhaft. Zu tief ist er in das System Putin verstrickt.

Der Patriarch

Da steht er, prächtig gewandet mit all den Insignien der russisch-orthodoxen Kirche, die goldene Tiara auf dem Haupt, vor dem Altar der Christ-Erlöser-Kathedrale, dem größten Gotteshaus Russlands, zerstört in der Zeit des Kommunismus, wiederaufgebaut in alter Pracht nach dem Zerfall der kirchenfeindlichen Sowjetunion. Es ist März 2022, der Überfall der russischen Armee auf die Ukraine ist ein paar Tage alt.

Kyrill I., der Patriarch von Moskau, ranghöchster Geistlicher der russisch-orthodoxen Kirche, betet hier nicht etwa für den Frieden. Er wirft stattdessen dem bösen Westen vor, mit »teuflischen Lügen« die Völker Russlands und der Ukraine spalten zu wollen. »Eines der Ziele dieser Geopolitik ist es, Russland zu schwächen, das zu einem starken, wirklich mächtigen Land geworden ist.« Andere Staaten hätten die Ukraine bewaffnet, damit sie gegen ihre russischen Brüder kämpften. Der Krieg sei ein metaphysischer Kampf.

Es ist nicht selbstverständlich, dass sich der höchste Geistliche einer Kirche, die, zumindest offiziell, über 150 Millionen Gläubige vereint, so rückhaltlos hinter die vom Staat vorgegebene Linie stellt. In Russland aber ist es so. Und das ist keine Überraschung. Denn den Patriarchen Kyrill und den Präsidenten Putin verbindet eine gemeinsame Vergangenheit: Beide dienten einst im KGB.

Kyrill I. heißt eigentlich Wladimir Michailowitsch Gundjajew und ist in Leningrad geboren, dem späteren St. Petersburg, auch das eine Gemeinsamkeit mit Putin. Allerdings wuchs er in einer Priesterfamilie auf. Sein Vater Michail, selbst Sohn eines Priesters, wurde 1934, in der Zeit des schlimmsten Stalinismus, im Gulag von Kolyma inhaftiert und erst 1947 ordiniert, ein Jahr nach der Geburt seines Sohnes Wladimir. Ein paar Jahre später wurde Michail von Wladimir Putins Mutter gebeten, ihren neugeborenen Sprössling zu taufen, was er dann auch tat. Eine weitere Verbindung. Gundjajews Mutter Raissa war Lehrerin für Deutsch. Das Priestersein war, scheint es, in dieser Familie schon genetisch disponiert. Bereits der Großvater war Priester gewesen, der ältere Bruder Nikolai trat in das Leningrader Priesterseminar ein wie schließlich auch Wladimir selbst. Der bastelte sich schon mit fünf Jahren aus Tortenschachteln eine Priesterhaube und konnte die gesamte Liturgie auswendig.

Allerdings musste er zuvor noch, sowjetischem Brauch gemäß, eine praktische Ausbildung absolvieren. Nach dem Abschluss der 8. Klasse arbeitete er drei Jahre lang als »Techniker-Kartograf« in der »Komplexen geologischen Expedition der nordwestlichen Geologischen Verwaltung«. Mit 19 dann durfte er endlich das Priesterseminar besuchen.

Dort fiel er offenkundig positiv auf, denn seine Oberen schickten den jungen Gundjajew bald nach Deutschland, wo er das von der Deutschen Bischofskonferenz gegründete Ostkirchliche Institut besuchte und auch an anderen Universitätsstädten in der Bundesrepublik Deutschland studierte. Wie uns ukrainische Quellen mitteilen, soll er schon in dieser Zeit vom sowjetischen Geheimdienst KGB angesprochen worden sein.

Dafür spricht der rasante Verlauf seiner Karriere: Schon mit 22 Jahren wurde er zum Priester geweiht, erhielt den Namen »Kyrill«, wurde ein Jahr später zum Sekretär des Metropoliten Nikodim von Leningrad erkoren (der unter dem Decknamen »Swjatoslaw« selbst dem KGB diente) und schon mit 24 Jahren zum Archimandriten erhoben. Archimandrit – das entspricht dem Rang eines Abtes, also eines Vorstehers eines römisch-katholischen Klosters. In dieser Position wurde er sogleich zum offiziellen Vertreter des Moskauer Patriarchats beim Weltkirchenrat bestellt – eine kirchliche Machtposition, die für einen jungen Priester einzigartig ist.

Der Weltkirchenrat ist in Genf beheimatet – wo ab 1971 auch der Archimandrit Kyrill in einer Villa, die von einer Arztfamilie angemietet war, residierte. Der KGB gab ihm den Decknamen »Michailow«. Seine Aufgabe bestand unter anderem darin, den Weltkirchenrat zu beeinflussen – mit dem Ziel, die NATO-Staaten anzuprangern und die Kritik der Genfer Institution an der fehlenden Religionsfreiheit in der Sowjetunion zu mäßigen.

Im Schweizer Bundesarchiv findet sich eine Akte »Monsignor Kirill«, aus der hervorgeht, dass die Schweizer Bundespolizei den Priester engmaschig beobachtet hat. Die Schweizer »Sonntagszeitung« zitiert dazu einen Genfer, der die Zeit des Kalten Krieges miterlebt hat: »Uns wurde gesagt: Vorsicht vor diesen Priestern, das sind KGB-Agenten.« Und weiter: »Bei Gesprächen mit Kyrill hatte ich immer den Eindruck, dass er nach Informationen sucht.« In den Polizeiakten war deshalb von nicht näher bezeichneten »Maßnahmen« die Rede, die gegen Gundjajew eingeleitet worden seien.

Ein früherer KGB-Offizier, der ebenfalls in der Schweiz stationiert war, beschreibt seinen damaligen Freund Kyrill als »lebensfrohen Menschen, der gerne bei Cognac und Champagner bis in die frühen Morgenstunden feierte, aber ebenso gerne in den Schweizer Bergen unterwegs war«. Überdies habe er eine auffällige weiße BMW-Limousine gefahren. Die Vorliebe für das eidgenössische Gebirge hat sich offenbar gehalten. Noch im Jahre 2007 erlitt Kyrill, mittlerweile längst schon Metropolit, beim Skifahren in den Schweizer Bergen einen Unfall, bei dem er sich das Schlüsselbein brach. Die Schweizer Bundespolizei hat allein für die Jahre von 1969 bis 1989 insgesamt 37 Einreisen von Kyrill in die Schweiz registriert. Noch dieser Tage resümiert der Patriarch fast wehmütig: »Ich habe noch viele Freunde in der Schweiz.«

Aus den 2018 veröffentlichten »Michailow-Papers« des Historikers Felix Corley, der die nach dem August-Putsch 1991 für einige Tage geöffneten KGB-Akten in Sachen Kyrill einsehen konnte, geht hervor, dass dieser nicht nur in der Schweiz, sondern auch danach noch jahrelang nicht als Informant, sondern als regelrechter »Agent« des KGB firmierte. So reisten im Februar 1972 zwei KGB-Agenten, die Kirchenfürsten Nikodim (Agent »Swjatoslaw«) und Kyrill (Agent »Michailow«), zusammen zum Treffen des Zentralkomitees im Weltkirchenrat nach Neuseeland. Im Januar 1973 reiste Agent Michailow zum Treffen des Weltkirchenrats nach Thailand und Indien und erstattete seinen Auftraggebern ausführlich Bericht. Dies geht aus den Dokumenten hervor, die kurzzeitig einsehbar waren. Es kann nicht verwundern, dass es ausgerechnet ein geharnischter Protest der russisch-orthodoxen Führung war, der den Zugang zu diesen Berichten wieder versperrte. Aus diesen Papieren geht auch hervor, dass Kyrill noch im Jahre 2003 gehalten war, seinen vorgesetzten Offizieren der 4. Abteilung im 5. Direktorat ausführlich Bericht über seine Aktivitäten zu erstatten.

Im Weltkirchenrat hat Kyrill als einen seiner Nachfolger übrigens, wie praktisch, einen seiner Neffen installiert: Michail Gundjajew ist der offizielle Vertreter des Moskauer Patriarchats in Genf. Und der tut natürlich alles, um den Ruf des Onkels reinzuhalten. Als im Februar 2023 die Meldungen von Kyrills Spionagetätigkeit aufkamen, meinte der befragte Neffe, Kyrill sei nie selbst beim KGB gewesen, sondern habe, ganz im Gegenteil, nur unter dem Kuratel des KGB gestanden.

Das war, wie wir jetzt aus den Schweizer Akten wissen, eine Legende, der sich Kyrill selbst jahrzehntelang bediente. Denn noch im Jahre 2001 sagte er auf die Frage, ob zu Zeiten der Sowjetunion »kirchliche Mitarbeiter für geheimdienstliche Aufgaben angeworben« worden seien: »Im kirchlichen Leben in Moskau gab es Gerüchte über zwei oder drei Priester – es hieß, sie seien von außen eingeschleust worden. Die Moskauer Geistlichkeit kannte diese Leute jedoch gut, alle wussten, dass diese eben auf solche Weise in das kirchliche Leben ›eingeschleust‹ worden waren. Der Herr fügte es so, dass nicht einer von ihnen eine wirkliche Rolle im Leben der Kirche spielte. Zwei von ihnen verließen, soweit ich mich erinnere, die Kirche ganz, einer arbeitete sogar im Rat für religiöse Angelegenheiten. Alle kannten ihn gut, und in den letzten Jahren verhehlte er nicht, dass er einmal Abt gewesen war. Doch ich wiederhole, das waren Einzelfälle.« Kyrill war zu dieser Zeit schon 25 Jahre Bischof, und als solcher darf er ja eigentlich nicht lügen. Aber darf er heucheln?

Kyrills Neffe, Michail Gundjajew, scheint im Sinne seines Onkels im Weltkirchenrat effektive Arbeit geleistet zu haben. Denn diese Institution hat sich bislang geweigert, trotz des mörderischen Krieges in der Ukraine und trotz der offenen Unterstützung Putins durch die russisch-orthodoxe Kirche deren Mitgliedschaft zumindest auszusetzen.

Heimgekehrt nach Russland, ging der Lauf auf der Karriereleiter immer weiter: Kyrill wurde Rektor des Priesterseminars von Leningrad und im März 1976, mit gerade einmal 29 Jahren, zum Bischof von Wyborg in der Diözese Leningrad ernannt und elf Tage später geweiht. Der Text seiner Antrittsrede ist erhalten. Darin ist nichts von jenem lebensfrohen Mann zu spüren, der bei Cognac und Champagner feiert: »Nicht selten schien mir, dass der Herr mir ein Kreuz auferlegt, das über meine Kräfte geht, denn die monastischen Verpflichtungen, in denen ich von meinen kirchlichen Vorgesetzten unterwiesen wurde, waren schwer und verantwortungsvoll. Und bestürzt meine ich, dass sie meinem Alter und meinen Kräften nicht entsprachen.« Damit zumindest hat er recht. Denn ein 29-Jähriger als Bischof – da hat der KGB dem Heiligen Geist den Weg gewiesen. Und Kyrill fuhr fort: »Da der Bischof Verkünder der Wahrheit des Evangeliums ist, muss er Sorge dafür tragen, dass diese Wahrheit (…) die Früchte des Geistes hervorbringt: Liebe, Freude, Friede, Langmut, Güte, Barmherzigkeit, Glaube, Sanftmut, Enthaltsamkeit.« So sprach einer, der sich auf seinem Weg noch lange nicht am Ende sah.

Und das geschah auch. Im Jahre 1984 wurde Kyrill Bischof der Diözese Smolensk und »Administrator« der Diözese Kaliningrad, dem früheren deutschen Ostpreußen. Kyrill selbst empfand das als eine Art von Strafversetzung, weil er angeblich die Kirche in Leningrad zu erfolgreich geführt habe – und fühlte sich durch eine 2001 aufgedeckte Intrige bestätigt. Demnach habe Oleg Kalugin, vormals Chef des Leningrader KGB, das Zentralkomitee der Kommunistischen Partei in Moskau aufgefordert, ihn, Kyrill, wegen seiner »gesteigerten Aktivität irgendwo anders hinzuschicken«. Und das war dann Smolensk.

An dieser Aussage in einem Interview 2001 ist interessant, dass nicht die Kirche selbst für solche Versetzungen zuständig war, sondern letztlich die Kommunistische Partei. Und doch vollzog sich in den Jahren seiner Arbeit in Smolensk ein großer Wandel in der vorher so verknöcherten Sowjetunion: Gorbatschow trat in die Weltgeschichte ein, Glasnost (Offenheit) und Perestroika (Umgestaltung) nahmen ihren Lauf und machten auch vor Kyrills Karriere nicht halt: Er zählte zu den Verfassern des neuen sowjetischen Gesetzes über Religionsfreiheit, 1988 wurde er Erzbischof, 1991 Metropolit – eine Art von Oberbischof, dem ein ganzer Verbund von Bistümern untersteht. Und noch wichtiger: Seit 1989 war er Vorsitzender der Abteilung für externe Kirchenbeziehungen des Moskauer Patriarchats und damit de facto der Außenminister der russisch-orthodoxen Kirche. Nun war er ganz in seinem Element. Denn nun konnte er ganz offiziell die Welt bereisen, alte Verbindungen stärken, neue Verbindungen knüpfen und vor allem: Geschäfte machen.

Denn seit in Moskau ab 1992 Boris Jelzin als Präsident regierte, brachen für die Kirche goldene Zeiten an. Mitte der Neunzigerjahre des letzten Jahrhunderts erhielt die Abteilung für kirchliche Außenbeziehungen unter Kyrills Leitung das Privileg der zollfreien Einfuhr von Alkohol und Zigaretten.

Binnen weniger Jahre wurde die russisch-orthodoxe Kirche zum führenden Importeur dieser Güter menschlichen Genusses. Welche Gewinne damit erzielt wurden und wie das Geld ausgegeben wurde, ist nicht aktenkundig. Das Geschäft war nicht nur steuerbefreit, sondern auch »gemeinnützig«. Und Kyrill hielt dicht.

Erst als die »Moskauer Nachrichten« 1996 schrieben, dass Kyrill diese Einfuhr organisiere, bestätigte der Metropolit die Einfuhr der höchst unchristlichen Genussmittel und verteidigte sich mit dem Argument, die russisch-orthodoxe Kirche könne solche »humanitäre Hilfe« nicht ablehnen. Die damals größte unabhängige Zeitung Russlands, die »Nowaja Gaseta«, fand heraus, dass Kyrill allein 1996 über seine gemeinnützige private Stiftung »Nika« mehr als acht Milliarden Zigaretten nach Russland importierte. So kam es dazu, dass die übrigen Konkurrenten mit Kyrills Preisen nicht mithalten konnten, weil sie auf ihre Importe auch noch Zölle und Steuern bezahlen mussten. So erhob die »Nowaja Gaseta« Kyrill zum »Metropoliten des Tabaks«. Dass er daneben im Lauf der Zeit auch noch Autos, Juwelen und teures Meeresgetier in seine Importsammlung aufnahm, ging beinahe unter. Erdöl gehörte ebenso zu seinen Geschäften, auch diesen Treibstoff des Lebens exportierte Kyrill steuerfrei. Dieses Geschäft lief über die von Kyrills Außenamt gegründete Aktiengesellschaft MES (»Internationale Wirtschaftliche Zusammenarbeit«).

Dass der Im- und Exporteur in dieser Zeit auch ganz persönlich immer reicher wurde, kann nur den überraschen, der mit den Gepflogenheiten Russlands nicht vertraut ist. Er besitzt zurzeit rund 20 Immobilien, darunter ein Chalet in einem Skigebiet im Schweizer Kanton Zürich; eine luxuriöse Villa in Moskaus Nobelvorort Peredelkino; eine edle Wohnung an der Moskwa mit Blick auf den Kreml, die ihm noch von Boris Jelzin geschenkt worden war; eine Datscha bei St. Petersburg, in deren Renovierung 40 Millionen Dollar gesteckt wurden; eine Villa am Schwarzen Meer, in direkter Nachbarschaft zum legendären Protzpalast des Wladimir Putin; eine eigene Jacht mit dem schönen Namen »Vsetsaritsa«, ein eigenes Privatflugzeug und natürlich eine Maybach-Luxuslimousine – eigenimportiert, versteht sich. Kyrill neigt dazu, seinen offenbaren Reichtum zu vertuschen: Eine ihm gehörende »Gesundheitsresidenz« der orthodoxen Kirche firmiert im Volk als »Kyrills Datscha«; ein repräsentatives Anwesen bei Gelendschik wird offiziell als »Bildungszentrum« bezeichnet. Doch die »Nowaja Gaseta« wies darauf hin, dass dort in all den Jahren nur eine einzige Versammlung stattgefunden habe. Kyrill selbst weist alle Anschuldigungen, er habe ein riesiges Vermögen angehäuft, empört von sich. So etwa auch die Vorwürfe, die durch seinen Cousin ruchbar wurden. Der durfte in der Luxuswohnung an der Moskwa wohnen und verklagte im März 2012 einen Nachbarn, der über ihm wohnte, auf eine halbe Million Euro Schadenersatz. Der Cousin erklärte dem Gericht, dass die Renovierung der Wohnung dieses Nachbarn über ihm so viel »Nano-Staub« verursacht habe, dass die Möbel und Bücher seines Onkels Kyrill irreparablen Schaden erlitten hätten. Anfragen an das Patriarchat, warum Seine Heiligkeit offenkundig eine nicht gerade mönchische Lebensweise bevorzuge, blieben unbeantwortet. Nicht dagegen im Falle des legendären »Uhrengate«. Blogger hatten auf der Website des Patriarchen ein Foto ausgemacht, auf dem Kyrill ein Gewand mit auffällig langen Ärmeln trägt. Diese waren offenkundig nachträglich hineinretuschiert worden. Der Künstler hatte aber ein verräterisches Detail vergessen: Die Armbanduhr des Patriarchen spiegelte sich auf der blank polierten Tischplatte. Es war eine Schweizer Uhr der Marke Breguet für 30 000 Euro. Das Patriarchat entschuldigte das »Versehen« und stellte das Originalfoto auf die Website ein. Kyrill selbst behauptete hernach, die Uhr sei das Geschenk eines reichen Freundes gewesen, er habe sie aber verkauft und das Geld für wohltätige Zwecke gespendet.

Wie reich ist Kyrill wirklich? Profunde Schätzungen unabhängiger Beobachter beginnen bei vier Milliarden Dollar und enden bei acht Milliarden. Irgendein Betrag dazwischen wird der richtige sein.

Und wenn wir schon bei Geldern sind: Auch die russisch-orthodoxe Kirche als Institution nutzte nach der »Befreiung« in der Jelzin-Ära alle Möglichkeiten, ihre Einnahmen aufzubessern. Der letzte veröffentlichte Finanzbericht stammt aus dem Jahre 1997. Was danach geschah, verdampft im Nebel orthodoxen Weihrauchs. Damals jedenfalls erwirtschaftete jedes Gotteshaus mindestens die Hälfte seiner Einnahmen mit dem Verkauf geweihter Kerzen. Weitere Erlöse in Millionenhöhe generieren die Kirchen etwa mit Begräbnissen und Hochzeiten. Doch das sei nur die halbe Wahrheit, schrieb seinerzeit die »Neue Zürcher Zeitung«. Denn nach wie vor setze die russisch-orthodoxe Kirche auf lukrative Nebengeschäfte: »So gehören ihr nicht nur Hersteller von religiösen Produkten und von Heiligwasser, sondern auch eine Agrar-Holding, ein Telekommunikationsanbieter sowie ein Hotel in Moskau und eine Baufirma in Jekaterinburg. Hinzu kommen Bankbeteiligungen.«

Ein besonderes Beispiel ist die legendäre Christ-Erlöser-Kathedrale in Moskau, das zentrale Gotteshaus der orthodoxen Kirche. 1931 von Stalin gesprengt, 1997 bis 2000 neu errichtet mit Spenden an die von Kyrill geleitete Stiftung zur Wiedererrichtung – beherbergt sie nicht nur Untermieter wie eine Reinigung und eine Reifenwerkstatt, sondern richtet auch Festivitäten aus: Die Deutsche Bank feierte dort 2006 ihre 125-jährige Präsenz in Russland.

Als Wladimir Putin 2000 Präsident der Russischen Föderation wurde, begann die Blütezeit eines immer enger werdenden Miteinanders von Staat und Kirche. Schon bevor Kyrill zum Patriarchen gewählt wurde, führte er hinter den Kulissen die Kirche immer näher an den Staat heran – so nah, wie sie seit der Zeit der Zaren nicht mehr war. Kyrill nannte die Beziehung zwischen Staat und Kirche eine »Symphonie«, deren Wohlklang es zu pflegen gelte. So wurde er vom Patriarchen Alexius (unter dem Decknamen »Wolkow« vor 1991 ebenfalls ein KGB-Agent) dazu bestimmt, die Leitung jener Kommission zu übernehmen, die zum ersten Mal ohne jegliche staatliche Gängelung die künftige Soziallehre der russisch-orthodoxen Kirche formulieren sollte.

Als dieses Stück im August des Jahres 2000 erstmals öffentlich wurde, zeigte sich bereits im Kern, wohin Kyrill seine Kirche in den nächsten zwei Jahrzehnten treiben würde. Das Wichtigste war: Die russisch-orthodoxe Kirche kritisiert nicht den russischen Staat, sie fordert aber mehr Einfluss auf die russische Gesellschaft. Damit konnte Putin gut leben.

Des Weiteren wurde überdeutlich, dass sich die russisch-orthodoxe Kirche als konservative moralische Instanz verstand. In einer Fernsehsendung wurde Kyrill, damals noch Metropolit, zu Homosexualität befragt: »Homosexualität? Das ist Sünde. Weshalb wir gegen Gay-Paraden sind? Weil das Propaganda ist. Und wenn die Machthaber diese Propaganda erlauben, dann wird sie im Bewusstsein der Massen zur Norm. Gay-Paraden sind dann erlaubt, jeder darf hingehen. Weshalb es also nicht ausprobieren? Dann können wir ja gleich Paraden von Drogensüchtigen mit Spritzen erlauben!«

Auch Abtreibung und vorehelicher Sex wurden von der Orthodoxen Kommission strikt abgelehnt. Scheidung freilich war erlaubt. Auch ein Zölibat für Priester gibt es nicht.

Kyrill war nun nach dem greisen Patriarchen Alexius der mächtigste Mann der russischen Orthodoxie. Ein Mann mit festen traditionellen Ansichten – zumindest was die Sittenlehre seiner Kirche betraf. Und so war es kein Wunder, dass er in einer Privataudienz beim frischgewählten Papst Benedikt XVI. in diesem einen Bruder im Geiste zu erkennen glaubte. »Die katholische und die orthodoxe Kirche sind in der heutigen Welt die einzigen natürlichen Verbündeten in der harten Auseinandersetzung, die zwischen den Vertretern des säkularen Liberalismus und den Trägern der christlichen Tradition geführt wird. Gemeinsam mit den Katholiken können wir die christlichen Werte verteidigen.«

In diese Zeit fällt auch die zunehmende Bewunderung von Kyrill für den russischen Philosophen Iwan Iljin, der im Oktober 2005 aus seinem Grab im Schweizer Exil nach Moskau umgebettet wurde, was nach den Worten von Patriarch Alexius »das Zeichen einer wiederhergestellten Einheit zwischen der russischen Nation und der orthodoxen Kirche ist«. An der Beisetzung nahm auch Staatspräsident Putin teil, der auch dafür sorgte, dass Iljins gesammelte Werke in Russland neu herausgegeben wurden. Die orthodoxe Kirche, die wenig später unter Kyrills Führung stehen sollte, fühlte sich von Iljins Philosophie bestätigt. Iljin hatte im Schweizer Exil eine künftige Verfassung von Russland entworfen, das »Grundgesetz des Russischen Imperiums«. Der Autor sah die westlichen Republiken »dem Untergang geweiht« und meinte, die Demokratie sei schädlich für Russland. Stattdessen solle eine »erzieherische und wiedergebärende Diktatur« das Land zu neuer Größe führen. Themen der »nationalen Erziehung« sollten neben Geschichte, Wehrkraft, Land und Wirtschaft auch Gebete, Märchen und Heiligenlegenden sein.

Gebete und Heiligenlegenden – das entsprach dem Denken Kyrills und zunehmend auch Putins, für den die Werke Iljins immer häufiger zum Stichwortgeber seines neuen Nationalismus wurden. Der Mann, der 2002 im Deutschen Bundestag noch die russische Öffnung nach Westen beschworen hatte, geriet im Lauf der Jahre immer mehr in den Bann eines religiös fundierten russischen Patriotismus, der Russland als Antithese zum verderbten Westen sah. Das ging so weit, dass er im Januar 2014 an alle Führungsleute seines Staates ein Paket mit Iljins Werken sandte – und der unausgesprochenen, aber eindeutigen Botschaft, dies entspreche auch seinem Denken. Der US-Historiker Timothy Snyder meinte dazu: »Putins Lieblingsautor Iwan Iljin beschreibt eine verworrene und zerbrochene Welt, die Russland mit Gewalt heilen müsse, und zwar mithilfe eines starken Führers, der die Demokratie zum reinen Ritual macht. Das Projekt heißt: die Welt ist nicht sie selbst, solange sie nicht russische Werte lebt.« Das passte ganz zum putinschen Konzept der »Russki Mir«, der russischen Welt, die sich als Gegensatz zum westlichen Liberalismus verstand. Es war die Grundlage des Putinismus, Basis für die neoimperiale Politik des Präsidenten. Auch wenn Iljin das wortwörtlich nie geschrieben hat, klingt es doch ein wenig wie: »Am russischen Wesen soll die Welt genesen.«

Verrät ein solches Denken nicht eine faschistische Ideologie? Zumal Iljin, damals noch in Deutschland, Hitlers Machterschleichung ausdrücklich begrüßte. Kyrill wies das im Gespräch mit einem westlichen Reporter weit von sich. Im gleichen Augenblick jedoch tat er ausführlich kund, dass er und damit auch die orthodoxe Kirche als Grundlage für einen starken Staat das Modell einer »intakten Familie« sehe: »Ich halte dieses Phänomen, das sich ›Feminismus‹ nennt, für sehr gefährlich. Denn feministische Organisationen propagieren eine Pseudo-Freiheit der Frauen, die in erster Linie außerhalb der Ehe und außerhalb der Familie manifestiert werden soll.« Der Mann solle sich nach seiner Ansicht nach außen orientieren und das Geld verdienen. Eine Frau sei stets nach innen, auf ihre Familie und Kinder, konzentriert. Werde diese außerordentlich wichtige Rolle zerstört, so habe das Folgen für alle. Der Zerstörung der Familie, so fürchtet er, folge unweigerlich die Zerstörung des Heimatlandes.

Eine solche Gesinnung erinnert an das Unwesen der »Deutschen Christen« in der Nazizeit, die sich bedingungslos in den Dienst der Diktatur stellten.

Ein so gedankenfester Priester war wie geschaffen dafür, die Nachfolge des greisen Patriarchen Alexius anzutreten. Ein Tag nach dessen Tod, am 6. Dezember 2008, wurde Kyrill in der Sommerresidenz der Patriarchen in Peredelkino bei Moskau von den sieben ständigen Mitgliedern des Heiligen Synods zum Statthalter des Patriarchenamts gewählt und erhielt den Namen Kyrill I. Ob und wie dabei liebevolle Dotationen aus seinem Amt eine Rolle gespielt haben mögen, wollen wir dahingestellt sein lassen. Jedenfalls hat diese Vorkür das Ergebnis der endgültigen Wahl schon maßgeblich mitbestimmt: Am 27. Januar 2009 wählte ihn das höchste Konzil der russisch-orthodoxen Kirche mit 508 von 702 abgegebenen Stimmen bereits im ersten Wahlgang zum 16. Patriarchen in der Geschichte der russischen Orthodoxie. Am 1. Februar 2009 wurde er in der Moskauer Christ-Erlöser-Kathedrale, an deren Wiederaufbau er maßgeblich beteiligt war, feierlich inthronisiert.

In den Jahren danach betonte der neu gewählte Patriarch immer mehr den Weg der russischen Gesellschaft hin zu jener »Symphonie« der Gemeinsamkeit von Kirche und Staat, die er selbst beschworen hatte: Er unterstützte Putin öffentlich – und Putin ließ die Kirche, die ihm ohnedies gedanklich nahestand, nicht nur gewähren, sondern unterstützte sie auch finanziell.

Wir finden keinen Hinweis darauf, dass die von Kyrill propagierte Sittenlehre Putins Grundansichten widersprach. Der Patriarch, der vor seinem Amtsantritt von den Falken der Orthodoxie noch heftig kritisiert wurde, weil er dem frischgewählten Papst Benedikt die Hand geküsst hatte, ging nach seinem Amtsantritt zunehmend auf Distanz zur katholischen Kirche. Kompromisse in Glaubensfragen seien für ihn nicht vorstellbar, erklärte er. Zur evangelischen Kirche in Deutschland, die, horribile dictu, damals auch noch von einer Frau, Bischöfin Käßmann, geleitet wurde, war die ohnehin kaum vorhandene Bindung zeitweise stillgelegt. Den Gipfel setzte er im Jahre 2016, als er erklärte, dass die orthodoxe Kirche dem Islam näherstehe als den Katholiken, weil beide Glaubensrichtungen an traditionellen Überzeugungen festhielten, die katholische Kirche hingegen nicht. Es verwundert nicht, dass Wladimir Putin sich ähnlich geäußert hatte. Und so sprach sich denn der Patriarch dafür aus, die Beziehungen zwischen der Orthodoxie und den anderen »traditionellen Religionen Russlands«, dem Islam, dem Judentum und dem Buddhismus, zu vertiefen. Dass die orthodoxe Kirche in der Ukraine sich schon damals längst in eine andere Richtung entwickelte, deutete bereits die spätere Abspaltung von der russischen Orthodoxie an.

Schon 2013 hatte er noch einmal seine Haltung zum Thema Homosexualität vertieft. Gleichgeschlechtliche Ehen seien ein Vorzeichen für den bald anstehenden Weltuntergang. Und er beklagte, dass jene ehrbaren Gläubigen, die die Homo-Ehe kritisierten, ständigen Angriffen ausgesetzt seien. Wegen der Legalisierung von Homo-Ehen stecke der Westen in einem Prozess der Selbstzerstörung: »Wir müssen alles tun, um eine Legalisierung im heiligen Russland zu verhindern.«

Seinen Bruder im Geiste, den Staatspräsidenten, musste er da nicht überzeugen. Wladimir Putin unterzeichnete ein Gesetz gegen »Propaganda nicht-traditioneller sexueller Beziehungen«. Demnach sei es verboten, darüber mit Minderjährigen zu sprechen und sich für deren Rechte einzusetzen. Durch das Gesetz drohen auch Ausländern bei Weitergabe von Informationen, öffentlicher Demonstration und Unterstützung von Homosexualität hohe Geldstrafen, bis zu 15 Tage Haft und Ausweisung aus der Russischen Föderation. Das deutsche Auswärtige Amt warnte Homosexuelle daraufhin vor Reisen nach Russland.

Den Gipfel der Antimodernität setzte Kyrill 2019, als er im Staatssender Rossija 1 den zunehmenden Gebrauch von internetfähigen Geräten wie Handys, Tablets und Smartwatches geißelte. Sie stellten, so der Patriarch, eine Möglichkeit dar, »die globale Kontrolle über die Menschheit« zu erlangen. Wenn man das Gerät nutze, ob mit eingeschaltetem Standortdienst oder nicht, könne »jemand« genau herausfinden, wo man sei, welche Interessen man habe und wovor man sich fürchte.

Und wer war dieser »Jemand«? Kyrill: »Der Antichrist ist die Person, die an der Spitze des weltweiten Netzes steht und die gesamte Menschheit kontrolliert.« Bald könnten Technologien auftauchen, die Zugriff auf all diese Informationen ermöglichten. »Können Sie sich vorstellen, welche Macht in den Händen derjenigen konzentriert wird, die wissen, was in der Welt vor sich geht? Diese Kontrolle von einem Ort aus weist auf das Kommen des Antichristen hin.«

Wir wollen jetzt nicht unterstellen, dass Kyrill im übermäßigen Gebrauch des Internets eine allzu große Transparenz seines eigenen wirtschaftlichen Gebarens fürchtete. Doch er hatte den berechtigten Verdacht, dass das World Wide Web die Anarchie begünstigte. Und Anarchie – die war für die erstrebte »Symphonie« von Staat und Kirche Gift. Das Gegenteil war Stabilität – und das hieß für Kyrill strikte Unterstützung für das Taufkind seines Vaters. So rief er denn zur Präsidentschaftswahl 2012 zur Wahl von Putin auf und nannte dessen neuerlichen Machtantritt ein »Wunder Gottes«.

Zu seinem zehnten Jubiläum als Patriarch schrieb Republic. ru, eine der letzten halbwegs unabhängigen Onlineforen Russlands: »In den letzten Jahren arbeitete der Patriarch mehr als Politiker denn als Hirte.« Kyrill habe seit Beginn seiner Amtszeit nicht nur Hass auf den verderbten Westen gepredigt, schrieb die »Neue Zürcher Zeitung«, sondern auch strikte Loyalität gegenüber dem russischen Staat verlangt. Ob der Verfall seiner Beliebtheitswerte, die nach einer Studie von 2014 nur ein Prozent betragen haben sollen (hinter dem Rechtsradikalen Wladimir Schirinowski und gleichauf mit dem Tschetschenenführer Ramsan Kadyrow), wirklich daher rührt, wagen wir ein wenig zu bezweifeln, zumal andere Umfragen ihm weit höhere Zustimmungswerte bescheinigten und Umfragewerte in einer Diktatur ohnehin mit Vorsicht zu genießen sind. Es waren aber sicher die Gerüchte und Berichte über Kyrills angehäuften Reichtum, die in der russischen Bevölkerung eine gewisse Missstimmung schufen.

Dabei bezeichnen sich 80 Prozent der Russen offiziell als orthodoxe Christen. Tatsächlich aber glaubt ein Drittel nicht an Gott – und in die Kirche gehen die allerwenigsten. Nur etwa zehn Prozent der Russen sind aktive Kirchgänger. Doch das Moskauer Patriarchat mag dies nicht gerne zur Kenntnis nehmen, weil es den ersehnten Status der Orthodoxie als Staatsreligion untergräbt. Offiziell sind Staat und Religion in Russland getrennt. Tatsächlich sind sie es nicht. So gesehen, hat die Orthodoxie heute den gleichen Rang in Russland wie früher der Marxismus-Leninismus. Der begeisterte am Ende auch die allerwenigsten – aber ohne ihn ging nichts.

Getragen von dieser Grundidee formulierte Kyrill den sprichwörtlichen Satz, Putin habe »die schiefe Kurve der russischen Geschichte begradigt«. Dies wiederum war für die russische Punkband »Pussy Riot« nach eigenem Bekunden der letzte Auslöser für ihre legendär gewordene provokante Performance in der Christ-Erlöser-Kathedrale, als sie im Februar 2012 ein 41 Sekunden langes »Punk-Gebet« gegen die Allianz von Kirche und Staat vollführten. Dann wurden sie verhaftet. Sie hatten unter anderem »Gottesscheiße« gerufen und »schwarze Kutten, goldene Epauletten« – was sich auf das Miteinander von Kirche und Staatssicherheit bezog. Drei junge Frauen der Punkband wurden zu zwei Jahren Lagerhaft verurteilt und emigrierten

2022 in den Westen. Kyrill hatte sich geweigert, für Milde zu plädieren. Auf den Patriarchen konnte Putin sich verlassen.

Das galt vor allem für das Jahr 2022, als die russische Armee die Ukraine überfiel. Vor allem in seiner Sonntagspredigt am 6. März 2022 sprach er der Ukraine prinzipiell ihr Existenzrecht ab. Er rechtfertigte den Überfall mit der Begründung, Putin habe die Ukraine vor »Gay-Pride-Paraden« schützen wollen. Der Angriff sei ein »Kampf des Guten gegen das Böse«. Denn die Ukraine, so ein anderntags geäußertes Wort, gehöre zur »Russki Mir«, zur russischen Welt.

Wenige Wochen später, als schon klar war, dass die russische Armee ihr ursprüngliches Ziel, die Eroberung von Kiew, nicht schaffen konnte, verstieg sich Kyrill zu einem Satz, der von unchristlicher Heuchelei trieft: »Wir sind ein friedliebendes Land und ein sehr leidgeprüftes Volk, das so sehr unter Kriegen gelitten hat wie nur wenige europäische Völker. Wir haben keine Lust auf Krieg oder darauf, etwas zu tun, das anderen schaden könnte.«

Mitte März 2022 gab es ein Telefonat zwischen Kyrill und Papst Franziskus. Beide Kirchenmänner hatten sich 2016 einmal persönlich in der kubanischen Hauptstadt Havanna getroffen, wo der bescheiden lebende Papst und der steinreiche Kyrill das Ende der fast tausendjährigen Eiszeit zwischen ihren beiden Kirchen feierlich bekundeten und einander versprachen, dass die Christenheit in Zeiten der Krisen fest zusammenstehen solle. Nun wollte der Papst die Probe aufs Exempel machen. Doch das Gespräch verlief ganz anders als erhofft. Zunächst las Kyrill dem Papst eine 20 Minuten lange Rechtfertigung des russischen Angriffs auf die Ukraine vor, ohne dass dieser eine Zwischenbemerkung machen konnte. Danach, so vatikanische Quellen, habe der Papst gesagt: »Ich verstehe das alles nicht. Bruder, wir sind doch keine Beamten. Wir sollten nicht die Sprache der Politik sprechen, sondern die Sprache Jesu.« Als Franziskus den Patriarchen davor warnte, »Putins Messdiener« zu werden, habe dieser nicht einmal reagiert. All dies kam erst im Mai 2022 heraus, als der Vatikan sich über Äußerungen des Moskauer Patriarchats verärgert zeigte, wonach das Telefonat völlige Übereinstimmung gebracht habe. Tatsächlich rief der Papst wiederholt zu einem Waffenstillstand auf und verurteilte den Angriff scharf, während Kyrill nach wie vor das Treiben Putins wortreich unterstützte. In einer Predigt verhieß er den russischen Soldaten, dass ihnen im Falle ihres Todes alle Sünden vergeben würden. Denn der »Tod bei der Erfüllung der militärischen Pflichten« sei zu vergleichen mit dem Opfertod Jesu am Kreuz. Die »Neue Zürcher Zeitung« konstatierte im Mai 2022: »Auf Kyrill kann Putin sich verlassen.«

Ganz anders verlief Kyrills Konflikt mit der orthodoxen Kirche in der Ukraine. Diese war seit 2018 zweigeteilt. Damals hatte sich die vor allem in der Westukraine präsente »orthodoxe Kirche der Ukraine« vom Moskauer Patriarchat gelöst und sich dem Patriarchen von Konstantinopel unterstellt, der sie 2019 für »autokephal«, also unabhängig, erklärte. Daneben gab es noch die ukrainische orthodoxe Kirche, die zunächst dem Moskauer Patriarchat unterstellt blieb, bis sie sich, mitten im Krieg und auch auf politischen Druck hin, im Mai 2022 von Moskau und damit von Kyrill löste. Der war natürlich höchst empört und verdammte die abtrünnigen Brüder. Dennoch grassierte bei manchen der dortigen Geistlichen stillschweigende, trotzige Sympathie mit der althergebrachten Gemeinsamkeit.

Dass Seine Heiligkeit als Unterstützer Putins im Sommer 2022 auf den Sanktionslisten der Europäischen Union landete, war logisch. Ein paar Tage lang sah es so aus, dass dem Patriarchen seine westlichen Vermögenswerte genommen würden. Wer das verhinderte, war der ungarische Ministerpräsident Viktor Orban. Er begründete seine Weigerung mit der »Glaubensfreiheit ungarischer Religionsgemeinschaften«. Diese seien heilig und unveräußerlich. Tatsächlich aber war und ist Ungarn abhängig von russischem Öl.

Was bleibt von Kyrill, dem Oberhaupt der russisch-orthodoxen Kirche? Kyrills Pakt mit Putin erinnert jedenfalls an das klassische Bild vom »Pakt mit dem Teufel«. Doch ist es nicht die Pflicht der Kirche, welcher auch immer, für die Wahrheit geradezustehen? Und ebenso, die Heuchelei als Sünde zu bekämpfen? Putin ist ein Heuchler. Kyrill ist es auch. Zwei Heuchler haben zueinander gefunden, in der Symphonie von Staat und Kirche.

DER BRANDSTIFTER

Da steht er in seinem Moskauer Studio, gewandet wie stets in einem schwarzen hochgeschlossenen, eng anliegenden Kleiderrock, oder wie man sein Gewand auch immer bezeichnen mag, und belfert in einem imitierten Deutsch Kommandotöne im Stile eines filmisch überzeichneten SS-Offiziers: »Nein! Sprechen Sie Deutsch!«

Sein Feindbild war an diesem Abend: die auf dem Bildschirm eingeblendete Kommissionspräsidentin der Europäischen Union, Ursula von der Leyen, die eine Rede über die Lage der EU auf Englisch hält. »Frau! Was zum Teufel ist Ihr Name? Ursula von der Leyen? Wieso sprechen Sie Englisch? Warum sprechen Sie die Sprache eines Landes, das die EU verlassen hat?« Der erregte Moderator fuchtelt mit den Händen und fragt seine konsternierte Runde, die aus lauter älteren Herren besteht: »Will sie damit die Abhängigkeit von ihrem Meister beweisen?« Wen auch immer er damit meinen mochte, seine Gäste verstehen diese Volte ebenso wenig wie unsereiner. Wladimir Solowjow gibt an diesem Abend wieder einmal den russischen Chefpolterer. Eine Rolle, die er nach der Meinung vieler russischer und internationaler Zuschauer nach Kräften ausfüllte: Putins lautester, peinlichster und wichtigster Propagandist.

In die Wiege gelegt war ihm, Wladimir Solowjow, die Karriere als Putins oberster Scharfmacher nicht. Er wuchs in Moskau in einer jüdischen Familie auf, seine Eltern Inna Schapiro und

Rudolf Naumowitsch Solowjow waren beide Absolventen der Pädagogischen Universität und ließen sich scheiden, als ihr Kind gerade mal vier Jahre alt war. Wladimir wuchs bei den Eltern seiner Mutter auf. In der russischen Hauptstadt besuchte er die renommierte Schule Nr. 27, wo er auf zahlreiche Sprösslinge hoher Parteikader traf. Denn noch herrschte ja die KPdSU. Und da der Junge lieber Fußball und Karate spielte, als Lenin-Texte zu interpretieren, übersprang er keine Klasse, sondern machte mit 17 die ganz normale russische Version des Abiturs, die in Deutschland nach wie vor nicht anerkannt wird, ihn aber immerhin zur Aufnahme eines Studiums berechtigte.

Dass der junge Mann dann am Moskauer Institut für Stahl und Legierung studierte, zählte auch nicht gerade zur Pflichtausbildung eines künftigen Propagandisten. Ursprünglich hatte er an der Moskauer Ingenieur- und Physikhochschule studieren wollen, wurde dort aber nach eigenen Angaben wegen seiner jüdischen Abstammung nicht angenommen.

Doch dass er dann seinen Abschluss zum Hütteningenieur mit dem sogenannten »roten Diplom« hinlegte, der Bestnote, die nur rund fünf Prozent eines Jahrgangs erhielten, lässt immerhin aufhorchen. Im Anschluss absolvierte er ein Fachstudium am Moskauer Institut für Weltwirtschaft und Internationale Beziehungen, an dem so namhafte Menschen wie der spätere Finanzminister Boris Fjodorow, der spätere Außenminister Igor Iwanow, der spätere Ministerpräsident Jewgeni Primakow wirkten, aber auch der frühere britische Spion George Blake, der dort sein Gnadenbrot fristete. 1989, im Jahr des Mauerfalls, beendete Wladimir Solowjow sein Studium, das ihn zumindest in Russland zum Führen eines Doktortitels berechtigte. Seine Eltern waren stolz auf Doktor Wladimir Solowjow.

Was macht ein frischgebackener Akademiker in einer Zeit, in der sich der Zerfall der ausgepowerten Sowjetunion schon abzeichnet? Er geht ins Ausland. Seine temporäre Heimstatt fand der junge Russe ausgerechnet in der Alabama State University in Huntsville. Die Hochschule war Kaderschmiede der amerikanischen schwarzen Bürgerrechtsbewegung. Und so studierten dort vornehmlich Schwarze wie der vormalige Bürgermeister von Chicago Eugene Sawyer, der Bürgerrechtler Ralph David Abernathy und der Jazzmusiker Fred Wesley. Solowjow lehrte dort Ökonomie.

Wir können nicht behaupten und es auch nicht widerlegen, dass der russische Dozent den Geist der Bürgerrechtsbewegung eingesogen hat. Immerhin wissen wir, dass er sich politisch betätigte: Im Präsidentschaftswahlkampf sammelte er Geld für die Wiederwahl von George Bush senior und agitierte gegen dessen Gegenkandidaten Clinton, der die Wahl gleichwohl gewann. Solowjow selbst hat sich zu seiner Zeit in Alabama öffentlich zumindest nie ausführlich geäußert. Ob das FBI wirklich gegen ihn ermittelte, sodass die Universität ihn nach geraumer Zeit entließ, ist vielleicht auch Teil einer selbst gestrickten Lebenslegende – ebenso wie die Behauptung, dass sich der junge Immigrant fortan mit Gärtnerarbeiten und Karatestunden über Wasser halten musste.

Wir können aber wohl vermuten, dass der amerikanische Way of Life nicht spurlos an ihm vorbeigegangen ist. Denn sofort nach seiner Rückkehr in das nun von Jelzin regierte Russland stieg er ins kapitalistische Geschäftsleben ein: als Gründer einer Firma, die Lichttechnik für Diskotheken herstellte. Mit dieser Firma verdiente der clevere Unternehmer offenkundig so viel Geld, dass er das Unternehmen Ende der Neunzigerjahre des letzten Jahrhunderts mit Gewinn wieder verkaufen konnte. Ob da freilich so viel übrig blieb, dass er, wie er selbst behauptete, mit dem Erlös eine Menge Gazprom-Aktien kaufen konnte – was zu dieser Zeit ein gutes Geschäft war –, wagen wir doch zu bezweifeln. Denn es klingt ein wenig nach der gleichfalls selbst gestrickten Legende, er, Wladimir Solowjow, habe es gar nicht nötig gehabt, später in den Sumpf der Korruption hinabzusteigen, wo er doch schon selbst aus eigener Kraft so reich geworden war, dass er sich gar nicht zu bestechen lassen brauchte. Es war gleichwohl die Zeit, in der er schon mit den Recherchen für sein wohl bekanntestes Buch begann: »Empire of Corruption«. Ein Werk, das schonungslos den Finger in die Wunde der russischen Gesellschaft legte – die allgemeine, weit verbreitete Bereitschaft, sich auf allen Ebenen des Lebens korrumpieren zu lassen.

Es ist ein Übel, das in allen postsozialistischen Gesellschaften in Osteuropa nach wie vor existiert, wenngleich es doch allmählich schwindet. In Russland aber ist es ganz besonders ausgeprägt. Solowjow legt ganz überzeugend dar, dass es in Russland gängig sei zu glauben, es sei unmöglich, viel Geld durch ehrliche Arbeit zu verdienen. Also müsse man es stehlen. Das Hauptproblem bestehe darin, dass die offiziellen Gehälter auf allen Ebenen einfach zu niedrig seien, um damit überleben zu können. Das beginne bei den Schwestern in den Krankenhäusern, die nur für persönliche Zuwendungen bereit seien, ihre Pflicht zu tun, und ende bei den Ärzten, die etwa vor Operationen ihre Patienten noch einmal privat zur Kasse bitten. Und auf der obersten Sprosse der Leiter gehen die entsprechenden Beträge dann leicht in die Millionen, mitunter gar in die Milliarden.

Der Kampf gegen die Korruption sei gleichsam so etwas wie Russlands Nationalsport. Jeder neu ernannte politische Führer verspreche erst einmal, sie zu bekämpfen. Doch am Ende verliert er, und die Korruption gewinnt. Sie sei für Russen so selbstverständlich, dass man sie als notwendige Basis des bestehenden Systems ansehe. Solowjow beklagt also die Korruption in Russland, die im Volke tief verwurzelt sei. Da hat er recht. Das war schon zu kommunistischen Zeiten so. Ich habe jahrelang für das ZDF in russischen Landen Filme produziert. Das war oft nur möglich, wenn die russischen Kollegen, die mit und für uns arbeiteten, nebenbei mit westlichen Devisen aus der Handkasse bedacht wurden. Und wenn der Rechercheur vor Ort mit 50 Dollar abgespeist wurde, so erhielt der Parteisekretär, der für die Drehgenehmigungen sorgte, gleich 300 Dollar. Schleichend war zu jener Zeit der Übergang von Korruption zu Erpressung.

Dazu ein Beispiel: Schon in der Endzeit Gorbatschows und mehr noch in der wilden Ära Jelzins war vor allem Moskau in der Hand der Mafia. Ausländische Firmen, die in der russischen Hauptstadt tätig waren, hatten sich daran gewöhnt, rund 15 Prozent ihrer Abschlüsse an die lokalen Spitzbuben zu überweisen. Man nannte es die »Mafia-Mehrwertsteuer«. Und bald kassierte die Mafia auch bei Russland-Reisenden ab.

In den Achtziger- und Neunzigerjahren des letzten Jahrhunderts habe ich mit meinen Teams für eine Reihe von historischen Projekten oft im ganzen Land gedreht. Wer nicht zahlen wollte, wie einmal ein Team der BBC, dem wurde schon mal die gesamte Ausrüstung im Wert von 300 000 Dollar demoliert. Eines Abends erhielt ich im Moskauer Hotel »Metropol« einen Anruf. Eine höfliche Stimme fragte in sehr gutem Deutsch: »Sie drehen doch gerade eine Serie über Spionage im Kalten Krieg?« – »Ja, das stimmt.« – »Nun, dann wollen Sie ja sicher nicht, dass Ihnen dasselbe passiert wie der BBC?« – »Natürlich nicht!« – »Dann sollten wir uns einmal treffen«, meinte der Anrufer. Am nächsten Abend traf ich zwei gut gekleidete Herren jüngeren Alters in der Hotelhalle. Der eine sagte: »Wissen Sie, was den Schutz von Ausländern in unserem Land angeht, da sind unsere Behörden leider völlig überfordert. Wir helfen aber gerne aus. Das verursacht natürlich gewisse Kosten.« – »Wie viel?« – »Nun, für Ihre restliche Drehzeit von zwei Wochen«, das wusste er, »berechnen wir 25 000 Schweizer Franken.« Sowohl mein Produktionschef als auch unser Moskauer Studioleiter empfahlen dringend zu bezahlen. Und das taten wir. Niemand hat fortan gewagt, uns zu bestehlen. Denn der Schutz der Mafia schwebte über uns.

So recht Solowjow mit seinem schonungslosen Befund also

hat – umso mehr verwundert es, dass dieser Mann höchstselbst das beste Beispiel für die Richtigkeit seiner Analyse darstellt. Solowjow ist inzwischen selbst korrupt und streicht Millionen ein. Wobei man gerechterweise sagen muss: Er ist der ärmste unter Putins Hintermännern. Denn die anderen sind längst Milliardäre.

Es waren wohl gerade seine Recherchen, die ihm offenbart haben, was in einem korrupten System wie dem russischen für clevere Leute möglich ist. Und warum sollte er, der weltgewandte Wladimir Solowjow, nicht auch ein Stück vom Kuchen haben? Der oberste Verteiler dieses Kuchens, das war Putin. Also musste man sich wortgewandt in seine Dienste stellen. Und so wurde Solowjow nach einiger Zeit Putins ärgster Scharfmacher.

Das war freilich Ende der Neunzigerjahre des letzten Jahrhunderts noch nicht absehbar. Da war Putin noch ein angepasster Apparatschik im Machtgeflecht des russischen Staates. Zu den Medien kam Solowjow anfangs nur durch Zufall. Als der Moderator einer Radiosendung 1997 krankheitsbedingt ausfiel, vertrat ihn Solowjow, Der Job gefiel ihm, und ab Juni 1998 bekam er eine eigene Morgensendung mit dem beziehungsreichen Titel »Die Nachtigall trillert«. Solowjow heißt auf Deutsch Nachtigall.

Da war er offenkundig so erfolgreich, dass das Fernsehen auf ihn aufmerksam wurde. Ab 1999 moderierte er zusammen mit dem Journalisten Alexander Gordon die Talkshow »Prozess« auf dem Sender ORT, der damals noch zum Imperium des Oligarchen Boris Beresowski gehörte. Nach dessen Zerwürfnis mit dem neuen Machthaber Putin wurde der Sender verstaatlicht und ist heute als »Kanal 1« das Zentralorgan der kremltreuen Propaganda.

Damals jedenfalls erfuhr Solowjow, dass er eine besondere Begabung für das direkte Gespräch, zum Teil auch die Konfrontation live vor der Kamera hatte. So moderierte er neben »Prozess« auf dem Sender TNT die Sendung »Die Solowjow-Passion«, in der er Politiker und Künstler interviewte.

Ich weiß aus eigener Erfahrung, dass die Sendeform des Interviews wohl mit der leichteste Weg ist, sich im Medium Fernsehen einen Namen zu machen. Es war in diesen ersten Jahren, dass der damals noch recht schwergewichtige Solowjow seine mächtige Figur mit schwarzer Kleidung streckte, was alsbald zu einem Markenzeichen werden sollte. Ein schwarzer Überwurf mit Stehkragen, meist doppelreihig hochgeknöpft. So präsentierte er sich einem Publikum, das an seiner provokanten Art Gefallen fand. Und so folgten weitere Talkshows auf den Sendern TV 6 und NTW, die so sehr einschlugen, dass Solowjow 2005 den wichtigsten russischen Fernsehpreis TEFI gewann. Er wurde als »bester Interviewer« ausgezeichnet, nicht zuletzt wegen eines Interviews mit dem damaligen US-Präsidenten George W. Bush, für dessen Vater er in Alabama ja Plakate geklebt hatte. Zu einer russischen Institution wurde Solowjow freilich erst ab 2012. Seitdem läuft seine Sendung »Sonntagabend mit Wladimir Solowjow« auf dem Sender »Rossija 1«, mit der er erst in Russland, dann auch international Furore machte. Auszeichnungen und Preise blieben nicht aus. So erhielt er 2014 für seine »objektive Berichterstattung« über die Annexion der Krim den vaterländischen Verdienstorden. Und 2019 bekam er, was schon fast skurril war, den Fernsehpreis für den Moderator mit den meisten Sendungen in einem Jahr. Allein in sieben Tagen war er 26 Stunden lang auf Sendung.

Seine eigene Korruptionsbereitschaft wurde selbst in Russland öffentlich. Als Solowjow die Anti-Putin-Demonstranten vom Juni 2017 in einer seiner Sendungen als »Kinder von Korrumpierten« beschimpfte, geriet er im Gefolge selbst in einen Korruptionsskandal. Ihm, der in seinen Auftritten Bankschuldner stets als »Diebe« diffamierte, wurde vorgeworfen – wie sich bald herausstellte, zu Recht –, von der staatlichen Sberbank für ominöse »Beratungen« stattliche Honorare in Höhe von 5,4 Millionen Dollar angenommen zu haben. Beträge, die bewusst nicht in den Büchern auftauchten, weder in denen der Sberbank noch in den Steuerunterlagen von Solowjow.

Das so entstandene Minimalvermögen dieses Mannes beträgt, nach den Angaben des inhaftierten Kremlkritikers Alexej Nawalny, rund 17 Millionen Dollar. Andere Quellen sprechen von 40 Millionen. Nach den Recherchen des von Nawalny unterstützten Projekts »Organized Crime and Corruption« besitzt Solowjow allein in Moskau drei Wohnungen mit einer Gesamtzahl von 450 Quadratmetern, eine Datscha nahe der Hauptstadt und zwei Villen in Griante und Menaggio am Comer See. Italienische Quellen berichten sogar von mittlerweile vier Villen.

Solowjow beschwor daraufhin seine Redlichkeit mit dem bemerkenswerten Satz: »Nawalny ist ein Gauner und Betrüger. Ja, die Immobilien sind auf meinen Namen registriert. Dafür zahle ich aber Steuern. Ich habe nie verheimlicht, dass ich reich bin.«

Was sein Privatleben betrifft, so war Solowjow äußerst fruchtbar. Er zeugte insgesamt 10 Kinder mit 4 Frauen. Nach eigenem Bekunden hatte er schon reichliche Erfahrungen gesammelt, als er mit 22 Jahren seine erste Ehe einging. Er sah Olga in der U-Bahn, es traf ihn »wie ein Blitz«, und nach sehr kurzer Zeit schleppte er die junge Frau aufs Standesamt. Zwei Kinder entsprangen dieser Verbindung: Polina und Alexander, die sich beide, wie ihr Vater, später in den Medien einen Namen machten. Die Ehe hielt nur ein paar Jahre, denn schon Ende der Achtzigerjahre des letzten Jahrhunderts traf Solowjow eine Schönheit namens Julia. Die gemeinsame Tochter Ekaterina wurde 1991 geboren, übrigens in Alabama, was ihr nebenbei zur amerikanischen Staatsbürgerschaft verhalf. Auch diese Ehe hielt nicht lange – bis der rastlose Doktor im Jahre 1999 auf Helga Sepp traf. Sie war eine ausgesprochen attraktive junge Frau, die neben ihrer eigentlichen Tätigkeit als »klinische Psychologin« vor allem als Model von sich reden machte. Sie trat nicht nur in Mailand auf die Laufstege der Modemessen, sondern war auch Stargast in etlichen russischen Musikvideos.

Und diese junge Frau, die aus einer estnisch-deutschen Familie stammte, wurde nun in Windeseile Traumfrau unseres Helden. Schon beim dritten Treffen im legendären Moskauer Restaurant Yar machte er ihr einen Antrag. Die neun Jahre jüngere Helga war, wie Zeugen berichten, vom offenkundigen Charme ihres Verehrers – der damals stattliche 140 Kilo wog – zwar hingerissen, hatte es aber mit ihrem Jawort nicht sonderlich eilig. Das Paar heiratete erst Ende 2001, als ihr Erstgeborener Daniel auf die Welt kam. Die Vermählung ging diskret vonstatten, zum Ringkauf hatten die beiden keine Zeit. Dafür wurde die Hochzeit Jahre später, im Sommer 2005, auf einem Schloss in der Normandie opulent nachgefeiert. Vier weitere Kinder folgten, sodass Wladimir Solowjow heute auf die stolze Zahl von insgesamt acht Sprösslingen schaut. Nach eigenem Bekunden hat er zu allen seinen Frauen, ebenso zu seinen Kindern, ein harmonisches Verhältnis.

Dies gilt wohl auch für seine nunmehr nicht mehr ganz so heimliche Zweitfamilie mit der russischen Basketballspielerin Swetlana Abrossimowa, mit der er zwei Kinder hat. Da seine schwangere Geliebte Ende 2016 mit einem amerikanischen Pass in die USA gereist und dort zwei Zwillingsmädchen, Margarita und Maria, beide mit dem Vatersnamen Wladimirowna, entbunden hat, erhielten diese nach US-Recht auch einen amerikanischen Pass. Nach den Recherchen des zu Nawalnys Team zählenden Antikorruptionsjägers Georgij Alburow, die im Juni 2023 veröffentlicht wurden, reiste der treusorgende Vater in den Monaten nach der Geburt mehrmals in die USA, um dort nach dem Rechten zu sehen. Überdies, so Alburow, habe Solowjow später zusammen mit der Abrossimowa in den USA einen gemeinsamen Fahrer eengagiert, habe mit ihr zusammen einen COVID-Test abgelegt und dabei eine gemeinsame Adresse und Telefonnummer angegeben. Überdies besitze die Abrossimowa eine exklusive Villa in Sotschi, in der sich Solowjow gerne aufhalte. Da sich unser Held in seinen Sendungen ja gerne an den USA abarbeitet, können wir uns dem Fazit von Alburow nur anschließen: Eine solche Heuchelei müsse zumindest öffentlich werden. Und was sein vormals stattliches Gewicht betrifft, so war der Unternehmer Solowjow auch bei dessen Senkung kaufmännisch tätig. Mitte der Nullerjahre warb er im Internet für ominöse »Magenballons«, mit deren Hilfe er erheblich abgenommen habe. In der Tat zeigt sich der neue Solowjow deutlich straffer als zuvor – was ihm ermöglichte, sich in der Fußballmannschaft des russischen Jüdischen Kongresses, wo er zeitweise im Präsidium saß, zumindest in der Defensive zu betätigen. Solowjow bezeichnet sich selbst als gläubigen Juden, der sich aber dem »interreligiösen Dialog« verpflichtet fühle, was immer das bedeuten mag. Ansonsten spricht in seinem Leben nichts für eine intensivere religiöse Betätigung.

Solowjow hat kein öffentliches Amt. Er ist aber eine Institution. Die russische Regierung braucht keinen Propagandaminister, das erledigt Solowjow gleichsam nebenbei. Dabei ist er nicht immer eins zu eins im Einklang mit dem offiziellen Sound. Noch Ende 2008 beschwor er im Fernsehen die Brüderschaft von Russen und Ukrainern und erklärte, dass beide Staaten niemals Krieg gegeneinander führen sollten. Und vor dem russischen Einmarsch auf die Krim 2014 verkündete er in seiner Sendung: »Gott verbietet es, dass die Krim nach Russland zurückkehrt.« Doch wenn der Wind der offiziellen Politik sich drehte, war Solowjow sofort bereit, unter neuer Ansage zu segeln. Der Vorwurf des charakterlosen Opportunismus, der ihm entgegenschlägt, prallt ebenso an ihm ab wie die Unterstellung, ein politisches Chamäleon zu sein. Einer wie er, der nach internen russischen Quellen offiziell rund eine Million Dollar pro Monat erhält – und wer weiß wie viel noch aus anderen Quellen –, hat Besseres zu tun, als sich mit solchen Neidern zu beschäftigen.

Und so kannte er im Sommer 2018 keine Hemmungen, seine schon gewohnte Sonntagabendsendung mit einem neuen Format zu ergänzen, das einen Titel trug, der keine Missverständnisse mehr zuließ: »Moskau – Kreml – Putin«. Die Lobsprüche in dieser Sendung über den genialen Führer Russlands waren selbst für hartgesottene Anhänger des Präsidenten so peinlich, dass es in den noch vorhandenen Foren hieß, das Ganze sei im Grunde eine ungewollte Satire. Da stellte der Moderator in salbungsvollem Ton etwa die Frage, ob der Präsident auch beim Erholungsurlaub in der sibirischen Taiga Personenschutz benötige. Und ob seine Entourage dem Urlaubstempo ihres Chefs gewachsen sei: »9 000 Kilometer in einer Woche!«, schwärmte Solowjow über Putins Reisepensum. Alles unterlegt mit Bildern, die den Staatschef in allerschönstem Licht darstellten: Putin beim Wandern mit Gehstöcken, Putin beim Fischen mit seinem Verteidigungsminister Sergej Schoigu, Putin (Achtung, russische Frauen!) mit nacktem Oberkörper beim Sonnen. Allerdings monierten aufmerksame Zuschauer, dass der Präsident beim Erklimmen eines mittelgroßen Gipfels sich doch, etwas keuchend, schwer auf seine Wanderstöcke stützen musste.

Die Einführung des neuen Formats hatte einen ernsthaften politischen Hintergrund. Die Popularität des im März wiedergewählten Präsidenten war etwas brüchig geworden. Die Rentenreform, die das Renteneintrittsalter für Frauen um fünf und für Männer gar um acht Jahre anhob, empörte viele Russen. Laut kremlnahen Umfragen vertrauten ihm im September 2018 nur noch 37 Prozent, kurz nach der Wiederwahl waren es noch 55 Prozent gewesen. Besagten Umfragen zufolge hätte es seine Partei Geeintes Russland in der Duma nicht einmal mehr auf eine Mehrheit gebracht. Nur 34 Prozent hätten für sie votiert.

Da kam das neue TV-Format gerade recht, und Wladimir Solowjow war der richtige Mann. Er präsentierte den damals 65-jährigen Präsidenten in offenkundig bester Kondition. Er zeigte, wie ihm in Sibirien beim Besuch eines Bergwerks ein Kumpel seine Nöte vortrug: Er sei als Waise aufgewachsen, ihm stehe eine staatliche Wohnung zu, die ihm die Staatsmacht aber vorenthalte. Putin forderte den zuständigen Gouverneur, der ihn begleitete, mit lauter Stimme auf, sich die Telefonnummer des Kumpels zu notieren und ihm binnen eines Monats den Vollzug der Bitte zu berichten. Putin der Kümmerer, Putin der Vater des Volkes, Freund der Kinder. Pünktlich zu Beginn des Schuljahres verkündete Solowjow, dass der Präsident in Sotschi ein Hotel, das für die Olympischen Spiele gebaut worden war, per Erlass zu einem Jugendzentrum umfunktioniert habe. Und um dem Ganzen noch die Krone aufzusetzen, holte unser Freund den Kremlsprecher Dmitri Peskow ins Studio, der in vollem Ernst erklärte, dass der Präsident im Kern seines Wesens »ein sehr menschlicher Mensch« sei. Das Anekdotische daran ist, dass exakt 100 Jahre vorher die junge Sowjetpropaganda haargenau dasselbe über Lenin kundtat, der sich mit 16 das Rauchen abgewöhnt habe und täglich seine Hemden wechselte. Das zumindest, so vermute ich, tut Putin auch.

Sosehr sich Solowjow später an Deutschland und den Deutschen abarbeitete – sein Lieblingsland zumindest in Europa war zumindest lange Zeit Italien.

Es begann schon im Jahre 2012, als er einen etwas makabren Film über den italienischen Diktator Mussolini im russischen Staatssender Rossija 1 platzierte. Darin versuchte sich Solowjow, den Film selbst kommentierend, an einer Ehrenrettung für den Urvater des Faschismus. Der Film wurde, trotz der wachsenden Bekanntheit seines Schöpfers, weitgehend ignoriert. Doch Jahre später, Anfang 2020, änderte sich das rapide, als Solowjow eine positive Resonanz auf seinen Film in den sozialen Medien teilte. Darin lobte Igor Molotow, ein Mitarbeiter des Staatssenders »Russia Today«, das Mussolini-Werk auf einmal über alle Maßen. In der russischen Gesellschaft werde Mussolini völlig falsch beurteilt. Tatsächlich sei er ein glänzender Mensch gewesen. Solowjows Film habe gezeigt, dass Mussolinis Faschismus und der abartige Nazismus völlig unterschiedlich gewesen seien.

Mussolini habe der Welt einen »dritten Weg« gewiesen, auf dem heute, also 2020, teilweise auch Russland gehe. Solowjow wehrte sich natürlich in der Diskussion danach gegen den sofort erhobenen Vorwurf, er wolle den Nazismus rehabilitieren. Das Gegenteil sei ja der Fall. Der Kolumnist Dmitri Petrowski sprang ihm zur Seite und ging sogar noch einen Schritt weiter. Auf der Webseite des Staatssenders »Russia Today« erinnerte er daran, dass Hitler den Faschismus Mussolinis pervertiert habe. Erst das fatale Bündnis des italienischen mit dem deutschen Diktator habe die negativen Seiten des »Nazitums« nach Italien gebracht.

Die Pointe in der Diskussion setzte ausgerechnet Alexej Nawalny, der damals noch in Freiheit lebte. Er ließ über Twitter einen sarkastischen Kommentar verbreiten, in dem es hieß: »Ich hoffe, dass Wladimir Solowjow, wenn er mich nächstes wieder einen ›Nazik‹ nennt, mit ›Benitos treuer Sohn‹ unterzeichnen wird.«

Abgesehen von der naheliegenden Möglichkeit, dass die diversen Mitarbeiter von »Russia Today« von Solowjow instrumentiert wurden, zeigt Russland heute tatsächlich selbst faschistische Züge. Putins Herrschaft ist autokratisch, repressiv und pflegt Feindbilder, die stets gegen schwache und verletzliche Minderheiten gerichtet sind. Ein Land, das geprägt wird von obskuren Allmachtsfantasien, Sowjetnostalgie und Weltmachtträumen. Es ist schon lange her, dass Putin als »lupenreiner Demokrat« bezeichnet wurde. Noch vor dem russischen Einmarsch in die Ukraine hat er an seine Untergebenen die Schriften des Philosophen Iwan Iljin versenden lassen, der seinerzeit die Machtergreifung Hitlers als Erlösung bezeichnet hatte.

Der amerikanische Historiker Timothy Snyder sieht Iljins Denken als faschistisch an: »Putins Lieblingsautor Iljin beschreibt eine verworrene und zerbrochene Welt, die Russland mit Gewalt heilen müsse, und zwar mithilfe eines starken Führers, der die Demokratie zum reinen Ritual macht. Das Projekt heißt: Die Welt ist nicht sie selbst, solange sie nicht russische Werte lebt.«

Da fällt es einem doch wie Schuppen von den Augen. Der starke Führer ist natürlich Putin selbst, und die russischen Werte werden nicht zuletzt auch von der russisch-orthodoxen Kirche garantiert und propagiert, die von Putin in den Rang einer Staatsreligion erhoben wird. Ein geschlossenes Weltbild: die Erlösung der perversen Welt durch Russland.

Ein solches Weltbild ist natürlich nicht erholsam – und »Benitos treuer Sohn« hatte ja bei seinem Faible für die italienische Geschichte auch an seine Liegenschaften in dem Land, wo die Zitronen blühen, gedacht. Da besaß er einiges – zum Teil schon, seit er seinen Mussolini-Film ins Fernsehen hob. Es sind, nach neuestem Recherchestand, vier Villen, die allesamt am malerischen Comer See liegen – dort, wo auch der US-Schauspieler George Clooney eine luxuriöse Heimstatt hat. Ein Haus gebietet über 30 Zimmer, ein anderes hat 14 Zimmer, und ein weiteres mit zehneinhalb Zimmern ist auf den Namen seiner Mutter registriert. Zudem gebot unser Held noch über ein Appartement in einer der schmucksten Villen am See, der Villa Maria im Städtchen Griante. All diese Immobilien hat der italienische Staat inzwischen konfisziert, was Solowjow über alle Maßen stört. Seitdem nimmt er den NATO-Staat Italien nicht mehr aus seinen wüsten Beschimpfungen gegen den verhassten Westen aus. Es begann schon kurz nach dem russischen Einmarsch in die Ukraine, als Solowjow erfuhr, dass auch seine Liegenschaften in Italien konfisziert wurden. Da tobte er in seiner Sendung: »Mir wurde gesagt, dass Europa eine Festung der Rechte ist, dass alles erlaubt ist. Das haben sie gesagt. Ich weiß aus eigener Erfahrung über die sogenannten heiligen Eigentumsrechte Bescheid. Bei jeder Transaktion brachte ich Unterlagen mit, die mein offizielles Gehalt und Einkommen belegen.« Und er fuhr fort: »Ich habe wahnsinnig viele Steuern bezahlt, und nun stehe ich trotzdem auf der Sanktionsliste.« Unser Held schloss seine Suada mit der Klage: »Wo bleibt da die Gerechtigkeit?«

Wir fragen uns jetzt nicht, welcher Art die sogenannten Unterlagen waren, die Solowjow bei den italienischen Behörden einreichte. Wir fragen uns jedoch: Wie war es möglich, dass ein solcher Propagandakrieger überhaupt in einem Land wie Italien so viele Luxusimmobilien kaufen konnte? Diese Frage stellte sich und seinem Gast Solowjow auch ein italienischer Journalist im Sender La7. Solowjow ging sofort zum Gegenangriff über – und nun waren seine geliebten Italiener auf einmal allesamt Faschisten: »Ich will Sie daran erinnern, dass es Ihre Faschisten waren, die in mein Land kamen, in mein russisches Land. Die Russen kamen nicht in euer Land.«

»Aber wenn die Faschisten sind, warum haben Sie dann in Italien vier Villen gekauft?«, unterbrach ihn der Journalist. Solowjow war derlei Widerspruch nicht mehr gewohnt, und so musste die Frage zweimal wiederholt werden, bis er sich zu einer Antwort bequemte: »Die Italiener sind jetzt keine Faschisten. Als ich die Villen gekauft habe, erinnerten sich die Italiener an die Russen und liebten sie. Aber jetzt habt ihr alles geändert.«

Diese Argumentation ist ziemlich durcheinander. Einmal sind die Italiener Faschisten, dann wieder nicht und dann wieder doch. Ein typisches Beispiel für das Chamäleon Solowjow, der binnen einer Minute in der Lage ist, das Gegenteil von dem zu behaupten, was er im Brustton der Überzeugung vorher kundtat. Wenn es ein Beispiel für journalistischen Opportunismus braucht, dann steht er ganz oben an der Spitze.

Wir wissen, dass Solowjow während der Coronapandemie für eine seiner Villen von der Republik Italien eine Subvention zwecks Renovierung ausgezahlt bekam. Das mochte seinen Frust über die spätere Zurückweisung noch zusätzlich befördert haben. Was er freilich nicht verhindern konnte, waren im April 2022 vandalische Anschläge auf zwei seiner Anwesen. Auf ein Haus wurden brennende Autoreifen geworfen, die die Feuerwehr von Como gerade noch löschen konnte. Ein anderes Haus wurde mit Farbe beschmiert, ein Pool rot eingefärbt. An der Wand stand wochenlang mit roten Großbuchstaben: KILLER.

Es war die Zeit, als der russische Präsident höchstselbst verkündete, wie wichtig offenbar sein oberster Scharfmacher zu sein schien. Im April 2022 behauptete Putin, dass der russische Geheimdienst FSB ein von ukrainischen Neonazis geplantes Attentat auf Wladimir Solowjow gestoppt habe. Er nannte ihn zwar nicht mit Namen, doch im Lauf der Tage wurde klar, wer mit »einer der bekannten russischen Fernsehjournalisten« gemeint war. Putin verdächtigte unter anderem die CIA, Ratschläge zur Tötung von russischen Medienleuten zu geben: »Wir kennen die Namen der Kuratoren westlicher Geheimdienste, vorrangig natürlich der CIA, die mit den Geheimdiensten der Ukraine zusammenarbeiten«, erklärte der frühere Geheimdienstmann Putin. »Offensichtlich geben die westlichen Dienste der Ukraine Ratschläge zur Tötung von Journalisten. So viel zu ihrer Haltung zu den Rechten von Journalisten (…) und den Menschenrechten im Allgemeinen.« Natürlich würden die verhafteten Täter alles leugnen, doch die Beweise seien unwiderlegbar.

Die kremlnahe Nachrichtenagentur RIA Novosti behauptete, bei den Tätern handele es sich um eine Neonazi-Gruppe, die auf Anweisung des ukrainischen Geheimdienstes SBU Solowjow mit einer Autobombe habe ermorden wollen. Acht Molotow-Cocktails, sechs Pistolen, eine Granate, 1000 Schuss Munition und ein abgesägtes Jagdgewehr seien beschlagnahmt worden, außerdem »nationalistische Literatur«, ein Foto von Adolf Hitler – und »Drogen«. Die Verdächtigen hätten – wohl nach entsprechenden »Verhören« – zugegeben, dass sie sich nach einem geglückten Attentat ins Ausland hätten absetzen wollen.

Putin nahm die ganze Aktion zum Anlass, um »dem Westen« heftige Vorwürfe zu machen: »Da sie auch im Informationsbereich versagen, ihre Bürger täuschen und eine Monopolstellung bei Informationen in ihren und einigen anderen

Ländern ausnutzen, wobei sie hier in Russland versagen, sind sie auf Terror umgestiegen und bereiten Morde an unseren Journalisten vor.« Dem Westen gehe es um eine »Spaltung der russischen Gesellschaft«. Schließlich verlangte Putin von der Generalstaatsanwaltschaft, sämtliche »illegalen Massenaktionen« im Lande zu unterbinden – auch im Internet. Putin wortwörtlich: »Unterdrücken Sie entschlossen alle Aktionen, die auf eine Einmischung von außen abzielen, zur Destabilisierung unserer Gesellschaft, Aufstachelung zu Fremdenfeindlichkeit, militantem Nationalismus, interkonfessioneller Feindseligkeit. Offene Provokationen gegen unsere Streitkräfte erfordern ebenso ebenfalls eine gründliche Untersuchung, einschließlich der Nutzung von Ressourcen ausländischer Medien und sozialer Netzwerke.« Zumindest das hat die Staatsmacht bis heute nicht vollbracht – dank Twitter und Co.

Solowjow selbst behauptete, er habe gar nicht bemerkt, dass und wie er von den russischen »Sicherheitsbehörden« beschattet worden sei. Das spreche ja für deren Professionalität: »Natürlich bin ich bereit, mich öffentlich zu bedanken und mich mit den operativen Mitarbeitern zu treffen, die diese Operation durchgeführt haben. Das sind ohne Zweifel sehr kompetente Menschen. Vielen Dank. Wenigstens ist die Trauer heute nicht in mein Haus eingezogen.« Es versteht sich, dass der ukrainische Geheimdienst alle Vorwürfe zurückwies und erklärte, er werde diese Fantasien des FSB nicht kommentieren.

Doch nun nahmen sich unabhängige Beobachter der Sache an. Ihr Fazit: Das Ganze sei wohl eine Inszenierung des russischen Geheimdienstes. Denn auf einem Video vom angeblichen Ort der Festnahme waren unter anderem zu sehen: drei Videospiele des Spiels »Die Sims 3« und ein Buch, in dem unter einer Widmung »Unleserliche Unterschrift« stand. Beide Fundstücke ließen Geheimdienstexperten vermuten, dass die Aufdeckung des angeblichen Attentats bewusst arrangiert war. Einer von ihnen witzelte: »Ja, der FSB erhielt den Auftrag, das Buch mit einer ›unleserlichen Signatur‹ zu unterschreiben – und tat dies auch.« Nämlich wortwörtlich – ein Indiz für blinden Gehorsam. Andere Rechercheure wiesen freilich darauf hin, dass die Bezeichnung »Unleserliche Signatur« auch in erbeuteten Telegram-Chats der Verhafteten als Codename auftauchte.

Zudem war auf dem veröffentlichten Video des FSB zu sehen, wie die vorgeblichen Nazi-Terroristen offenkundig fast sehnsüchtig auf das Sturmkommando gewartet haben. Denn kaum konnte der FSB-Mann seine donnernde Faust vom Eingang der Verschwörer-Wohnung wegreißen – schon ging die Tür auf, und der erste »Neonazi« ließ sich bereitwillig verhaften. Als wäre es eine Parodie auf Netflix.

Außerdem ging die Präsentation der Computerspiele wohl auch auf eine Fehlinterpretation der beauftragten Agenten zurück. In den Aufträgen an sie könnte die Rede davon gewesen sein, drei SIM-Karten für Handys zu arrangieren statt der Sims-3-Spiele.

Zumindest dieser offenkundige Fauxpas schien den russischen Behörden einzuleuchten. In den offiziellen Videos wurden die Sims-Spiele inzwischen unkenntlich gemacht. Das Fazit über diese Räuberpistole zog der BBC-Journalist Francis Scarr. Er nannte die vorgelegten Beweisstücke spöttisch ein »Neonazi-Starterkit«.

In den ersten Wochen nach dem russischen Überfall auf die Ukraine wurden auf Geheiß des Kreml alle halbwegs kritischen Stimmen im Lande abgeschaltet. Keiner bekam das deutlicher zu spüren als der inhaftierte Alexej Nawalny, der aus der Haft auf Twitter schrieb: »Um Ukrainer zu töten, braucht Putin unbedingt die Unterstützung des Krieges innerhalb Russlands.« In nur anderthalb Monaten hat Russland alle unabhängigen Medien, auch die eher zurückhaltenden, abgeschaltet und blockiert. Kremlkritische Medien wie die Zeitung »Nowaja Gaseta« oder

der Radiosender »Echo Moskwy« wurden eingestellt. Nun gab es nur noch Propagandasender, die nach Putins Pfeife tanzten. Wer nicht als Cheerleader für den Kremlchef dienen wollte, wurde einfach nicht mehr engagiert. Der russischsprachige amerikanische Journalist Michael Wasiura wurde in den Jahren zuvor oft in Talkshows eingeladen, wo er nach eigenem Bekunden als eine Art von »Boxsack« diente, an dem sich russische Experten mit ihren antiamerikanischen Ansichten abarbeiten konnten. Doch er habe auch andere Ansichten vertreten können. Nun aber war er nicht mehr willkommen. Stattdessen begann die hohe Zeit von Wladimir Solowjow, der schon früh die ganze NATO ins Visier nahm: »Wenn diese Operation zu Ende ist, muss sich die NATO fragen: Haben wir, was nötig ist, um uns selber zu verteidigen? Haben wir die Leute, um uns selber zu verteidigen? Es wird keine Gnade geben. Nicht nur die Ukraine muss denazifiziert werden. Der Krieg gegen Europa und die Welt nimmt immer konkretere Konturen an, was bedeutet, dass wir anders und härter handeln müssen.«

Nun wurden in den ersten Wochen nach dem Überfall vor allem sogenannte Experten in die TV-Shows von Solowjow und Konsorten eingeladen, die der Kremllinie folgten. Einer von ihnen ist der 1955 in Kiew geborene Journalist Alexander Sosnowski, der gerne als »renommierter Politologe« vorgestellt wird. Tatsächlich hatte er zeitweise für die Deutsche Welle gearbeitet. Mal wird er aus seinem Berliner Büro zugeschaltet, das mit Berlin-Fahnen bestückt ist, mal tritt er live in Moskauer Studios auf. So sprach er im Frühjahr 2022 mit Solowjow über die »unvollendeten Nürnberger Prozesse« als Folge der »mangelhaften Bestrafung von Nazis in Nachkriegsdeutschland«. Die Existenz des Asow-Bataillons in der Ukraine sei eine Folge davon. »Besonders das Gefühl der Furcht wird die Spezialoperation in der Ukraine zu Ende bringen.« Die Deutschen, so Sosnowski, fürchteten sich vor allem vor Putin, Medwedew und Kadyrow, besonders vor dessen Vernichtungsrhetorik. Kadyrow spreche ja gerne von ukrainischen Teufeln, also gehe es um eine Entteufelung der Ukraine. Jede Armee, die zur NATO zähle, habe ihre Lagerhäuser geöffnet und alles weggegeben, was sie habe. Und die deutsche Armee?, fragte Solowjow. Die Bundeswehr habe fast gar nichts mehr, erwiderte Sosnowski. »Dann sollten wir eine zweite Front eröffnen und auf Deutschland draufhauen, solange sie komplett unbewaffnet sind«, erwiderte Solowjow, damit es keine Illusionen bei den Nazis gebe. Sie seien schließlich alle »Goebbels' Enkel«.

Ab Mitte September 2022, als die russischen Truppen von den Ukrainern immer mehr zurückgedrängt wurden, machte sich bei Solowjow eine Vorform von Verzweiflung breit. Um die immer größer werdenden Lücken der Armee zu schließen, forderte er, eine internationale Koalition zu gründen – mit Freiwilligen aus Syrien, dem Iran und Afrika, aus Nicaragua und Kuba. Die Amerikaner, so Solowjow, hätten das bei ihren diversen Kriegen ja auch gemacht, als sie etwa vor dem Einmarsch in den Irak eine »Koalition der Willigen« bildeten. Er appellierte an »unsere serbischen Brüder« und träumte von »Internationalen Brigaden« wie im spanischen Bürgerkrieg. Auf Twitter löste er mit diesen Ausflügen in die Geschichte einen wahren Shitstorm aus. Denn schließlich kämpften ja in Spanien Freiwillige aus aller Welt für eine demokratisch gewählte Regierung gegen den Sieg der Tyrannei. Putin und Solowjow, so ein User maliziös, stünden ja wohl dem Putschisten Franco näher als der spanischen Republik. Und ein anderer meinte zur Idee einer internationalen Koalition: »Alle bösen Jungs der Welt zusammen – warum nicht auch die Taliban und der IS?«

Allerdings gehen Solowjow im Fernsehen allmählich die Zuschauer aus. Denn nach einer neueren Medienstudie schalten mittlerweile nur noch 18 Prozent des russischen Publikums politische Talkshows ein. Gut die Hälfte aller Zuschauer hält sie für die »unangenehmste Form« im Gesamtprogramm. Allein

Solowjows Show fiel vom ehemals vierten auf den 17. Platz der russlandweit höchsten Einschaltquoten. Gerade im Krieg, so heißt es, suchten viele Zuschauer stattdessen lieber Entspannung bei gefühligen Schlagersendungen wie »Lieder von Herzen«.

Der oppositionelle Blogger Igor Jakowenko, vormals sogar Abgeordneter der Duma, schrieb dazu: »Das Umfeld der Hass-kanäle steckt in einer Krise. Die Kanäle müssen den Grad des Hasses immer mehr erhöhen und sich immer neue Provokationen ausdenken, um den Hass anzustacheln. Zur gleichen Zeit wird die Kluft zwischen dem Geschehen im Fernsehen und dem, was die russische Bevölkerung interessiert, immer fass-barer. Es scheint, dass die Zeit, wo ein Land mithilfe des Fern-sehens regiert werden konnte, ihrem Ende entgegengeht. Aber andere Instrumente hat der Kreml nicht.« Und deshalb braucht der Kreml seinen Wladimir Solowjow. Zumindest vorerst.

Generell klagt Solowjow mit Vorliebe über mangelnde Un-terstützung der russischen Armee durch die »Organisation des Vertrags über kollektive Sicherheit« (OVKS). Das ist ein Militär-bündnis, das nach dem Zusammenbruch der alten Sowjetunion entstand und russisch dominiert ist. Mitgliedsstaaten sind etwa Armenien, Belarus und Kasachstan. »Wo ist die Organisation des Vertrags für kollektive Sicherheit? Wo sind die OVKS-Kräfte?«, fragte der Moderator in die Runde. Wenn die anderen Staaten etwas wollten, würde Russland sofort helfen. Doch wenn Russland selbst Hilfe benötige, würden sich die anderen Staaten verweigern.

Ganz unrecht hat er damit nicht. Denn als im Januar 2022 Zehntausende von Menschen in Kasachstan gegen das auto-kratische System von Präsident Tokajew protestierten, schickte Putin russische Soldaten, die den beginnenden Aufstand nieder-schlugen. Und der belarussische Diktator Lukaschenko, der sich nur mit Putins Hilfe halten konnte, tut nach dem Angriff auf die Ukraine alles, um sich von einer direkten Beteiligung fernzuhal-ten und Putin gleichzeitig zu versichern, dass Belarus fest an seiner Seite stünde. Ein nicht ganz einfacher Balanceakt. All das führte in der Sendung von Solowjow zu dem empörten Aufschrei des erzkonservativen Hardliners Sergej Kurginjan: »Alle sind gegen uns! Wir sind ein benachteiligtes Land. Wir sind umzingelt von Nachbarn, die mit großem Appetit auf unser Territorium und auf alles, was wir haben, blicken.«

Allerdings erfährt Solowjow neuerdings in seinen Sendungen auch Widerspruch – wobei nicht ausgemacht ist, ob der bewusst eingesetzt wird, um das sinkende Interesse seiner Zuschauer zu steigern, oder ob der Moderator ihn schlichtweg in Kauf nimmt. So forderte er im Herbst 2022 den Einsatz von Atomwaffen nicht nur gegen die Ukraine, sondern auch gegen Mitglieder der NATO: »Unsere Logik ist einfach: Wenn wir Waffen haben, die den totalen Sieg sichern, wäre es seltsam, sie nicht einzusetzen. Warum haben wir sie sonst überhaupt hergestellt? Wenn wir der Meinung sind, dass unser Leben ohnehin keinen Wert hat und dass Atomwaffen notwendig sind, weil die wunderbare westliche Welt erhalten bleiben muss, Russland aber vernichtet werden kann. Hören wir also auf, alle modernen Waffen zu entwickeln, wenn sie ihre Funktion der Abschreckung nicht erfüllen.«

Das war selbst seinen eigentlich linientreuen Studiogästen zu viel. Der Duma-Abgeordnete Konstantin Zatulin widersprach dem Moderator: »Diese Waffen erfüllen ihre Funktion als Abschreckung für Atomwaffen anderer Staaten. Ich möchte Sie an unsere Doktrin erinnern. Diese Waffen sind dann wichtig, wenn die Existenz des russischen Staates bedroht ist. Ist die Existenz des Staates jetzt bedroht?« Als Solowjow dies mit einem glatten »Ja. Auf jeden Fall!« beantwortete, widersprach Zatulin souverän: »Nein. Das ist nicht der Fall.«

Ein anderer Gast der Sendung erklärte dem inzwischen aufgebrachten Moderator noch einmal geduldig die tatsächliche Funktion der atomaren Waffen: »Atomwaffen schaffen die Voraussetzung dafür, dass es nicht zu einem großen Krieg kommt.

In kleinen Kriegen, kleinen Konflikten wie dem, den wir gerade führen, gibt es keine direkte Aggression der NATO gegen uns.« Dem widersprach Solowjow vehement: Es sei ja doch ganz offenkundig, dass ein Krieg auf russischem Territorium stattfinde. Doch auch hier war Zatulin anderer Meinung: »Wolodja, komm schon! Es war nicht unser Gebiet, bis wir es zu unserem erklärt haben!« Und damit meinte er nicht nur den gerade von der Ukraine zurückeroberten Teil von Cherson nördlich des Dnjepr, sondern auch den gesamten Donbass.

Wie gesagt: Ob Solowjow diesen Widerspruch bewusst zugelassen hat oder ob es reiner Zufall war, können wir nicht zweifelsfrei erklären. In jedem Fall ist es Indiz für den doch überraschenden Befund, was selbst in einer Diktatur wie Russland noch möglich sein kann.

Solowjow ist es freilich zuzutrauen, dass er in seinen Sendungen seit dem Herbst 2022 ganz bewusst konträre Meinungen zulässt, um der Langeweile vorzubeugen. Einmal schaut Solowjow irritiert auf sein Tablet, auf dem in Echtzeit Kommentare seines Publikums eingehen. Er liest die Nachricht eines Zuschauers vor, der sich als Viktor Rosumowski vorstellt: »Vielleicht ist es an der Zeit, Lügen nicht mehr als Wahrheit auszugeben? Hört auf, die Menschen zu täuschen. Rational denkende Menschen glauben das alles längst nicht mehr!«

Dass er in seiner eigenen Sendung als Lügner beschimpft wird, kann Solowjow natürlich nicht hinnehmen. Nun lässt er offen durchblicken, dass er Fernsehen in einer Diktatur macht. Mit vermeintlich ruhiger Stimme schaut er in die Kamera und sagt: »Weißt du was, Viktor? Wenn du in Russland bist, werden wir dich finden. Wir werden alles über dich herausfinden, du wirst keinen Moment Ruhe haben.« Wer »wir« ist, das ist jedem Zuschauer klar.

Den bewussten orchestrierten Widerspruch setzt Solowjow immer wieder ein, natürlich sorgsam dosiert. Als sich ab Dezember 2022 die ukrainischen Angriffe gegen Militäreinrichtungen auf russischem Gebiet häuften, drohte er mit der völligen Auslöschung von Kiew und Charkiw. Beide Städte, die größten in der Ukraine, müssten vom Angesicht der Erde getilgt werden. Doch da erhielt er Gegenwind. Denn Yaakov Kedmi, ein früherer israelischer Politiker und Diplomat, widersprach. Kedmi, in Moskau geboren, wurde zu politischen Diskussionen im russischen Fernsehen gerne eingeladen, weil er der Putin-Linie in der Regel folgte. Jetzt aber zeigte er sich störrisch: »Diese Worte, Kiew und Charkiw vom Erdboden zu tilgen, sollten nicht ausgesprochen werden, vor allem nicht im russischen Fernsehen«, erklärte Kedmi. »Das ist kriminell und obszön. Es hat in der Geschichte noch nie einen Fall gegeben, in dem die Bombardierung einer friedlichen Stadt zu irgendwelchen Ergebnissen auf dem Schlachtfeld geführt hat. Werden sie, die Ukrainer, sich davon abschrecken lassen? Wann ist das jemals geschehen? Das hat es noch in keinem Krieg gegeben.« Der Moderator gab sich verschnupft: »Gut, dann werden wir weiterhin auf dem Niveau eines kleinen Mädchens aus der fünften Klasse bleiben, das weint, weil unsere friedlichen Städte bombardiert werden!«

Im Weltbild von Solowjow sind die russischen Soldaten an den Fronten in der Ukraine allesamt von hoher Kampfeslust geprägt. So erzählte er von einem seiner Frontbesuche, auf dem ihm mehrere Kämpfer erzählt hätten, dass Washington und Berlin die nächsten Eroberungsziele der Armee seien. »Beachtet die Flagge hinter den Männern«, erklärte der Moderator. »Sie sitzen, und da ist eine Flagge hinter ihnen. Wie Sie wissen, ist das eine Siegesflagge. Ich hatte ihnen allen Fragen gestellt. Ich fragte: ›Männer, was wird man als unseren Sieg erachten?‹ Sie sagten: ›Mittelfristig sollten wir die Flagge zurückbringen.‹ Ich sagte: ›Aber die war in Berlin.‹ Und sie sagten: ›Dann werden wir sie nach Berlin zurückbringen.‹ (…) Ich fragte: ›Was wird man als unseren Sieg erachten?‹ Sie sagten: ›Wir werden den ganzen

Weg bis zum Großen Teich marschieren, vielleicht müssen wir sogar Washington erobern.‹«

Das sind schon ziemlich krude Fantasien. Es sind doch große Zweifel angebracht, ob der miserabel ausgestattete russische Soldat zu einem solchen Feldzug in der Lage ist. Für einen Propaganda-Fachmann ist das allerdings kein Problem: »Im 21. Jahrhundert muss der russische Soldat die europäischen Bastarde daran erinnern, dass wir mit Respekt behandelt werden müssen.« Und zu Respekt werde man Europa notfalls zwingen: »Ihr wollt einen Prozess in Den Haag?« Dann, so drohte Solowjow, »werden wir euch in Den Haag strafrechtlich verfolgen«. Und er verwies auf die Nürnberger Prozesse, an denen die Sowjetunion beteiligt war: »Wenn die Zeit des ukrainischen Nationalsozialismus vorbei ist, werden wir uns mit dem europäischen Nationalsozialismus und dessen größten Repräsentanten beschäftigen. Beginnend mit dem Baltikum und endend mit dem deutschen Nationalsozialismus, der noch immer in voller Blüte steht.«

Die russische Rückkehr nach Europa werde anders sein, als sie der Westen wolle: »Wir werden nach Den Haag kommen, und wir werden nach Paris wie im 19. Jahrhundert kommen.« Tatsächlich marschierten 1814 russische Truppen im Krieg gegen Napoleon in Paris ein – freilich zusammen mit Österreichern und Preußen. Und dann, natürlich, schwärmt Solowjow von einer »Rückkehr« auch nach Deutschland: »Und wir werden nach Berlin wie im 20. Jahrhundert zurückkehren.«

Am Ende nahm er ganz Europa ins Visier. Zur Rechenschaft müssten alle Länder gezogen werden, die der Ukraine Waffen lieferten, mit denen russische Bürger getötet würden. Er nannte dabei seltsamerweise die skandinavischen Staaten, die Niederlande sowie Frankreich und schimpfte auf polnische Kämpfer, die die Ukraine unterstützten. Westliche Gegenschläge fürchte Russland nicht: »Wird es schwierig für uns? Sehr. Wird es Angriffe auf unsere Städte geben? Ja. Werden sie uns zusätzliche

Sanktionen auferlegen? Ja.« Am Ende aber werde Russland siegen. »Wir werden siegen, weil wir siegen müssen.« Es sind solche Aussagen, die tatsächlich an die Rhetorik Goebbels' gegen Ende des Zweiten Weltkriegs erinnern.

Peinlich für ihn war freilich ein investigativer Bericht der »Kiyv Post«, in dem es hieß, dass eines seiner Kinder nicht in der russischen Heimat lebt oder gar an der ukrainischen Front im Einsatz ist, sondern als Model über Londoner Laufstege schreitet: Es handelt sich um den 21-jährigen Daniil Solowjow, der mit langen Haaren und lackierten Fingernägeln das Model-Gen offenbar von seiner Mutter geerbt hat. Dies, veröffentlicht zu einer Zeit, in der der Vater ständig zum patriotischen Dienst am Vaterland aufruft, sei ein weiterer Beleg für Heuchelei. Allerdings war der Bericht ein Fake, denn er saß einem eher scherzhaft gemeinten Post des Solowjow-Sohnes auf, der schrieb, er könne keinen Vertrag mit dem russischen Verteidigungsministerium eingehen, weil er schon einen Model-Vertrag in London habe. Dennoch bleibt der Fakt bestehen, dass Daniil Solowjow nicht zur Armee eingezogen wurde, obwohl er altersgemäß dafür infrage käme.

Gar nicht ertragen kann es Solowjow, wenn der verhasste Präsident der Ukraine, Wolodymyr Selenskyi, im Westen Beifall findet. So, als er sich zum ersten Mal seit Kriegsbeginn, angetan wie stets in seine olivgrüne Militärkluft, in das Land der Führungsmacht der NATO wagte. Nachdem er sich im Weißen Haus die Zusage der USA für Patriot-Raketen abgeholt hatte, wurde er bei einer Rede im US-Kongress mit stehenden Ovationen gefeiert. Am Morgen dieses Tages hatte Solowjow in einer seiner mannigfachen Sendungen den russischstämmigen Verleger Dimitri Simes zu Gast. Während beide davon sprachen, dass dieser Besuch, aus welchen Gründen immer, die »Schwäche« der Regierung Biden zeige, lief im Splitscreen, rechts im Bild, die Szene, wie Selenskyi unter großem Beifall der US-Vizepräsidentin Kamala Harris und der damaligen Vorsitzenden des Repräsentantenhauses, Nancy Pelosi, die blau-gelbe Fahne eines ukrainischen Regiments aus der umkämpften Stadt Bachmut schenkte, versehen mit den Unterschriften der ukrainischen Soldaten, und dabei sagte: »Entgegen allen Untergangsszenarien ist die Ukraine nicht gefallen. Die Ukraine ist gesund und munter. Wir haben Russland im Kampf um das Herz der Welt besiegt. Wir haben keine Angst. Und die Welt sollte auch keine haben. Die Ukrainer haben diesen Sieg errungen, und das gibt uns Mut. Doch der Kampf geht weiter. Wir müssen den Kreml auf dem Schlachtfeld besiegen. Es geht nicht nur um das Leben, die Freiheit und die Sicherheit der Ukrainer und anderer Nationen, die Russland erobern will. Dieser Kampf wird definieren, in welcher Welt unsere Kinder und Enkel leben werden.« Natürlich brachte Solowjow diese Redestücke seinen Zuschauern nicht zu Gehör. Doch allein die Bilder hatten es ja in sich: Ursprünglich hatte der Moderator nur eine Fotomontage einblenden wollen: US-Präsident Joe Biden auf einem Sessel, vor ihm auf dem Boden kniend Selenskyi, der dem Gastgeber die Schuhe putzt. Alles mit dem Titel »Ein Vasall ist angekommen«. Das war auch zu sehen. Nun aber schien die Bildredaktion die Kontrolle zu verlieren. Denn nun liefen im russischen Staatsfernsehen die Bilder aus Washington mit Nancy Pelosi und Kamala Harris, die die ukrainische Fahne hochhielten.

Das war natürlich nicht im Sinne des Moderators, der hektisch auf sein Smartphone tippte und offenkundig diese staatsfeindliche Dauerschleife stoppen wollte. Doch niemand reagierte, auf dem Bildschirm liefen immer wieder die gleichen Bilder: Selenskyi überreicht die Fahne, die Abgeordneten spenden stehend Beifall, die beiden Damen halten erneut die Fahne hoch. Und noch einmal: Selenskyi überreicht die Fahne … Doch nun reichte es dem immer noch hektisch tippenden Moderator: »Jungs, Redakteure, beseitigt dieses Video! Könnt ihr nicht lesen, was euch geschrieben wird?« Nun endlich stoppte die

Videoschleife, und nur noch Solowjow und sein Gast Simes waren zu sehen, der sich prompt beeilte, das Gesehene als ein »widerwärtiges Spektakel« zu diffamieren. Das gesamte Schauspiel sei nichts anderes gewesen als eine »Lüge«.

Nachdem sich beide Herren noch darüber mokierten, dass Nancy Pelosi dem ukrainischen Präsidenten auf dem Podium des Kongresses die Hand geküsst habe, erinnerte Solowjow seinen Gast an Pelosis Aussage, Selenskyis Besuch in Washington habe sie an die Visite Winston Churchills im Zweiten Weltkrieg erinnert, der um US-Hilfe für die von Hitler bedrängte britische Insel gebeten habe. Ein solcher Vergleich, so Simes, verbiete sich. Selenskyi sei nur ein bösartiger Pudel: »Natürlich wäre ein Vergleich mit Churchill interessant. Aber nicht von Selenskyi mit Churchill, sondern von Churchill mit Putin. Natürlich ist Putin nicht nach Amerika gereist (…) Aber Putin hat sich an sein Volk gewandt und gesagt, dass die Nation in Gefahr ist. Das war die Rede, die eines Churchill würdig war: die Rede von Präsident Wladimir Putin.« Da sprach er seinem mittlerweile besänftigten Gastgeber aus vollem Herzen.

Dennoch war der Ton Solowjows zehn Monate nach Kriegsbeginn ganz anders als noch im Februar 2022. Hatte er damals getönt, Kiew werde in drei Tagen fallen, so sagte er jetzt allen Ernstes: »Ich habe dieses Gefühl des Unbehagens, weil ich sicher bin, dass sie, die Ukrainer, eine Reihe von signifikanten Luftschlägen auf das Gebiet der Stadt ausführen werden während der Neujahrs-Feiertage. Sie werden definitiv versuchen, eine Reihe von Luftangriffen auf Städte im Inneren Russlands auszuführen. Zuerst und vor allem Moskau.«

Dazu kam es nicht. Doch wie die verzagten Deutschen 1944/45 mit dem Märchen von angeblichen »Wunderwaffen« bei der Stange gehalten werden sollten, so teilte Solowjow kurz nach Weihnachten 2022 auf Telegram ein 24-sekündiges Video, das die neueste konventionelle russische Wunderwaffe, den Superpanzer T-14 Armata, bei Gefechtsübungen zeigte. Er werde die Wende bringen. Der Armata, so Solowjow, sei der beste Kampfpanzer der Welt.

Dieser 50-Tonnen-Koloss wird mit einem Gamepad gesteuert, ähnlich den Controllern von Spielkonsolen. »Ich habe zwei Jahre damit verbracht, die Designer davon zu überzeugen, die Konsole so ähnlich wie das Gamepad der Sony Playstation zu bauen«, so einer der Entwicklungschefs, denn: »Das macht es jungen Soldaten leichter, sich damit vertraut zu machen.«

Doch mittlerweile dringen etliche Berichte durch, die von Kinderkrankheiten des Armata berichten, der bei Ernstfall-Übungen wohl öfter liegen blieb. Zudem sollten eigentlich 2300 Exemplare vom Hersteller Uralvagonzavod bis Mitte 2020 ausgeliefert werden. Tatsächlich waren es bis Mitte 2022 nur 20 Stück. Einer der Gründe ist, dass dem Hersteller einige notwendige Komponenten fehlen. Denn der westliche Lieferboykott trifft auch die russische Rüstungsindustrie.

Einen ganz besonderen Furor entwickelte Solowjow in Bezug auf Deutschland und die Deutschen. Als nach Putins Überfall auf die Ukraine deutlich wurde, dass Berlin aufseiten Kiews steht, war der Moderator nicht mehr zu halten. »Den fatalen Fehler hat nicht Putin gemacht, sondern Gorbatschow, als er die Wiedervereinigung Deutschlands zugelassen hat.« Als Bundeskanzler Scholz die »Zeitenwende« ausrief und die Aufrüstung der kaputtgesparten Bundeswehr zum Staatsziel machte, war Solowjow außer sich: »Olaf Scholz ist ein Schweinehund und eine Drecksau!« Als besagter Scholz einen Truppenübungsplatz der Bundeswehr besuchte und sich auf einem Gepard-Panzer ablichten ließ, brachen bei Solowjow alle Dämme. »Er will einfach nur wie sein schnurrbärtiges Idol sein«, pöbelte er. Und er imitierte Hitlers Sprachweise im Wechsel zwischen Russisch und einem imitierten hervorgebellten Deutsch. »Berlin können wir in wenigen Minuten auslöschen!« Da hat er freilich recht. Denn allein die bei Kaliningrad stationierten russischen Raketen vom Typ Iskander haben, atomar bestückt, eine Reichweite von rund 600 Kilometern und reichen damit nicht nur bis Berlin, sondern sogar bis Leipzig. Gar nicht zu reden von den seit 2022 vor Ort stationierten Hyperschallraketen vom Typ »Kinschal« (Dolch), die zehnmal schneller als der Schall fliegen und mit einer Reichweite von 2000 Kilometern ganz Westeuropa bedrohen. Ob Solowjow diese Drohung mit dem prinzipiellen Einverständnis Putins ausgestoßen hat? Nicht umsonst trägt er den Beinamen »Putins Stimme«.

Und dann die mittlerweile schon makabre Hitler-Obsession. Dass der Hanseat Olaf Scholz gleichsam die bundesrepublikanische Wiedergeburt von Adolf Hitler sein soll, ist selbst dem staatsgläubigsten Zuschauer in der russischen Provinz nur schwer vermittelbar. Und das von einem, der noch 2021 Hitler öffentlich gelobt hat: »Adolf Hitler entzog sich nicht dem Wehrdienst. Er diente ehrenvoll im Ersten Weltkrieg. Er war persönlich ein sehr mutiger Mann.«

NS-Bezüge sind in Russlands Medien neuerdings en vogue. Während das Regime die Ukraine offiziell ja »entnazifizieren« will, sind nicht nur rechtsextreme Ansichten im Lande weit verbreitet, sondern auch schon fast skurrile Vergleiche wie der, den der Vizepräsident des Ölkonzerns Rosneft, Michail Leontjew, in Sowoljows Sendung anstellte: »Adolf Aloisowitsch Hitler war ein großartiger Stratege. Er wechselte 1942 zur Massenmobilisierung, aber da war es bereits zu spät.«

Aloisowitsch – abgesehen von der eher kuriosen Einführung des Vatersnamens in das Hitler-Bild war das auch faktisch nicht ganz richtig. Denn die sogenannte Massenmobilisierung erfolgte in Hitlers Reich erst 1943.

Richtig war jedoch der Satz Leontjews, Hitler habe die Deutschen so lange wie möglich schonen wollen. Er sprach dabei von der »Pawlowski-Formel«. Der frühere Kremlberater Gleb Pawlowski hatte nämlich empfohlen, die russische Bevölkerung

Kriege möglichst wenig spüren zu lassen. Und obwohl Solowjow dazu meinte, Hitler habe eher nach der »Blitzkriegs-Formel« gehandelt, gab der russische Historiker Artem Drabkin der Überlegung von Leontjew recht: »Hätte Deutschland schon im Herbst 1941 alle notwendigen Mobilisierungsmaßnahmen durchgeführt, hätte der Ausgang der für die Sowjetunion äußerst ungünstigen Kämpfe des darauffolgenden Jahres für sie verhängnisvoll werden können.« Obwohl es in der Diskussion vor allem um die ernste Frage ging, ob angesichts der hohen russischen Verluste in den Ukrainekämpfen eine allgemeine Mobilisierung nötig sei, sorgte die ungenierte Hitlerei in den Diskussionsforen für Spott: »Das heißt, wir verbergen nicht länger die Tatsache, dass wir Hitler imitieren?«, fragte ein User. Andere bezweifelten, dass überhaupt noch jemand in Russland die tatsächlichen Geschehnisse des Zweiten Weltkriegs kenne. Und wieder andere verglichen Hitlers Reichstagsrede vom 3. September 1939 zum Überfall auf Polen mit Putins Rede vom 24. Februar 2022 zum Angriff auf die Ukraine.

Es wird Solowjow nicht überrascht haben, dass Lettlands Außenminister Edgars Rinkevics schon vor dem russischen Einmarsch in die Ukraine ein Einreiseverbot für Solowjow aussprach, wegen der Verherrlichung eines Massenmörders und Faschisten.

Mit der Zeit wurden Solowjows antideutsche Tiraden immer wirrer. »Wer sagt, dass wir an einem vereinten Deutschland interessiert sind? Deutschland wurde vor nicht so langer Zeit vereint. Vielleicht sind wir mehr am ›Emirat Berlin‹ interessiert oder am ›freien Pommern‹? Warum sollten wir uns ernsthaft mit einer deutschen Zukunft befassen, die für uns in keiner Form weder interessant noch profitabel ist? Wenn Europa gerade am Untergang Russlands arbeitet, warum sollten wir nicht zurückschlagen?«

Kontinuierlich radikalisierten sich die Attacken Solowjows. Kurz vor der Jahreswende 1922/23 griff er in gewohntem Tonfall an: »Wir müssen sagen, dass wir die Aussagen von Strack-Zimmermann, Baerbock und allen anderen als eine offizielle Kriegserklärung an Russland verstehen, und wir müssen präventiv gegen die Entscheidungszentren zuschlagen!« Da fragte ihn einer seiner Studiogäste: »Weißt du, worin ich nicht mit dir einverstanden bin?« Und er beantwortete seine Frage selbst: »Weil dies eine neue Art von Krieg wäre! Wir müssen nichts erklären!« Solowjow griff das freudig auf: »Sofort zuschlagen?« Der andere erwiderte: »Ja, ich meine das todernst.« Der Moderator führte diese Idee selbst fort: »Und sagen, dass wir nicht wissen, wer es war. Dass die Deutschen sich selbst bombardiert haben!«

Ein andermal ging es um die Wiedervereinigung 1990: »Woraus besteht Deutschland? Wo ist die DDR? Warum leugnen wir nicht die Vereinbarung von damals, den Zwei-plus-vier-Vertrag?« Und er fuhr fort: »Also lasst uns die Wiedervereinigung von Westdeutschland und Ostdeutschland nicht anerkennen. Fordern wir die Rückgabe unserer Einflusssphäre. Und lasst uns auf dieser Basis die Existenz Ostdeutschlands anerkennen, während wir die Wiedervereinigung dieser Länder nicht anerkennen!« In einer solchen radikalen Denkweise steckt auch ein Gutteil von Verzweiflung.

Dass die NATO das heilige Russland zerstören wolle und Moskau sich mit allen Mitteln dagegen wehren müsse, wurde im Lauf des Jahres 2022 angesichts der immer schwierigeren Lage in der Ukraine zu Solowjows Mantra. Es begann mit der Drohung: »Wenn wir Waffen haben, die den totalen Sieg sichern, wäre es seltsam, sie nicht einzusetzen!« Es setzte sich fort mit der makabren Beschwörung »Was passiert bei einem Atomkrieg? Wir kommen in den Himmel, die anderen kratzen einfach nur ab!« Und wenn er anfangs noch unkte: »Es gibt ein Ziel, ein sehr einfaches. Deutschland ist das Ziel!«, so beschränkte er sich im Lauf des Ukrainekrieges nicht mehr nur auf seinen Lieblingsfeind: »Wir werden die Kriegsmaschinerie der NATO zermalmen, und auch die Bürger der Länder, die zur NATO gehören. Gnade wird es keine geben.«

Um von den schlechten Nachrichten von der Ukrainefront abzulenken, scheute sich Solowjow nicht, in seiner Sendung Großmachtfantasien zu befördern. So gab er im November dem Sinologen Nikolai Wawilow ein prominentes Forum. Der rühmte zunächst die Widerstandsfähigkeit des russischen Staates, indem er behauptete, der Westen sei nicht in der Lage gewesen, die russische Gesellschaft zu zerstören: »Es gibt Warmwasser, es gibt Essen, es gibt Jobs, der Verkehr funktioniert, die U-Bahnen fahren, die Löhne werden bezahlt, und wir entwickeln uns sogar weiter, unsere Wirtschaft wird restrukturiert. In der Realität ist das ein Triumph Russlands.« Und dann erklärte der Sinologe in seinem Selbstverständnis als Sprachwissenschaftler: »Die ukrainische Sprache existiert nicht. Ukrainisch ist ein Dialekt der russischen Sprache.« Binnen zehn oder 20 Jahren werde Russland seine Kontrolle über dieses Gebiet wiederherstellen. Und er meine nicht nur die Ukraine. »All diese Nationen, die sich unabhängig nennen, werden in ein großes russisches Heim absorbiert werden (…) Wir können ruhigen Gewissens Anspruch auf den Balkan, Polen und so weiter erheben (…) Ein Hegemon wird in Osteuropa auferstehen, eine gigantische Gemeinschaft«, beschwor Wawilow seine Vision. Dem westlichen Europa mit seinen 500 Millionen Einwohnern werde ein 200-Millionen-Kollektiv russisch sprechender Menschen gegenüberstehen.

Ganz abgesehen davon, dass etwa Polen, Rumänen und Balten eine solche Vision nicht als Verheißung, sondern als Bedrohung ansehen würden – Solowjow stimmte den Zukunftsbildern seines Gastes ebenso zu wie dessen Forderung, für die Schaffung einer solchen Welt brauche Russland eine neue Weltsicht und überhaupt neue gesellschaftliche Strukturen.

Immerhin zeigte sich Solowjow bereit, gelegentlich der offiziellen Kremllinie nicht um jeden Preis zu folgen. Ab Anfang

Oktober 2022 sprach er in seinen Sendungen mitunter nicht mehr von der vermeintlichen »militärischen Spezialoperation« in der Ukraine, sondern benutzte das verpönte Wort »Krieg«. Anfang November ging er noch weiter und klagte, dass man sich den Kampf im Nachbarland viel einfacher vorgestellt habe. Russland habe sich für eine Rettung der Ukraine starkgemacht, ehe die »verdammte NATO« dies durchkreuzt habe: »Ja, wir haben damit gerechnet, und sie haben Verhandlungen begonnen, die entgleist sind, weil niemand das ukrainische Volk braucht.« Nun müssten die Ukrainerinnen und Ukrainer »im Feuer dieses Bürgerkrieges brennen«.

Dass es mehr und mehr russische Soldaten waren, die im Feuer dieses Krieges brannten, macht Solowjow nicht zum Thema. Nach belastbaren westlichen Schätzungen hat die russische Armee allein bis zum Jahresende 2022 fast 100 000 Mann verloren. Zu Beginn der Kämpfe standen vor allem junge Soldaten etwa aus asiatischen Teilrepubliken wie Burjatien in den Reihen der Armee, weil Putin es nicht wagte, das Bürgertum in Städten wie Moskau und St. Petersburg mit Einberufungen zu beunruhigen, so änderte sich das mit den zunehmenden Misserfolgen an der Front. Nun befahl das russische Regime die »Teilmobilmachung«, was nun auch die Söhne aus dem Mittelstand in den europäischen Städten Russlands nicht länger verschonte. Das führte in einigen Fällen dazu, dass eigentlich nicht Wehrdienstfähige den Einberufungsbefehl erhielten. Ein böser Witz machte in oppositionellen Foren dazu die Runde: Ein junger Mann, dem nach einem Verkehrsunfall ein Bein und ein Arm fehlten, meldet sich beim Amt mit seinem Einberufungsbefehl. »Das muss doch ein Irrtum sein«, sagt er zu dem Beamten. »Sehen Sie mich doch an.« Der mustert ihn und sagt: »Nein, das ist kein Irrtum. Wir nennen es ja Teilmobilmachung.«

In einer seiner Sendungen griff der Moderator ein Thema auf, das immer deutlicher zutage trat: die mangelhafte Ausrüstung russischer Truppen an der ukrainischen Front. Als in den für die Bevölkerung noch immer zugänglichen Foren immer wieder Berichte auftauchten, in denen die gerade erst mobilisierten neuen Krieger klagten, dass sie sich ihre Ausrüstung zum Teil selbst zusammenbasteln müssten, nahm sich Solowjow der Sache an. Er fuhr nach Wolgograd, das frühere Stalingrad, und filmte mit seinem Team eine Szene, die ihn empörte: »Es gab da einige Dinge, die mich schockiert haben. Haltet den Film an! Leute, was ist das? Sie sehen, einer von ihnen hat keine Knieschoner. Der andere hat sich welche aus leeren Flaschen gemacht. Er hat sich Knieschoner aus Plastikflaschen geschnitten und geht so durch die Ausbildung.« Und Solowjow fuhr fort: »Ich habe diesen Jungen gefragt, woher er kommt. Er sagte: Wir sind aus Wolgograd, so haben sie uns ausgestattet.« Der Moderator wandte sich im Studio wieder an sein Publikum und schimpfte: »Das heißt nicht, dass sie ihnen Plastikflaschen gegeben haben. Sie haben ihnen einfach gar nichts gegeben! Leute, das geht gar nicht! Das ist falsch, so sollte es nicht sein!«

Nun war es weniger das Mitleid mit dem mangelhaften Schutz der russischen Soldaten, sondern eher der Zorn über ein System, das es bis zu diesem Zeitpunkt im November 2022 nicht zu schaffen schien, die Ukraine in die Knie zu zwingen. Es ist ein typisches Indiz in Putins Diktatur, dass solcherlei Kritik noch durchaus möglich war. Denn die Hardliner der russischen Elite, und Solowjow zählte zweifellos dazu, forderten schon längst ein härteres entschlosseneres Vorgehen.

Jedoch schien Solowjows Fürsorge im Kreml nicht die richtige Resonanz gefunden zu haben, denn in einer anderen Sendung widersprach er seiner Klage. Als aus Dagestan entsandte Kämpfer auf Twitter darüber räsonierten, dass sie sich ihre Ausrüstung zum Teil mit ihrem eigenen Geld besorgen müssten, trat Solowjow auf den Plan und zeigte wie ein Teleshopping-Anbieter, wie vorzüglich die Ausrüstung für frischgebackene Soldaten sei. »Womit sind Sie nicht zufrieden?«, fragte er rhetorisch und platzierte eine Schutzweste, einen Militärhelm und anderes Gerät auf seinem Tisch: »Sie behaupten, die Verstärkung in ihren Schutzwesten ist mangelhaft. Es ist alles verkehrtes Zeug!« Und er versprach, er werde höchstpersönlich auf den Schießstand gehen und auf Helm und Weste feuern.

Ob er das in der Tat getan hat, wissen wir nicht. Doch in derselben Sendung präsentierte er den Gefechtshelm der russischen Armee als wahres Musterstück. Er klappte den Augenschutz nach oben und nach unten, setzte den Helm selbst auf sein Haupt und rühmte dessen Qualität: »Er hat alles, alles ist da!« Dann zeigte er Armee-Handschuhe, Knie- und Ellenbogenschoner (die es in Wolgograd ganz offenbar nicht gab) und verstieg sich zu dem Spruch: »Für all das zahlt Moskau!« Und natürlich auch für einen Schlafsack, warme Gummistiefel und selbst eine Isomatte sei gesorgt.

Die Reaktionen auf die Sendung waren hämisch: Warum, fragte ein Twitter-Nutzer, meldet sich der Moderator nicht endlich selber an die Front, wo er doch die dafür notwendige Ausrüstung schon habe und offenbar auch einige Erfahrung auf dem Schießstand. Und ein anderer User meinte: »Er verspottet und verleumdet unsere Soldaten. Dabei haben diese doch nichts anderes getan, als um ordentliche Ausrüstung zu bitten, während sie an der Front wie nichtsnutziges Fleisch zerfetzt werden!«

In der verqueren Weltsicht von Solowjow ist die Ukraine (die im Zweiten Weltkrieg wohl am meisten unter der NS-Besatzung gelitten hat) nichts anderes als ein »Nazi-Staat«. Vor allem in der Anfangszeit des russischen Angriffs stieß diese Propaganda in Russland auf fruchtbaren Boden. Putins Darstellung, die Ukraine sei von gefährlichen Nazis bevölkert und der Krieg sei eine »Entnazifizierungsmission«, wurde von Solowjow wie ein Leitspruch wiederholt. So kam es zu makabren Behauptungen wie der, dass ukrainische Nazis Zivilisten, die nicht kämpfen wollten, als menschliche Schutzschilde benutzten und einen Völkermord an Russen planten.

Der amerikanische Historiker Jeffrey Veidlinger hat sich mit der offiziellen Propaganda Moskaus eingehend beschäftigt und resümiert, dass das russische Verständnis des Nationalsozialismus darauf beruhe, Nazideutschland als Antithese zur Sowjetunion zu verstehen. Die Verfolgung der Juden spiele dabei eine untergeordnete Rolle. »Deshalb können sie einen Staat, der einen jüdischen Präsidenten hat, auch Nazistaat nennen, und das erscheint ihnen überhaupt nicht so widersprüchlich.«

Ein makabrer Höhepunkt in Solowjows Karriere vollzog sich ein paar Wochen nach dem Überfall auf die Ukraine, als der Jude Solowjow in seiner Sendung dem ukrainischen Präsidenten Selenskyi dessen Jüdischsein absprach. Mit bewusst belegter Stimme verfluchte er ihn geradezu und rief: »Du bist kein Jude. Du bist kein Gläubiger. Du bist der pure billige Teufel. Du bist der Teufel. Und deine Sklaven sind kleine Teufel. Du musst gejagt werden, mit dir soll man nicht verhandeln. Du hast den russisch-orthodoxen Kriegern gezeigt, dass sie nicht nur Nazis bekämpfen, sondern Teufel.«

Die G7-Staaten kündigten Anfang Dezember 2022 an, in Sachen Ukrainekrieg »die Verantwortlichkeit von Straftätern in einem rechtsstaatlichen und ordnungsgemäßen Verfahren festzustellen, um sie im größtmöglichen Umfang zur Rechenschaft zu ziehen«. Und EU-Kommissionspräsidentin Ursula von der Leyen fügte hinzu, Russland müsse für seine Verbrechen bezahlen, »das Verbrechen eines Angriffskrieges gegen ein souveränes Land eingeschlossen«.

Allerdings ist ein Prozess etwa vor dem Internationalen Gerichtshof in Den Haag derzeit kaum vorstellbar. Denn auch in Sachen Ukraine ist das Gericht nur dann zuständig, wenn der Angriff von einem Vertragsstaat ausgeht. Russland aber ist kein Mitglied. Als aber dann auch noch das Europäische Parlament

Russland offiziell als »staatlichen Unterstützer von Terrorismus und als Staat, der terroristische Mittel einsetzt«, anprangerte, fiel in der Diskussion ein Wort, das die Scharfmacher des Kreml verstörte: Tribunal. In der Sendung von Solowjow verweigerte die Chefin von Russia Today, Margarita Simonjan, allen Russen, die sich nur ein bisschen sorgten, was man denn im Westen von ihnen halten könne, jegliches Verständnis: »Man muss davor Angst haben, zu verlieren, Angst, sich zu blamieren, Angst, die eigenen Leute zu verraten. Wenn wir es schaffen, zu verlieren, dann erwartet Den Haag jeden Straßenreiniger, der die Pflastersteine hinter den Kremlmauern fegt!« Die Katastrophe, die Russland im Falle einer Niederlage zu erwarten hätte, sei einfach unvorstellbar. »Wir können gar nicht verlieren«, rief Solowjow aus. »Es wird gar kein Den Haag geben, wenn es so weit kommen sollte. Die ganze Welt wird dann in Trümmern liegen!« Es war die Drohung mit der Apokalypse, getreu dem Satz Putins, den Solowjow immer wieder gerne zitierte: »Was passiert bei einem Atomkrieg? Wir kommen in den Himmel, die anderen verrecken einfach.«

Das hieß: Die Zuschauer Solowjows sollten wissen, dass im Falle einer Niederlage nicht nur das System Putin untergehen würde, sondern auch sie selbst – in einer nuklearen Katastrophe. Das war im Grunde haargenau dasselbe, was Goebbels seinen »Volksgenossen« seit dem Jahre 1943 einzutrichtern suchte: Mitgegangen, mitgefangen. Wir werden siegen oder alle zugrunde gehen.

Den Gipfelpunkt in der Debatte setzte Solowjows Gesinnungsgenossin Olga Skabejewa. In »Rossija 1« erklärte sie: »Eine Niederlage Russlands? Wir lassen das nicht zu. Wir sprechen es nicht einmal aus. Aber stellen wir uns nur einmal vor: Es geschieht etwas, und unser Land kann den Sieg nicht erringen. Dann werden Vorwürfe gegen alle erhoben, ohne jede Ausnahme unabhängig davon, ob man in der Russischen Föderation lebt oder nicht. Wer außerhalb der Grenzen ist, wird wahrscheinlich direkt verhaftet, ganz gleich, ob er Komplize des Putin-Regimes oder nur vorbeigelaufen ist. Wir werden alle schuldig sein! Deshalb gehen wir davon aus: Auf dem Spiel steht sowohl die Existenz des ganzen russischen Landes als auch die Existenz jedes einzelnen russischen Bürgers. Und auch unser Leben, unser sorgloses Leben, steht auf dem Spiel.«

Damit meinte sie gewiss nicht das Leben etwa meines Freundes Nikolai P., eines russischen Rentners, der von umgerechnet 80 Euro monatlich zu leben hat. Sie meinte ihr eigenes rundum versorgtes Leben als Kostgängerin des Putin-Regimes. Und sie meinte das Leben Wladimir Solowjows, der vor langer Zeit seine journalistische Unabhängigkeit an der Kremlmauer abgegeben hat.

Abgesehen davon nahm Solowjows Obsession vom zu führenden Atomkrieg noch weiter zu. Mitte Dezember 2022 erklärte er in seiner Sendung, Russland befinde sich in einem »heiligen Krieg« nicht nur gegen die Ukraine, sondern gegen den gesamten Westen. Vor allem gegen Großbritannien und die USA, die die Ukraine mit am wirkungsvollsten unterstützten. Atomschläge gegen beide Länder seien »biblisch gerechtfertigt«. Denn, so fuhr er fort, »wenn wir nicht gewinnen, wird es kein Russland mehr geben«. Allein London, so Solowjow, könne bei einem nuklearen Erstschlag binnen neun Minuten dem Erdboden gleichgemacht werden. Und er wandte sich an den Wettermann, der auf seinen Einsatz wartete: »Meinen Sie nicht auch?« Der fühlte sich natürlich bemüßigt, diese rhetorische Frage mit einem patriotischen »Ja« zu beantworten, ebenso wie er nun dazu Stellung nehmen musste, ob das Wetter denn die Bahn der russischen Raketen irgendwie beeinflussen könne. Das wiederum verneinte der Meteorologe, der sich in seiner frisch politisierten Rolle sichtlich unwohl fühlte.

Doch der Moderator war nun nicht zu halten: »Ich stelle mir mal vor, wie unsere Truppen in London einmarschieren, wie unsere Leute aus den Pubs rennen und rufen: Leute, schaut nach links und schaut nach rechts! Wir haben hier schon lange auf euch gewartet! Russische Partisanen in Aktion!« Damit meinte er wohl die russischen oder russischstämmigen Londoner. Immerhin 250 000 Menschen mit russischem Hintergrund leben derzeit in der Neunmillionenstadt. Und er fabulierte, dass der Fanklub des FC Chelsea, der bis Anfang 2022 noch von dem russischen Oligarchen Roman Abramowitsch geführt wurde, eigentlich nichts anderes sei als die »verschwörerische fünfte Kolonne« Russlands.

Dass nach einem Atomschlag auf London weder russische Truppen noch irgendwelche Fußballfans übrig bleiben würden, war kein Thema. Und so hieß es dann in einem Twitter-Kommentar: Die Sendung sollte eigentlich heißen »Märchenstunde mit Wladimir Solowjow«.

Passend zum christlichen Weihnachtsfest 2022 verkündete er in seiner Sendung das »Ende der Welt«, sollte Russland den »heiligen Krieg« in der Ukraine verlieren. Dann werde der Westen in einem Atomkrieg »zu Asche zerfallen«: »Wir leben in den letzten Tagen. Was in der Ukraine geschieht, wird nicht in der Ukraine bleiben. Russland kämpft dort für das Recht der Menschheit, in ihrem ursprünglichen Zustand zu leben, wie es der Schöpfer vorgesehen hat.« Wer aber gegen Russland kämpfe, sei ein Narr und befinde sich in einem »Krieg gegen Gott«. Sollten die Feinde Russlands gewinnen, sei ihnen das Ende sicher.

In diesem Kampf, so Solowjow, sei Russland der »Verteidiger des Christentums« und habe deshalb jedes Recht für den Einsatz von Atomwaffen. Er verwies auf die biblische Geschichte von Sodom und Gomorrha, die der Sünde verfallen waren, weshalb Gott sie in einem Regen aus Asche und Schwefel begrub. Und natürlich war und ist der »perverse Westen« für ihn das Sodom und Gomorrha des 21. Jahrhunderts.

Einen weiteren Fall von Zynismus angesichts all der Opfer,

die der Ukrainekrieg von den Soldaten an den Fronten und den Zivilisten fordert, liefert Solowjow zu Silvester 2022 in seiner Sendung, in der die Historikerin Jelena Ponomarjewa zu Gast ist. Sie betrachtet die russische Geschichte durch eine rosarote Brille und erklärte, die Sowjetunion sei eine »gerechte Union der Völker« gewesen. »Die Sowjetunion existiert weiter und wird immer existieren, solange wir an sie denken.« Das übertraf der Moderator noch, als er mit Pathos in der Stimme sagte: »Die Sowjetunion, sie ist mein Mutterland.« Doch als Ponomarjewa den Soldaten an der Front in der Ukraine dankte und ihnen wünschte, lebendig heimzukehren, seufzte Solowjow: »Ach, wissen Sie, Leben ist extrem überbewertet. Leben lohnt sich nur, wenn man bereit ist, für etwas zu sterben. Der Tod ist das Ende eines Pfades und der Beginn eines anderen. Wir werden in den Himmel kommen.«

Dies gesagt an einem Tag, an dem Hunderte von russischen Soldaten einem gezielten ukrainischen Raketenbeschuss zum Opfer fielen und die Zahl der Toten in der russischen Armee auf über 100 000 Menschen stieg, war ruchloser Zynismus. Noch dazu gesagt von einem Mann, der nie in der Armee gedient hat.

Als Ende Januar 2023 klar war, dass der Westen nun auch veritable Kampfpanzer in die Ukraine liefern würde, war das für Solowjow ein gefundenes Fressen. Nach einem tagelangen Ringen hatte sich Bundeskanzler Olaf Scholz mit seiner Forderung durchgesetzt, deutsche Leopard 2-Panzer nur dann freizugeben, wenn auch die USA Abrams-, die Franzosen möglichst Leclerc- und die Briten Challenger-Panzer liefern würden – eine große NATO-Panzer-Koalition. Doch Solowjow konzentrierte sich nur auf die deutschen Leoparden. Denn deutsche Kampfpanzer an den Fronten der Ukraine gegen Russland – das war über 80 Jahre nach Hitlers Überfall auf Russland ein willkommenes Futter für die Propaganda-Maschinerie: »Dass deutsche Panzer in der Ukraine auftauchen, wird für uns definitiv zur Abwägung führen, dass Deutschland, Militärstützpunkte und andere Orte legitime Ziele sind. Es ist Zeit, eine klare und resolute Nachricht zu senden, dass wir Deutschland als Kriegspartei ansehen!«

Und dann brach es aus ihm heraus: »Sie sind es, Baerbock, die Russland den Krieg erklärt haben. Sie sind es, Scholz, der sich nicht als hanseatischer Kaufmann, sondern als Vollidiot entpuppt hat, der selbst den Schatten der großen deutschen Kanzler verraten und die Grundlagen der deutschen Nachkriegspolitik beseitigt hat. (…) Denn ihr armen Schlucker habt euer Land in Armut und Inflation gestürzt, weil ihr die mehr als günstige russische Energie nicht mehr kauft, sondern auf überteuerte amerikanische Energie umgestiegen seid, die euch die Besatzungsbehörden aufzwingen.«

Und dann knöpfte er sich noch die deutsche Presse vor: »Ich habe Deutsch gelernt, weil Alexander Viktorovich Sosnovsky sagte, dass die deutsche Goebbels-Presse – ja! – weiterhin alles, was in unserer Sendung passiert, genau verfolgt.

Deshalb möchte ich mich gleich an Sie wenden, die Erben von Goebbels, die entkommenen Nazischweine! Ja, das seid ihr, Bild, Stern und all die anderen Nicht-Entitäten. (…) Also werden wir auf eigene Kosten unsere wundervollen Sendungen mit deutschen Untertiteln versehen. (…) Wenn es also in Deutschland noch Meinungsfreiheit gibt, dann fangt an, unsere Sendungen auszustrahlen, die wir auf eigene Kosten für euch Bettler ins Deutsche übersetzen werden!«

Wie ist der Lebensweg des Wladimir Rudolfowitsch Solowjow zu erklären? Wie war es möglich, dass ein junger Mann, der an einer amerikanischen Universität gelehrt hat, der ein begabter, ja ein großer Journalist hätte werden können, solch ein schrecklicher Demagoge, Brandstifter und Hetzer wurde? Er ist aus Eigennutz einen faustischen Pakt eingegangen. Und sein Mephisto heißt Wladimir Putin.

Bibliographie (Auswahl)

Aro, Jessikka: Putins Armee der Trolle. Der Informationskrieg des Kreml gegen die demokratische Welt, München 2022

Babtschenko, Arkadij: Im Rausch. Russlands Krieg, Berlin 2022

Belton, Catherine: Putins Netz. Wie sich der KGB Russland zurückholte und dann den Westen ins Auge fasste, Hamburg 2022

Bremer, Thomas: Kreuz und Kreml. Kleine Geschichte der orthodoxen Kirche in Russland, Freiburg, Basel, 2007

Colborne, Michael: From the Fires of War. Ukraine's Azov Movement and the Global Far Right, Stuttgart 2022

Corley, Felix: The Mikvailow Files, Download Free PDF 2018

Dollbaum, Jan Matti/ Lallouet, Morvan/ Noble, Ben: Nawalny. Seine Ziele, seine Gegner, seine Zukunft, Hamburg 2021

Eigendorf, Katrin: Putins Krieg. Wie die Menschen in der Ukraine für unsere Freiheit kämpfen, Frankfurt am Main 2022

Eltchaninoff, Michel: In Putins Kopf. Die Philosophie eines lupenreinen Demokraten, Stuttgart 2022

Fritsch, Rüdiger von: Zeitenwende. Putins Krieg und die Folgen, Berlin 2022

Gabidullin, Marat: Wagner. Putins geheime Armee, Berlin 2022

Gessen, Masha: Der Mann ohne Gesicht: Wladimir Putin. Eine Enthüllung, München 2012

Gessen, Masha: Die Zukunft ist Geschichte. Wie Russland die Freiheit gewann und verlor, Berlin 2018

Gloger, Katja: Putins Welt. Das neue Russland, die Ukraine und der Westen, Berlin 2015

Goertz, Stefan: Die russische »Gruppe Wagner«, in: Österreichische Militärische Zeitschrift, Band 60, Heft 6, Wien 2022

Gorbatschow, Michail: Das neue Russland. Der Umbruch und das System Putin, Köln 2015

Herpen, Marcel H. van: Putin's Propaganda Machine. Soft Power and Russian Foreign Policy, Lanham 2015

Human Rights Watch: Systematisches »Schikanieren« ist ernsthafte Misshandlung, 2004

Jamieson, Kathleen Hall: Cyberwar. How Russian Hackers and Trolls Helped Elect a President, Oxford, New York 2018

Kessler, Glen: The Confidante. Condoleezza Rice and the Creation of the Bush Legacy, New York 2007

Kyrill, Patriarch von Moskau und der ganzen Rus': Freiheit und Verantwortung im Einklang, hrsg. v. Barbara Hallensleben, Guido Vergauwen, Klaus Wyrwoll, Fribourg/Schweiz 2009

Midgley, Dominic/ Hutchins, Chris: Der Milliardär aus dem Nichts. Roman Abramowitsch, Hamburg 2005

Mommsen, Margareta: Das Putin-Syndikat. Russland im Griff der Geheimdienstler, München 2017

Nawalny, Alexej: Schweigt nicht! Reden vor Gericht, München 2021

Offermanns, Wolfgang: Mensch, werde wesentlich! Das Lebenswerk des russischen religiösen Denkers Iwan Iljin für die Erneuerung der geistigen Grundlagen der Menschheit, Wachtendonk 2018

Oprach, Marc: Dmitri Medwedew – Präsident auf Abruf oder ebenbürtiger Nachfolger Putins?, in: Auslandinformationen der Konrad-Adenauer-Stiftung, 02/2008

Régis, Genté/ Siohan, Stéphane: Wolodymyr Selenskyi. Geburt eines Helden, Zürich 2022

Reitschuster, Boris: Der neue Herr im Kreml? Dimitrij Medwedew, Berlin 2008

Rice, Condoleezza: No Higher Honor. A Memoir of my Years in Washington, New York 2011

Rudenko, Sergii: Selenskyi. Eine politische Biografie, München 2022

Sasse, Gwendolyn: Der Krieg gegen die Ukraine. Hintergründe, Ereignisse, Folgen, München 2022

Schimpfoessl, Elisabeth: Rich Russians. From Oligarchs to Bourgeoisie, New York 2018

Schlögel, Karl: Entscheidung in Kiew. Ukrainische Lektionen, München 2015

Seipel, Hubert: Putins Macht, Hamburg 2021

Soldatov, Andrei/ Borogan, Irina: The Red Web. The Struggle Between Russia's Digital Dictators and the New Online Revolutionaries, New York 2015

Solowjow, Wladimir: Empire of corruption, Kindle Edition 2014

Stent, Angela: Putins Russland, Reinbek 2019

Sweeney, John: Der Killer im Kreml. Intrige, Mord, Krieg. Wladimir Putins skrupelloser Aufstieg und seine Vision vom großrussischen Reich, München 2022

Sygar, Michail: Endspiel. Die Metamorphosen des Wladimir Putin, Köln 2015

Zorzos, Gregory: Book of Life of Sergey Lavrov, New York 2017

Personenregister